KB235360

낚시, 여백에 비친 세상

낚시, 여백에 비친 세상

낚시, 여백에 비친 세상

초판 1쇄 발행일 2008년 7월 30일

지은이 ｜ 김판수
펴낸곳 ｜ 이카루스미디어

출판등록 제8-386호 2002년 12월 10일
136-110 서울특별시 성북구 길음동 1280번지 길음뉴타운 225동 103호
전화 : (070)7587-7611 팩시밀리 : (02)303-7611
E-mail : icarusmedia@naver.com

ISBN 978-89-956395-7-3 03040

낚시, 여백에 비친 세상

김판수 지음

낚시, 여백에 비친 세상

이카루스미디어
ICARUS MEDIA

김판수 지음

글을 시작하며

나이 열아홉 되던 해부터 강이나 호수에서 틈틈이 낚시를 해왔습니다. 낚시를 갈 때마다 하룻밤을 꼬박 새우곤 하지만, 근래 몇 년간은 붕어를 다섯 마리 넘게 만나본 기억이 별로 없습니다. 한 마리도 보지 못한 채 꽝치는 날도 허다합니다. 십 년 전쯤만 해도 하룻밤에 다섯 마리쯤은 거뜬히 만날 수 있었는데 말입니다.

물가에서 붕어나 잉어를 만나기가 날로 어려워지고 있습니다. 가물치나 쏘가리도 예전보다 자주 만날 수 없습니다. 저의 낚시 방법이 잘못되었거나 기술이 모자란 탓도 있겠지요. 하지만 주위의 다른 낚시꾼들도 만남에 어려움을 겪는 것으로 보건대, 자연생태계에서 물고기가 날로 줄어드는 현실이 더 큰 원인인 것 같습니다.

물고기를 자주 만나지 못하다보니, 찌를 보며 이런저런 생각에 잠겨드는 시간이 늘어났습니다. 물가에서 낚시꾼이 하는 생각이란 게 별난 게 있겠습니까. 낚시와 물과 들판이 주는 감동, 그리고 휴식의 소중함 같은 것들이지요. 근래 몇 년 사이에는, 낚시터에서 상상한 것들을 그때그때 종이에 옮겨 적는 버릇이 들었습니다. 물론 물고기를 자주 만났더라면 손과 마음이 바빠 메모할 겨를이 없었겠지요.

들판과 밤은 넓고도 깊은 상상을 하기에 참 좋은 여건입니다. 한 가지 상상은 또 다른 상상의 가지를 치고 해서, 날로 메모의 양이 꽤 늘어났습니다. 어떤 날엔 준비해간 메모지가 모자란 적도 있었습니다. 물론 그런 날은 물고기를 만나지 못해 몸도 마음도 한가한 때였지요. 물고기를 만나는 횟수가 줄어들수록 메모의 양이 빠르게 불어났습니다.

우연한 기회에 생업을 잠시 접고 메모를 정리할 시간을 갖게 됐습니다. 해가 갈수록 연도별로 메모의 양이 차츰 불어났습니다. 이를테면, 2007년도의 메모는 그 전 두 해의 메모만큼이나 됐습니다. 2008년도의 메모도 그 전 두 해만큼은 족히 될 것으로 보입니다. 메모를 못해도 좋으니 물고기를 자주 만났으면 좋겠습니다.

이제 그 메모 속의 상상들을 글로써 정리해보려고 합니다. 메모를 책으로 옮겨야겠다고 마음먹은 배경에는 물고기를 만나보지 못한 아쉬움을 위로받 겠다는 심리가 조금은 깔려 있습니다. 하지만 무엇보다도, 물고기가 날로 줄 어드는 현실이 물가에서 상상과 메모할 시간을 제공함에 그치지 않고 이 글까 지 쓰게 하고 있음을 부인할 수 없습니다.

물고기가 줄어드는 것은 자연생태계를 어지럽히는 사람들의 탐욕과 어리 석음 탓이겠지요. 물고기들이 나날이 서식공간을 잃어가고 있습니다. 물도 더 럽혀지고 있습니다.

물고기가 예전처럼 다시 많아졌으면 좋겠습니다. 물고기가 많아진다는 것 은, 들판이 건강해지고 생태계의 다른 생명붙이들도 많아진다는 뜻이겠지요. 그러면 낚시꾼들도 더욱 행복해지겠지요. 사람들이 들판에서 얻는 휴식도 더 욱 늘어나겠지요. 그럼, 물고기와 낚시는 생태계의 건강성을 나타내는 지표이 고 사람들의 행복지수이겠군요.

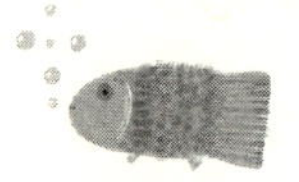

1
낚시의 과거

2
감동

3
상상

4
들판 여행 - 그리움을 찾아서

5
반성

1. 낚시의 과거

정보화시대. 삶이 초고속 광케이블에 실려 빛의 속도로 변하는 세상이다. 편리하다. 하지만 삶의 질이
반드시 광속의 빠르기로 나아지는 것만은 아니다. 도리어, 생기를 잃은 채 날로 메말라가는 삶이 적지
않다. 생활에 촉촉한 감동이 없다.

삶이 빛의 속도로 변하니 그 빠르기를 '실시간'이라 한다. 이쪽과 저쪽 사이의 소통에 시간이 흐르지 않
는다. 공간상의 거리를 좁히는데 시간흐름이 필요하지 않다니, 정말 놀랍다. 실시간으로 흐르는 삶은 사
람의 감각에 포착되지 않는다. 그러니 삶이 사람과 겉돌 수밖에 없다.

낚시는 과거의 눈으로 현재와 미래의 삶을 꿰뚫어 본다. 낚시는 느린 눈을 가졌지만 실시간을 잡아낼 수
있다.

　세상사 모든 것이 빠르게 변해왔지만 낚시만큼은 변한 것이 별로 없다. 고고학계가 한반도에서 출토된 낚싯바늘로 추정컨대 이 땅의 사람들이 낚시를 시작한 시기는 신석기시대(약 1만년~6천년 전) 어느 때라 한다. 혹자는 더 거슬러 올라 구석기시대라고도 한다. 그렇다면 역사 이전, 아무리 늦게 잡아도 6천년 이전의 아득히 먼 선사시대부터 사람들이 낚시로 물고기를 유혹해왔다는 얘기다. 물론 그때는 배고픔을 해결하려는 수단으로 낚시를 했을 것이다.

　낚시는 선사시대나 지금이나 미끼를 구부러진 바늘에 매단 채 물속에 넣어두면 물고기가 미끼를 바늘과 함께 흡입하는 습성을 이용한 원리, 요샛말로 '원천기술'이 변하지 않았다. 물론 바늘이나 찌 같은 낚시 부품 혹은 장치는 지속적으로 변화해왔지만.

　이 원천기술이 바뀌지 않은 것은 사람의 바꾸려는 의지가 없었기 때문이 아니다. 물고기가 먹이를 취하는 습성을 바꾸지 않으니 인간으로서는 기술을 변화시킬 수 없었다. 물고기가 먼 선사시대부터 지금까지 낚시원리의 변화를 인간에게 허락해주지 않은 셈이다. 결국 인간은 물고기를 유혹하려면 어쩔 수 없이 물고기의 고집스러운 식성에다 자신의 낚시방식을 갖다 맞추어야 했다.

　물고기가 그토록 오랜 세월동안 식습관을 바꾸지 않은 이유는 무엇일까? 이를테면, 인간이 먹잇감으로 지렁이를 바늘에 꿰어 물속에 던져 넣었을 때 물고기는 지렁이만 취하면 될 텐데 왜 쇠붙이 바늘까지 함께 빨아들일까.

왜 지렁이와 바늘을 냄새로 구별해 분리할 수 없는 것일까. 물고기는 후각이 예민하다지 않은가. 바늘로부터 지렁이의 질감과는 다른 이물감을 느끼지 못하기 때문일까. 물고기는 자신의 수많은 선조들이 숱하게 바늘을 삼켜가면서 낚시의 제물이 되어왔다. 그런데도 물고기는 인간이 던진 미끼와 자연 상태의 먹이를 구분하는 법을 왜 여태껏 찾아내지 못했을까. 동물들은 살아남기 위해 나름대로 학습을 하거나, 몸의 생김새까지 바꿔가며 진화한다는데…….

또 물고기는 먹이를 취하는 몸동작도 바꾸지 않았다. 우리나라의 민물고기를 대표할 만큼 개체수가 많다는 붕어. 이들은 대개 미끼를 먹을 때 물구나무서듯 머리 쪽을 비스듬히 낮춰, 다시 말해 꼬리 쪽을 비스듬히 올려, 먹이를 빨아들인다. 먹이를 입에 넣은 뒤에는 다시 머리 쪽을 치켜세워 원래의 체위로 되돌아간다. 붕어는 왜 이런 동작을 오랜 세월 한결같이 반복해왔을까.

만약 물고기가 인간의 낚시에 대처하는 방법을 찾아냈다면? 그래서 물고기가 먹이를 취하는 습성을 바꾸었다면? 인간도 물고기의 습성 변화에 맞춰 낚시의 원천기술을 적절하게 바꾸어야 했을 것이다.

강이나 호수, 바닷가에서 발견되는 선사시대의 패총(貝塚). 사람들이 조개를 까먹고 남은 껍데기를 무덤처럼 쌓아올린 쓰레기더미다. 그 속에서 당시 인간이 사용한 낚싯바늘이 종종 발견된다. 바늘은 소재가 금속이 아니라 대부분 동물의 뼈나 뿔이다. 굵고 거칠게 가공되긴 했지만 생김새만큼은 오늘날의 그것과 거의 똑같다. 또 세월의 풍상을 맞긴 했지만 바늘은 오늘날의 그것처럼 끄트머리가 뾰족하고 심지어 날카로운 미늘이 박힌 것도 있다. 낚시의 원리가, 오랜 세월 변하지 않은 물고기의 먹이습관을 따르다보니, 지금까지 달라지지 않았음을 패총은 말해준다.

그렇다면 낚시의 진정한 주인공은 인간이 아니라 물고기가 아닐까. 적어도 낚시에서만큼은 인간이 오랜 세월 물고기의 식습관에 길들여지거나 순응해온 것 아닌가.

과학기술의 발전을 통해 많은 변화를 이루어냈다는 인간이 수천 년이 지나도록 낚시에서만큼은 기술을 바꾸지 못하다니. 그것도 한낱 미물에 지나지 않는다는 물고기의 고집 탓에. 낚시에는 변화를 시도해 좀처럼 실패해본 적 없는, 자존심 강한 인간의 상흔이 배어 있다. 낚시의 유구한 전통이나 문화는 인간의 좌절감을 딛고 쌓은 성과인 셈이다.

결국 인간은 적어도 낚시터에서만큼은 어쩔 수 없이 물고기와 손을 잡아야 했다. 낚시터에서만큼은 우월감을 버려야 했다. 나아가 인간은 낚시터에서 물고기의 입맛에 맞춰 먹잇감을 고르고, 그 먹잇감을 물고기가 머물만한 장소에 정확히 넣어주는 자상함까지 갖추기에 이르렀다. 행여 발걸음소리가, 자동차 엔진소리가 물고기의 비위를 거스를까봐 조심하는 태도까지 보이게 됐다. 만물의 영장이라는 우월감이 낚시터에서만큼은 되레 성가신 짐이 된다는 깨달음도 얻었다.

선사시대 이래 기본 원리가 변하지 않은 낚시. 그 원시적인 눈으로 만물의 영장이 일구어낸, 위대하다는 첨단문명의 세상을 바라보면 어떤 느낌일까.

비록 세상을 거꾸로 또는 비스듬하게 보는 듯하지만 거기엔 독특한 멋과 흥이 있다. 세상은 조금 삐딱한 시각으로 볼 때 더 재미있다. 아니, 요즘 같이 정신없이 돌아가는 세상은 삐딱하게 보아야 똑바로 보인다. 급속한 변화의 중심축으로부터 한 발 슬쩍 비껴나 있으면 세상의 주행 방향과 속도가 마음의 눈을 통해 쏙쏙 들어온다. 낚시의 눈으로만 감상할 수 있는 구경거리요 세상과 소통하는 방식이다. 어리석게도, 세상 돌아가는 속도와 중압감에 압도당한 채 서로 사랑할 여유조차 갖지 못하는 인간. 그들의 고독을 문명 이전의 넉넉한 마음이 따뜻이 끌어안을 수 있다.

 낚시와 정신세계

낚시에서 기다림이 지루하지 않다면, 그것은 물고기를 맞이할 수 있을 것이라는 설렘 덕분이다. 그런 설렘은 낚시 장비가 진화할수록 점점 더 커져 갔다. 장비의 진화가, 낚시꾼이 물가에서 물고기를 점점 더 자주 만날 수 있도록 도왔기 때문이다. 또 물고기를 자주 보게 될수록 낚시꾼은 물가에서 더 많은 휴식을 즐길 수 있게 됐다. 그래서 물가로 나가는 사람과, 물가에서 머무는 시간이 늘어났다.

이제 물가는 삶의 한 변방이라기보다는 삶의 원천이 되었다. 삶에서 결코 빠질 수 없는 상상과 사색의 중심축이 되었다. 나아가 세상을 찬찬히 바라보는 전망대 구실을 하게 되었다.

인간은 낚시에서 근본적인 원리는 변화시킬 수 없었지만 부품이나 장치, 보조기술은 새롭게 바꿔놓았다. 물고기의 행동습성이나 식성은 바꿀 수 없었지만 물고기를 유혹해 낚아내는 주변 기술만큼은 문명 혹은 과학기술의 고도화에 발맞춰 적잖이 바꿔놓았다.

낚싯바늘은 소재가 신석기시대의 동물 뼈에서 청동기시대와 철기시대를 거치며 금속으로 대체되었다. 지금은 단단하기가 이루 말할 수 없는 특수합금이 쓰인다. 낚싯줄도 자연에서 쉽게 구할 수 있던 동물성 혹은 식물성 천연소재에서, 지금은 나일론 같이 질기고 인장력이 강한 인조섬유로 바뀌었다. 찌, 봉돌, 낚싯대 등의 장치도 처음에는 없다가 나중에 새로 생겼다. 이들의 소재도 물고기를 좀 더 쉽게, 많이 잡을 수 있게 변신을 거듭했다.

게다가 부품이나 장치에는 물고기의 먹이 동작과 습성에 맞춰 더욱 정교하고 세밀하게 조작이 가해졌다. 또 물고기의 먹이 동작과 습성에 관해 미처 몰랐던 새로운 정보가 알려질 때마다, 사람들은 부품의 조작기법을 새로 고안해내거나 끊임없이 수정하곤 했다. 찌 부력의 강약 조절, 낚싯대의 경도(硬度)와 탄력 높이기, 낚싯줄의 인장력 조절. 이런 노력 속에는 다양한 물고기의 습성을 꼼꼼히 파악해 낚시기법을 그에 맞추어보려는 인간의 애타는 노력이 짙게 배어 있다.

낚시가 진화나 발전을 했다면 그것은 기본적인 원리, 곧 원천기술의 변화는 아니다. 원천기술의 효용을 극대화해 가능한 한 큰 만족을 누리기 위한, 부품이나 보조기술의 업그레이드일 것이다. 그렇지만 부품과 보조기술의 업그레이드는 사람들에게 점점 더 값진 경험과 부가가치를 안겨주었다. 부품과 보조기술의 업그레이드는 배고픔을 해결하기 위한 노동에서 벗어나, 정신적 허기를 달래는 고도의 정신생활을 낚시로부터 경험하는데 큰 몫을 한 것이다.

물론 부품과 보조기술의 업그레이드는 과학기술의 발달과 산업화에 힘을 입었다. 낚시의 기법이 과학이나 기술의 영역에 속한다면, 그것은 물리학이나 첨단소재의 발달과 무관하지 않다.

먼 선사시대 사람들은 낚시의 효용 가치를 배고픔 해결에 우선적으로 두었을 것이다. 그 당시 낚시는 수렵의 한 방편으로 자신과 가족의 생계를 잇기 위한 힘든 노동이었을 것이다. 낚시의 전설로 남아 있는 강태공에 얽힌 이야기는 낚시가 단순한 수렵의 단계만은 아닌, 더 먼 훗날의 일이다. 물론 지금도 생계를 잇기 위해 낚시를 하는 직업 어부를 민물이나 바다에서 얼마든지 만날 수 있다.

하지만 낚시는 점차 취미나 휴식, 나아가 예술 혹은 구도(求道)의 정신세계를 경험하는 방향으로 가치의 중량과 폭을 지속적으로 넓혀왔다. 현실의 삶이 팍팍해질수록 사람들은 지혜와 감동을 찾아 이리저리 헤매어 다녔으며, 마침내 낚시라는 피안에 그들의 정신생활을 의탁하기에 이르렀다. 낚시 문화는 과학기술과 물질문명으로부터 적지 않은 힘을 입었다. 그러다가 차츰 정신세계를 경험하고 중시하는 방향으로 나아가면서 과학기술이나 물질문명을 되레 비판하고 조롱하는 역할을 맡기에 이르렀다.

감당하기 힘든 삶터에서 비켜난 다른 한쪽에서는, 낚시를 통해서만 경험할 수 있는 심미학적 정신세계가 오랜 세월 쉼 없이 이어져 내려오고 있다. 그 과정에서 사색과 관조가 우러나고 지혜와 깨달음이 샘솟아 메마른 삶터로 흘러들고 있다. 어리석음에서 벗어나려는 마음자세가 종교적이든 도덕적이든 예술적이든 영역의 가름에 상관없이 낚시는 인간의 정신생활을 풍요롭게 살찌웠다.

찌, 귀소본능을 깨우다

낚시에서 찌의 역사는 얼마나 됐을까. 선사시대부터 시작된 낚시의 기나긴 역사에 비하면 찌의 역사는 그다지 길지 않다.

낚시가 선사시대 수렵의 한 방편으로, 곧 생계수단으로 시작됐다면 찌는 필수적인 부품은 아니었을 것이다. 아마 낚싯바늘과 낚싯줄, 그리고 낚싯대는 낚시 역사의 초기부터 필수적인 장치로 사용되었을 것이다. 하지만 찌는 물고기의 입질, 곧 물고기가 미끼를 입으로 빨아들이는 동작을 쉽게 파악하려는 의도로 이들 장치보다 훨씬 나중에 쓰였을 것으로 추정된다. 다시 말해 예나 지금이나 찌 없이도, 적잖게 불편하겠지만, 물고기를 낚을 수는 있다는 얘기다.

찌가 사용되지 않을 당시에는 바늘에 연결된 낚싯줄이나 낚싯대 끄트머리의 움직임으로 입질을 파악했을 것이다. 지금도 민물에서 심심찮게 행해지는 맥낚시 기법이 바로 찌를 사용하지 않던 시절의 흔적이다. 맥낚시는 찌를 쓰기 어려운 여건, 곧 물살이 센 여울 같은 곳에서 '초릿대(낚싯대에서 회초리처럼 잘 휘어지는 끝 부분)'나 낚싯줄로 물고기의 입질을 읽어내는 기법이다. 물고기가 바늘에 달린 먹이를 취할 때 그 입질의 신호가 줄이나 대 끝으로 전해지는 원리다. 신호가 전해지면 줄과 대의 미세한 떨림이 낚시꾼의 시각 혹은 손의 촉각으로 감지된다.

또 바다낚시, 특히 배낚시나 방파제 낚시에서는 지금도 찌 없이 바늘과 줄만으로 물고기를 낚아내곤 한다. 이것도 물고기의 입질 신호를 줄을 통해 파악하기 때문에 맥낚시의 한 기법으로 볼 수 있다.

찌는 낚시에서 부력을 유지하면서 물속 물고기의 입질을 낚시꾼에게 전달하는 것이 가장 중요한 기능이다. 찌는 무엇보다도 부력이 생명이다. 물에 잘 뜨는 소재로 만들어야 부력이 강해진다. 오늘날 가장 대중적인 낚시인 붕어낚시에서 찌가 없는 낚시란 상상조차 할 수 없다. 붕어낚시는 곧 찌낚시다.

부력이 봉돌(미끼를 물속 바닥에 가라앉히기 위한 작은 납덩어리나 돌멩이)의 중력과 힘의 균형이 이뤄졌을 때, 비로소 찌는 늘 일정한 높이를 유지한다. 수면을 기준으로 찌의 윗부분이 늘 일정한 높이를 유지해야, 낚시꾼은 그 높낮이를 식별함으로써 입질을 읽어낼 수 있다.

붕어낚시에서는 수면 위에 항상 일정한 높이로 떠올라 있던 찌가 붕어의 입질로 쑥 솟아오를 때 낚싯대를 잡아챈다. 결국 찌는 물속 물고기의 동태를 낚시꾼에게 전달하는 표식이요 안테나요 센서인 셈이다.

낚시찌가 이 땅에서 널리 사용된 것은 조선시대 어느 시기로 짐작된다. 사실, 찌에 관해 남아 있는 옛 문헌은 많지 않다. 우리나라에서 찌에 관한 최초의 기록은 17세기 말엽의 것이다. 조선 중기의 유학자 남구만(1629~1711)의 개인문집 '약천집(藥泉集, 규장각 소장)'에 찌의 용도가 간단히 소개되어 있다. 이것이 우리나라에서 찌에 관한 가장 오래된 기록으로 낚시꾼들 사이에 알려져 있다.

조선 후기에는 화가들이 다수의 조어도(釣魚圖)를 남겼는데 겸재 정선, 단원 김홍도, 호생관 최북 등의 그림이 대표적이다. 흥미롭게도, 낚시하는 모습을 그렸지만 이들의 그림 속에는 한결같이 찌가 보이지 않는다. 낚시꾼이 강에서 낚싯줄, 낚싯대, 낚싯배 등을 이용해 낚시를 하고 있지만 아무리 자세히 살펴봐도 찌는 그림 속에 들어 있지 않다. 물론 화가가 찌를 그려 넣지 않았기 때문이다.

당대의 기록이 있으니 조선시대에 찌가 사용된 것은 틀림없다. 다만, 옛 낚시그림에 찌가 등장하지 않는다는 사실에 비추어볼 때, 조선시대에는 찌가 오늘날에 비해 보편적으로 사용되지는 않은 듯하다. 이때만 해도 찌는 낚시에서 그다지 중요한 역할을 하지 않았을 것으로 추정된다. 물론 넓은 화폭에 비해 수면의 작은 점 하나에 불과한 찌를 굳이 그려 넣겠다는 섬세함이 억지스러워 보일 수도 있겠다. 하지만 그 시절 낚시꾼들이 찌를 즐겨 사용했다면, 혹은 찌의 역할을 중시했다면, 적어도 그림 한두 점에는 찌가 등장하지 않았을까?

어쩌면 한반도에서 찌가 처음 사용된 시기는 조선시대를 더 거슬러 올라갈 수도 있다. 찌에 관해 전하는 기록이나 유물은 없지만, 찌의 첫 사용 시기가 고려시대나 삼국시대일 수도 있겠다. 하지만 찌가 언제 처음 사용됐는지에 관한 문제는 낚시의 아주 긴 역사에 비하면 별로 중요하지 않을 듯하다.

세월이 흘러 일제시대 이후의 찌 사용에 관해서는 기록이나 사진, 그림 등이 다수 남아 있다. 일제시대부터 찌가 이 땅 전역에 널리 사용되면서 낚시꾼들 사이에 대중화되었음을 전하는 원로 낚시꾼들의 기억이나 증언이 적지 않다. 과학이나 기술이 발달하면서 찌는 물리학적 응용과 새로운 소재의 개발 등을 통해 진화를 거듭했다.

사람들이 낚시를 하면서 높은 수준의 정신생활을 경험하게 된 것은 찌의 진화와 밀접한 관련이 있다. 찌는 동양권, 특히 우리나라에서 쓰임새가 가장 다양하다. 바다낚시에서도 찌는 널리 사용되지만 민물낚시의 대표 장르 격인 붕어낚시의 그것과 작동원리나 모양이나 쓰임새가 사뭇 다르다. 찌의 사용은 낚시문화를 크게 바꿔놓았다. 적어도 이 땅에서는 찌가 낚시문화의 혁명을 몰고 왔다고 할 만하다.

오늘날 낚시라면 붕어를 대상으로 하는 찌오름 낚시가 가장 보편적인 기법이다. 찌오름 낚시가 이 땅에서 많은 사랑을 받게 되기까지 그 과정에는 옛 사람들의 진지한 노력이 있었다. 오랫동안 붕어의 먹이 습성과 동작을 관찰하고 분석해, 그에 알맞은 기법을 고안해 낸 지혜가 있었다. 오랜 경험을 통해 얻어낸 낚시의 약속체계다. '찌가 솟아오를 때 낚싯대를 채라'는 말은 찌와 붕어 사이에 작용하는 물리적 힘의 관계가 반영된, 낚시꾼들 사이의 불문율이다. 찌오름 낚시가 과학적 아름다움을 표현하는 예술로 불리는 이유가 바로 거기에 있다.

이 불문율을 낚시기법에 적용해 붕어를 만나는 순간, 낚시꾼은 과학적 아름다움을 즐기는 감동에 빠져든다. 자신이 행위예술가 혹은 마술사가 된 듯한 기쁨이다. 낚시꾼 자신이 붕어와 찌 사이에 작용할 역학관계를 파악해, 낚시설비를 직접 고안하고 제작했으니 물리학을 다루는 과학자인 듯한 기분일 수도 있겠다.

찌의 사용이 중시되면서 사람들은 더 이상 낚시를 배고픔을 해결하기 위한 생계수단으로만 여기지는 않으려 했다. 낚시를 통해 멋과 여유를 부리려 했다. 찌가 솟아오르는 모습에서 시각적 아름다움을 즐길 줄도 알게 됐다. 또 물고기가 전하는 생명력을 그 이전보다 더욱 생생하게 느낄 수 있게 됐다. 직업 어부라면 찌의 사용으로 더 많은 물고기를 잡을 수 있게 됐음은 물론이다.

낚시꾼은 낚시할 때 찌에다 가장 오랫동안 시선을 둔다. 낚시의 대부분이 찌를 바라보는 기다림의 시간일 정도로 찌는 아주 중요한 역할을 한다. 찌를 바라보는 것이 즐거워야 낚시질은 처음부터 끝까지 내내 즐거워진다. 그래서 사람들은 찌의 개량에 점차 많은 관심을 갖게 되었다. 찌는 부력이 강해지는 쪽으로 변해 왔다.

조선시대만 해도 찌는 물에 겨우 뜰 정도의 약한 부력을 갖고 있었다. 길이도 매우 짧아 기껏해야 엄지와 검지를 벌렸을 때의 한 뼘을 넘지 않았다. 그 당시에는 풀의 줄기나 나무막대 같이 들판에서 흔히 구할 수 있던 식물을 잘라 찌로 썼을 것이다. 부력을 높이기 위한 특별한 가공기술이 없었을 때니까.

조선시대 찌의 기능이 제한적이었던 것은 부력을 키울 수 있는 방법을 몰랐다는 기술적 한계 말고도 중요한 이유가 하나 더 있다. 오늘날에 비해 흐르는 물이 많은 대신 고인 물이 썩 드물었다는 사실이다. 흐르는 물이라면 강이 대표적이고, 고인 물로는 댐이나 저수지다. 그 당시에는 소양호나 충주호 같은 큰 댐이나 저수지가 인위적으로 축조되지 않아 강물은 늘 자연스러운 흐름을 유지하고 있었다.

조선시대에는 물 흐름이 센 강이 많았다. 그래서 찌낚시를 하기가 수월하지 않았다. 아니, 물살이 빠른 강이라면 찌의 부력이 별로 쓸 모가 없다. 오늘날에도 물 흐름이 강한 곳에서는 찌낚시 대신 주로 맥낚시를 한다. 또 조선시대에는 강에 댐이나 보(洑) 같은 인공 장애물이 없다보니 배를 이용해 사람이나 물자를 실어 나르는 수상교통이 발달해 있었다. 그래서 사람들은 배를 탄 채 낚시를 하기도 했다. 하지만, 물 흐름을 따라 이동하는 배를 탄 채 찌낚시를 하기는 아주 곤란했을 테다. 아마 찌를 달지 않은 맥낚시를 자주 했을 테다. 찌가 물 따라 흐르며 춤추듯 흔들리는 여건에서는 물고기의 입질을 낚시꾼에게 정확히 전달할 수 없었을 테니까.

오늘날에는 찌가 부력이 훨씬 강해지면서 더욱 날씬하고 길쭉해졌다. 물에 잘 뜨는 소재를 오뚝이처럼 중간 부분을 볼록하게 가공함으로써 부력을 크게 높였다. 길이는 대부분 30센티미터를 넘어 긴 것은 무려 1미터에 이르기도 한다.

물론 찌가 낚시의 다른 부품에 비해 기능이 중시된 것은, 조선시대와 달리 물 흐름이 거의 없는 호수(댐, 저수지, 둠벙, 늪)에서 낚시를 즐기는 문화가 발달했기 때문이다. 오늘날 고인 물이 많아짐으로써 적어도 민물낚시에서는 정서적으로 차분한 낚시가 보편화된 것이다. 하긴 삶이 번잡하고 하루가 다르게 변해 가는데 낚시마저 급류타듯 해야 한다면, 낚싯대를 영원히 접고야 말겠다는 사람이 적지 않을 테다.

하지만 댐 같이, 흐르는 물을 붙잡아 가둬놓은 인공 호수나 인공 저수지에는 절대로 찌를 담그지 않겠다는 결연한 낚시꾼도 없지 않다. 인간이 더럽힌 물에서, 인공 구조물에 의해 이동의 자유를 빼앗긴 채 살아가는 물고기를 낚는 것은 도리가 아니라는 고집이다. 이들은 찌낚시를 위해 자연발생적인 늪지나, 샛강의 물 흐름이 완만한 곳을 천리가 멀다않고 찾아간다.

찌는 부력이 강화되고 날씬하게 길어지면서 낚시꾼의 마음을 사로잡기에 충분했다.

부력이 약하고 길이가 짧은 찌는 경망스럽게도 물고기의 입질에 너무 자주 움직였다. 그래서 입질을 낚시꾼에게 제대로 전달해주지 못했다. 찌의 촐싹대는 움직임으로는, 낚시꾼이 낚싯대를 잡아채도 바늘이 비어 있어 허탕 치는 횟수가 잦았다.

그에 비해 강한 부력의 긴 찌는 입질에 반응하는 속도가 느렸다. 그래서 낚시꾼은 마음의 여유를 갖고 낚싯대를 느긋하게 챌 수 있게 됐다. 요즘 붕어낚시에서 찌가 솟기 시작해 정점에 이를 때까지의 움직임은 짧게는 삼초 안에 끝나지만, 길게는 십초쯤 걸리기도 한다. 감동의 길이가 그만큼 늘어난 것이다. 챔질의 허탕 횟수도 줄었다. 그래서 물고기를 낚을 때 손으로 느끼는 생명력을, 곧 손맛을, 약한 부력의 찌를 쓸 때보다 더 자주 경험하게 됐다. 이 변화는 비록 서서히 일어났지만 낚시문화를 바꾸는 중요한 전기가 됐다.

무엇보다도 낚시꾼이 시각적 아름다움을 감상할 수 있게 됐다는 점에서 찌의 진화는 낚시 역사에서 큰 의의를 갖는다. 찌가 중력뿐 아니라 물의 응집력과 표면장력 같은 물리적 방해를 뿌리치고 중후하게 솟아오를 때는 물고기의 강한 추진력, 나아가 물속생태계의 강한 생명력을 느끼게 한다.

또 오늘날 찌는 밤낚시를 할 때 눈에 잘 뜨이도록 '케미컬라이트'란 발광체가 부착됨으로써 눈을 더욱 즐겁게 한다. 1980년대 중반만 해도 밤낚시에서는 '카바이트' 불빛이 쓰였다. 카바이트라는 광물을 물에 녹이면 가연성 가스가 생기는데, 거기에 불꽃을 점화한 뒤 그 불빛을 반사경으로 멀리 내보내는 방식이었다. 물론 깜깜한 밤에 찌의 움직임을 보기 위한 목적이었다. 그 훤한 조명이 지금은 성냥개비보다 작은 케미컬라이트 발광체를 찌의 맨 위쪽 끄트머리에 끼우는 방식으로 대체됐다. 이 발광체는 반딧불 곤충이 뿜는 빛과 비슷한 밝기로, 찌의 움직임만 식별토록 할 뿐이다. 카바이트 빛과 달리, 낚시터 주변을 온통 훤하게 밝히지는 않는다. 그래서 찌는, 광활한 어둠 속에서 작은 점 하나로만 눈에 들어온다.

칠흑의 어둠 속에서 한 점의 찌가 빛의 모습을 띤 채 장중하게 솟아오르는 모습을 보고 있으면 형언할 수 없는 황홀경에 빠져든다. 그 감동에 취하다보면 낚싯대 잡아채기를 깜박 잊어버리기 십상이다. 찌는 발광체의 도움을 받아 낚시꾼들을 밤의 세계로 이끌었다. 낚시꾼들을 밤의 상상 속으로 유혹했다. 오늘날 낚시에 열광하는 사람들은 대개 찌의 빛을 즐기는 밤낚시꾼들이다. 밤의 어둠은 찌 빛의 도움으로 자신의 존재가치를 낚시꾼들에게 더욱 또렷이 드러낼 수 있게 됐다.

낚시꾼은 찌를 부리는 솜씨가 나아지면서 그만큼 더 자주 물고기를 손님으로 맞는 기쁨을 누리게 됐다. 현실의 삶을 잠시 떠나 들판을 바라보고 바람을 맞으면서, 더 깊이 사색할 수 있게 됐다. 현실의 속박에서 잠시나마 벗어나 심신의 자유를 더 많이 느껴보려 한다. 또 물속의 생태계가 전하는, 때묻지 않은 건강한 생명력도 감상할 수 있게 됐다.

인간의 마음속에 오랜 세월 잠들어 있던 귀소(歸巢)본능이 찌의 솟음과 함께 깨어났다. 도시문명 속에서 수천 년 동안 억눌린 채 숨어 있던 근원적인 심성이 찌의 솟음과 함께 기지개를 폈다. 인간은 태고 적부터 보금자리를 물가에다 틀지 않았던가.

밤의 감옥에서 풀려나다

군사독재 시절인 1982년 1월 야간 통행금지가 해제됨으로써 낚시문화는 적지 않은 변화를 맞았다. 낚시꾼들은 밤에도 낚시를 자유롭게 즐길 수 있게 됐다. 야간 통행금지가 있던 시절, 낚시는 오늘날에 비해 얼마나 답답했을까.

그러고 보면 오늘날과 같은 밤낚시의 대중화는 내력이 그리 길지 않다. 야맹증이 없어도 밤길을 함부로 다닐 수 없었던 적은 1980년대 초 십대 이상의 나이였다면 누구나 기억할 것이다. 밤낚시를 하다가 야간 통행금지 단속에 걸려 곤욕을 치른 기억은 지금도 나이 지긋한 낚시꾼들의 말로 되살아나곤 한다. 그러니 야간통금 해제는 낚시문화에 큰 영향을 미칠 수밖에 없었다.

그 이전에는 낚시꾼뿐 아니라 사람들 모두가 밤 시간을 제 마음대로 쓸 수 없었다. 일제로부터 해방된 직후인 1945년 9월 미군정에 의해 야간통금이 시행된 이후 37년간 이 땅의 밤 시간은 정권의 전유물이지 사람들의 소유가 아니었다. 정권은 사람들의 자유를 구속함으로써, 국가수립 이후 늘 헌법에 명시된 기본권을 오랫동안 빼앗아왔던 것이다.

일제시대는 밤 시간뿐 아니라 낮 시간도 사람들의 소유가 아니었으니 더 말할 나위가 없고, 조선시대에도 밤은 사람들의 온전한 차지가 아니었다. 조선시대에는 인경(人定, 혹은 인정)이라 해서, 밤 열 시 무렵에 종각의 종이 28번 울리면 사람들의 거리통행이 일제히 금지됐다. 이어 파루(罷漏)라 해서, 다음 날 새벽 네 시 무렵에 종이 33번 울려 바깥통행이 재개됐다.

정치권력은 왜 늘 밤 시간을 사람들에게 허락하지 않으려 했을까? 어둠은 무섭거나 불안한 것이어서, 사람들을 그 어둠으로부터 지켜주려 했기 때문이었을까. 이를테면, 어둠을 틈타 도둑질이나 강도짓 따위의 못된 짓을 하려는 무리들로부터 사람들을 지켜주려는 뜻. 혹은, 어둠을 틈타 권력이나 체제에 대한 도전을 모의하거나 일삼는 무리들을 경계하려는 뜻이었을까. 권력을 올바르게 쓰지 못하는 체제라면 늘 신경과민에 시달리며 초조했을 테니까.

어둠은 사람들의 눈을 가린다는 사실 탓에 늘 무섭고, 불안하고, 음모를 꾸미기에 적당하다는 심상을 갖고 있는 듯하다. 실제로 어둠은 늘 무섭고 불안하고 음모적이기만 한 것일까. 마음먹기에 따라서는, 어둠이 편안한 휴식일 수도 있을 텐데. 밤 시간이 오랫동안 바깥거리로 나오지 못한 가장 큰 이유는, 사람들 사이의 믿음 부족이 아니었을까.

돌아보건대, 야간통금 해제는 동기가 그리 순수하지만은 않았다. 동기에 진정성이 없어 보였다. 통금해제는 그 당시 독재정권이 진정으로 밤의 시간을 사람들의 품으로 돌려주기 위한 조치는 아니었다. 1986년과 1988년 각각 열린 아시안게임과 올림픽이라는 큰 국제 스포츠행사를 앞두고 야간족쇄를 풀지 않을 수 없는 상황이었다. 통금해제는 정권의 국제적 체면치레를 위한 관급 선심용이었던 셈이다.

물리적 족쇄가 풀리자 술꾼들은 도회지 골목을 이 술집 저 술집 새벽이 올 때까지 헤매어 다녔다. 젊은이들은 밤늦도록 막걸리나 소주를 마시면서 자유나 정의를 떠들고 다니다가 곤욕을 치렀고, '고고 춤'으로 밤새도록 자유를 만끽하려 했다.

야간통금이 해제되던 그 해 도시의 심야극장에서는, 당시로서는 파격적인 에로영화 '애마부인'이 뜨겁게 상영됐다. 야구나 축구 같은 스포츠의 프로화도 그 시기를 전후로 잇달아 허용되면서 종합운동장에서는 밤늦도록 관중의 함성이 울려 퍼졌다. 사람들은 검정색 운동화나 하얀색 정구화 같은 헝겊신발을 벗어버리고, 프로스펙스나 나이키 같은 유명상표의 쇠가죽 스포츠화를 신고 활보하기 시작했다. 내친 김에, 장발단속이나 불순가요 금지로 상징되는 그 이전의 억압까지 보상받으려는 심리도 활보에 한몫했다.

사람들은 오랫동안 억눌려 왔던 욕망을 배설의 쾌감으로 밤의 거리에 거침없이 쏟아냈다. 하지만 정치나 사상이나 문학이 변혁을 꿈꾸며 살아가는 동네에서는 분출 대신 오히려 종전보다 더 강한 억눌림이 가해졌다. 역설적으로, 독재정권은 정치나 이념 따위의 자유로운 분출을 막기 위해 사람들을 거리로 나가 쏘다니라고 부추겼다. 물론 쏘다닐 장소는 일정한 금기의 영역 밖으로 한정됐다. 점진적인 김 빼기가 한꺼번에 분출되는 힘의 위력을 낮출 수 있다는 것을 독재라고 모를 리 없었다.

그런 시대상황의 들썩임 속에서 낚시는 적지 않은 변화를 맞고 있었다. 낚시꾼들도 집안에만, 사무실에만 틀어박혀 지낼 수 없었다.

직장이나 친목회를 중심으로 수많은 낚시동호회가 생겨났다. 수요가 늘다보니 낚시용품 제조업이나 낚시가게도 여기저기 차려지기 시작했다. 게다가 이들이 주도하는 낚시 대회가 한강변 등지에서 우후죽순처럼 열리면서 낚시 인구와 산업은 급속히 불어났다. 주말이나 휴일이면 수많은 낚시꾼들이 관광버스를 대절해 물가로 몰려나가곤 했다. 서울 근처 한강변은 주말과 휴일이면 '칸델라'로 불린 카바이트 불빛으로 밤이 불야성을 이루기 시

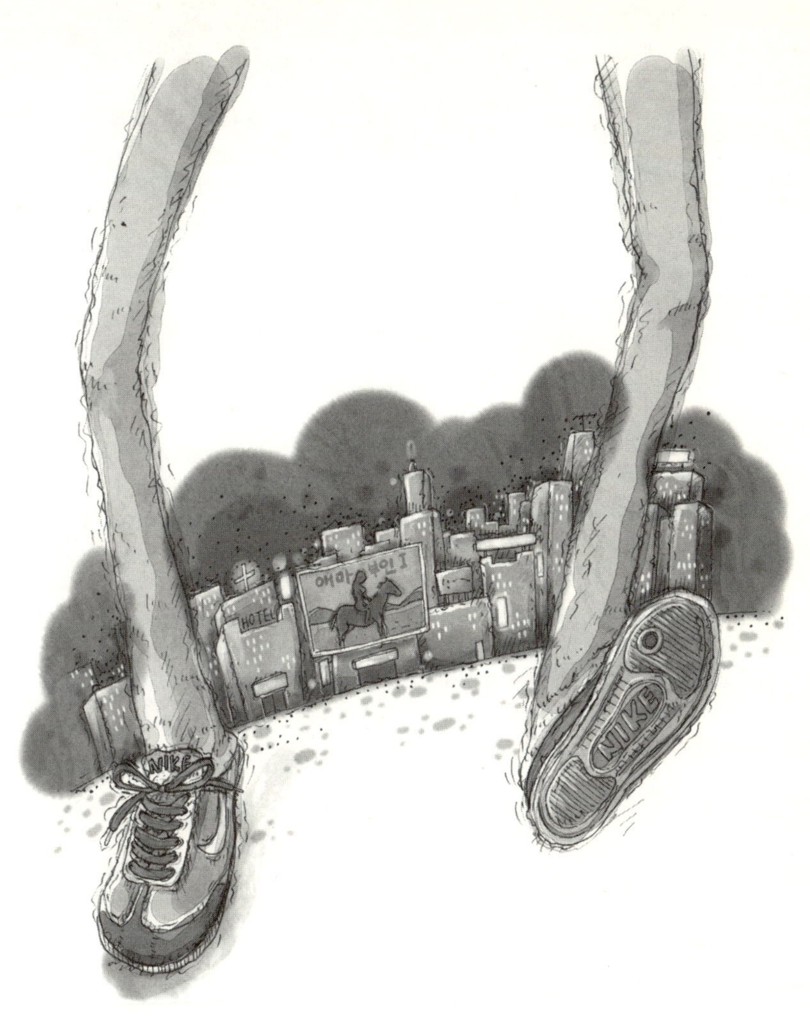

HOTEL
I ♥ IDAHO
NIKE
NIKE

작했다. 낚시문화도 무거운 족쇄에서 풀려 격정의 시대를 맞은 것이다.

통금이 풀리면서 낚시는 앞날이 창창한 제조업이자 유통업으로 자리를 굳혀갔다. 그때는, 낚시란 여럿이 어울려 친목을 다지는 떠들썩한 유흥관광에 지나지 않았다. 그저 억눌린 욕망의 적나라한 분출이었고, 그런 격정 속에서 사색의 기운이 돋아날 리 없었다. 어쨌든 낚시꾼들도 덩달아 욕망분출에 적극 가담했다. 물론 그들의 분출 장소는 도시가 아닌 들판의 물가였다.

시간이 지나면서 격정이 가라앉자 낚시꾼의 욕망분출 방식이 고요한 기다림으로 차츰 변해갔다. 나아가 1980년대 중반쯤 케미컬라이트라는 찌 보조용 발광체가 널리 보급되기 시작했다. 이 발광체는 찌에 더 많은 역할을 안겨주었다. 찌는 발광체를 매달면서 낚시의 무게중심을 낮의 낚시에서 밤의 낚시로 옮아가게 했다. 그러자 낚시꾼의 기다림은 어둠 속에서 더욱 고요해졌고, 비로소 사색의 기운이 움텄다.

네온사인과 함께 현란하게 돌아가는 도시의 밤 문화 저 편, 먼 물가에서는 반딧불만한 한 점 찌를 보며 어둠의 시간을 보내는 또 다른 밤 문화가 자리 잡게 됐다. 낚시꾼이 일구는 들판의 밤 문화도 도시의 밤 문화처럼 야간통금 해제와 때를 맞춰 서서히 피어나기 시작한 것이다.

하지만 통금해제 초기에는 들판의 밤은 시간을 주체적으로 누릴 수 있는 문화가 아니었다. 수많은 정치적, 사회적, 문화적 금기에서 비롯된 울분이나 고함이 도시의 밤 문화를 지배했다면 들판의 밤이라고 그와 비슷한 정서가 없을 리 없었다. 도피나 은둔만으로도 들판에서 밤을 보내기에 합당한 이유가 성립했다. 좌절감이나 패배감도 그 이유 속에 섞여 있었다. 도피니 은둔이나 좌절감이나 패배감은 시간을 온전히 누리지 못함에 다름 아니다.

사색이나 휴식이 들판의 밤을 지배하는 정서로 자리 잡은 것은 좀 더 나중의 일이다.

　거친 밤 문화 속에서 낚시꾼은 점차 들판의 짐승을 닮아갔고, 생업에 지장을 받지 않는 범위에서 점차 야행성 동물로 변해갔다. 가족간에 사랑을 확인한다거나 가정의 미래를 설계한다거나 하는 가장의 역할을 멀리한다는 이유로 입방아 찧기의 대상이 되기도 했다. 또 미물이나 상대하는 싱거운 사람, 살아 있는 물고기를 괴롭히는 점잖지 못한 사람 등으로 손가락질 받기도 했다.

　억눌린 감정의 해소가 목적이었다면, 도시의 밤 문화는 근원적인 해결책을 속 시원하게 제시하지는 못했다. 요란하고 현란한 조명등 아래 집단으로 모여 아무리 자신을 흔들어대고 술을 마셔 봐도 마음의 허기는 좀처럼 채워지지 않았다. 공허함을 잠시 속이거나 잊을 수 있을 뿐이었다. 도시의 밤에서 조명등은 욕망의 화신이고, 음주가무는 욕망을 갈구하는 몸짓이었다. 내일도 모레도 오로지 긴 기다림만 있을 뿐 욕망의 충족은 언제나 실패로 끝나곤 했다. 사람들은 도시의 밤 문화 속에서 많은 시간을 떠안았지만 밀폐된 공간의 자욱한 담배연기 속에서 지독한 알코올을 마시며 다시 갇혀 지내야 했다.

　광장 부재의 시대상황에서는 늘 눈금이나 높은 벽이 있었고, 그것들은 허가된 것과 허가되지 않은 것을 갈라놓았다. 사람들은 아무리 발광을 쳐도 금기의 영역에 있는 것만큼은 마음속에 채워 넣을 수 없었다. 술은 혀와 접촉되지 않은 채 입안에 머물 틈도 없이 곧바로 목구멍을 타고 넘어갔다. 밀폐된 좁은 공간은 다음날 아침이면 숙취의 고통과 함께, 강산성 위액으로

뒤범벅된 찌꺼기들만 한쪽 구석에 남겨놓곤 했다. 밤은 시계바늘로는 시간의 자유가 허락됐지만 고단할 수밖에 없는 풍경이었다. 사람들이 광장으로 나아가게 되기까지는 십수 년의 시간이 더 필요했다.

도시의 밤이 그렇게 속절없이 흘러갈 무렵 다른 한쪽에서는 다른 방식의 기다림이 있었다. 무대는 비좁은 도시를 떠난 자연의 너른 들판, 그 중에서도 호수나 강이었다. 조명은 달빛과 별빛, 그리고 약간의 햇빛이 전부여서 화려하지도 요란하지도 않았다. 비가 오거나 흐린 날의 밤에는 달빛도 별빛도 없어 무대는 순도 100퍼센트에 가깝도록 깜깜했다. 낚시라는 또 다른 밤 문화가 어둠 속에서 피어올랐다.

낚시꾼이 혼자 연출과 각본을 맡았다. 주연배우도 대개 그
혼자였다. 가끔 운이 좋으면 여남은 마리의 물고기와 공동
으로 주연을 맡았다. 뜻이 맞는 낚시꾼으로부터 가끔 찬
조출연 제의가 들어오곤 했다. 막이 열리는 날은 대개
주말이나 휴일. 공연시간은 아주 길어, 대개 해거
름에 막이 올라 자정을 거쳐 다음날 동틀 무렵
막이 내렸다. 일박이일이 기본 공연시간이었
다. 이박삼일이 넘는 공연도 더러 있었다.
　　낚시꾼들은 평일에는 죽어라 일만 하거
나, 아니면 나이가 지긋하게 들어 일터에
서 물러난 사람들이었다. 그들도 도시의 밤
문화 속에서 기다림에 지쳐가던 사람들이
었다. 결국 도시의 조명등 밑을 떠나
막막한 들판을 쏘다녔다.
이어 한적한 물가에
둥지를 틀게 됐다.

그들에게도 밤중의 한 점 찌는 도시 조명등처럼 이루기 어려운 욕망의 화신이었다. 하염없이 반복적으로 낚싯대를 휘둘러대는 동작은 욕망을 갈구하는 몸짓이었다.

하지만 들판의 물가에서 밤을 보내는 사람들은 차츰 시간의 많은 부분을 자신의 생활 근처로 끌어들일 수 있다는 자신감을 얻게 되었다. 그들은 통금해제로 돌려받은 밤 시간을 점차 자신의 의지대로 적절히 쪼개거나 늘이기를 거듭했다. 이 시간조절의 비법을 터득하고 실행하는 것은 쉽지 않았지만, 용기를 내거나 부지런해진다면 불가능한 일도 아니었다. 물가에서는, 곧 두 번째 둥지에서만큼은 도시로부터 가져온 시계를 멀리 내던지는 삶의 태도가 비법이라면 비법이었다.

이들은 해와 달과 별에 시간을 물어가며 자신만의 달력과 시계를 만들어갔다. 그런 태도는 지름길을 멀리 놔둔 채 에둘러 걸으려 하는, 삶의 낭비로 비쳐지기도 했다. 하지만 생각하기에 따라서는, 동의하지 않을 사람도 있겠지만, 생활방식의 진화일 수도 있었다. 나중에는 휴대전화나 컴퓨터 같은 요란한 도구를 멀리하는 이들까지 생겼다. 들판사람들은 삶이란 반드시 지름길을 통해서만 진화하는 것이 아닐 수도 있다고 마음먹기에 이르렀다.

시간의 억압에 맞서다

대개 사람들은 시간에 대해 막연하지만 음울한 공포를 안고 살아왔다. 누구나 시간이 지나면서 심신이 노쇠해지고 이어 죽음이란 불청객을 꼼짝없이 받아들여야 했다. 시간은 실체를 드러내지 않으면서도 생로병사를 다스리는, 늘 인간에 군림하는 무서움이었다.

그런 어찌해볼 도리가 없는 공포 탓인지, 사람들은 자신의 삶을 시간의 흐름에 수동적으로 내맡기는 버릇을 갖고 있다. 고대의 어떤 사회에서는 평평한 지면에 긴 막대기 하나를 수직으로 세우면서 그 그림자로부터 시간을 계산해내는 방법을 만들어냈다. 그것이 인간 세상에 처음으로 나온 시계라고 한다. 하지만 인간은 시간계산법을 고안해내면서, 곧 시간을 계량화할 줄 알게 되면서 시간에 대한 무서움도 함께 느끼지 않았을까.

서양의 중세만 해도 시간의 질서는 사람들이 개입해 함부로 그 속성을 알아내려 할 수 없는 금단의 영역 같은 것이었다. 간혹 천문에 관심을 가진 이들이, 불손하게도, 천체의 움직임을 통해 지상의 시간질서를 규명해내려 할 때 지배체제는 그런 시도를 마냥 내버려두지만은 않았다. 천국의 별이 찬란하게 빛날수록, 지상의 인간은 밤의 시간을 더욱 어둡게 보내야했다지 않은가.

이 땅에도 핏줄에 바탕을 둔 세습 왕권체제가 오랫동안 시간을 독점해왔다. 정치적이든 경제적이든 문화적이든, 사람들은 자신의 시간을 지배체제에 내맡김으로써, 때로는 내맡긴 것을 찾으려 피를 흘리기도 했지만, 삶을 간신히 이어왔다.

오늘날은 어떤가? 동양이건 서양이건, 밤이건 낮이건, 시간은 온전히 사람들 편에 서 있는가?

세월의 길이에 비례해 시간은 사람들에게 더욱 더 두려운 모습으로 다가

온다. 오늘날 세상의 일상은 낮과 밤을 가릴 것 없이, 양의 동서를 가릴 것 없이 늘 시간을 빼앗기거나 내어줌으로써 살아가는 시스템이다. 산업화와 함께 고속도로와 기찻길이 뚫리면서 수많은 정류장과 역이 생겨나고, 사람들은 삶의 시계를 교통수단에 맞추기 시작했다. 자본과 권력이 제공한 일터에, 이들의 가치를 가르치는 제도교육에, 이들의 가치를 지키기 위한 안보 의무에 시간을 들이지 않으면 숨쉬기를 위협당하는 세상이다.

사람들이 세상에서 자신의 시간을 빼앗기는 과정은 날로 고도화 되어간다. 복잡한 기계화의 흐름, 그리고 리얼타임으로 교류한다는 정보화의 흐름 속에서 사람들은 자신만의 시간을 따로 빼내기가 나날이 어려워져간다. 심지어 일터를 벗어난 곳에서도, 자신에게 일을 시키거나 자신을 감시하는 정교한 정보화 도구를 기꺼이 받아들여 이용함으로써 휴식의 시간을 즐기려 한다.

이젠 단 일 초라도 에누리 없이 완전한 자신만의 시간을 갖는다는 것은 세상의 지배시스템에서 벗어나는 것이요, 세상과 소통할 수 없는 절대소외를 의미한다. 만약 어떤 이유에서인지, 예기치 않게 자신에게 약간의 시간이 주어졌다 해도 사람들은 그 시간을 능동적으로 감당할 수 없는 처지가 되고 말았다.

그렇다면 낚시는 어디서 무엇을 하고 있을까? 복잡하고도 정교한 지배시스템 속에 함몰되어 허우적거리고 있을까?

사람들은 도시문명 속에서 자본주의를 신봉하는 민주 시민으로 살아가도록 늘 철저하게 강요받는다. 모범 시민으로 살아가려면 어쩔 수 없이 도시문명의 틀에 자신의 생활을 꿰어 맞추어야 한다. 싫든 좋든 제도적 속박을 받아들여야 한다. 낚시는 그런 일상의 속박으로부터 잠시나마 생활을 해방

시켜 준다. 낚시는 복잡하고 바쁜 현대인의 생활을 들판으로 이끌어 간결하고 여유로운 삶을 맛보게 한다.

낚시꾼의 들판도 물리적인 시간의 흐름으로부터 완전히 벗어날 수 없음은 물론이다. 그곳에도 시간에 대한 무서움이 있고 시간을 내어주는 아쉬움이 있다. 시간의 공포로부터 멀리 도망치기도 한다. 하지만 그곳은 시간 앞에 한없이 무기력하지만은 않다. 나름대로 주체적인 생활방식을 만들어 내거나 이어가고 있다.

시간의 질서는 일상적으로 낮의 밝음과 밤의 어두움을 번갈아 만들어내면서 세상을 지배한다. 그렇지만 대개 낚시꾼은 들판의 물가에서만큼은 낮을 밤처럼, 혹은 밤을 낮처럼 적절히 바꿔가며 시간의 억압에 맞서려는 태도를 갖고 있다. 달력 숫자를 수정하거나 시곗바늘을 거꾸로 돌려가면서 주체적인 삶을 살아가는 생동감을 연출해낸다. 밤하늘의 성좌가 시곗바늘이 된다. 짐승들의 우짖음이 생체시계가 된다. 또, 그들의 시간계산법으로는 어둠이란 아무 것도 할 수 없는, 멀리 동떨어진 상태가 아니다. 물론 그런 계산법은 세상 흐름과 충돌하면서 숱한 시행착오를 만들어내기도 한다. 하지만 감동은 시행착오 속에 있을 때 더욱 생생해진다는 소중한 경험을 하게 되었다.

최첨단의 세계를 다루는 초정밀 손가락이라 해도, 들판으로 나와서는 촉촉하고 끈적끈적한 촉수가 된다. 그 더듬이는 더 이상 분, 초, 나노, 피코 등과 같은 미세한 영역의 단위들을 감지하지 않는다. 그 대신, 수천 년 수만 년의 오랜 시간을 거쳤으면서도 조금도 진화하지 않은 것들을, 굼뜨다 욕하지 않고 생명이라며 어루만져줄 줄 안다. 어루만져주면서 마음을 부추겨 감동을 이끌어내기까지 한다. 들판의 물가에 앉아 있는 낚시꾼의 태도나 삶이란 대개 그런 방식이다.

지배 권력은 1982년 야간통행 금지라는 속박의 고삐를 놓아버림으로써 밤의 시간을 사람들에게 툭 던져주었다. 사람들은 어둠을 어떻게 보낼 것인지 생각할 여유조차 없이 그저 넘겨받기만 했다. 그 이전에는 어둠의 시간을 제대로 보내본 경험이 별로 없었다. 물론 그것을 주체적으로 보낼만한 사회적 여건도 마련되어 있지 않았다.

그 물리적 시간을 넘겨받은 이후 지금까지 지속적으로 들판의 물가로 나가는 사람들이 없었더라면? 또 들판에서 그들이 자신들만의 시간계산법을 터득해내지 않았더라면? 오늘날 시간의 억압 혹은 횡포에 맞서거나 비껴나 있는 풍경을 찾아보기란 쉽지 않았을지 모른다.

지배시스템이 통제하는 세상을 완전히 벗어날 수 없으면서도, 한쪽 발만큼은 시스템 밖의 먼 곳을 디딘 채 살아가려는 태도, 그리고 사람들. 세상에는 그런 태도와 사람들이 적지 않다. 그 가운데는 낚시와 낚시꾼도 분명히 끼어 있다.

시간은 인간이 다루기에 만만치 않은 거대한 공룡으로 자라나고 말았다. 이제 시간은 인간에 의해 이용당하지 않으려 한다. 오히려 시간은 세상 꼭대기에 올라 인간을 지배하려드는 형국이다. 하지만 세상의 다른 한쪽에서는 낚시꾼이라는 사람들이 주체적 자각을 가진 삶의 한 방식으로 자신들의 문화를 만들어내고 있다. 들판문화요 낚시문화다. 그들의 문화 속에는 시간의 지배방식이 만들어내는 공포에 맞서거나 그것을 조롱하는 태도가 들어 있다.

답답하고 지루한 순간에는 시간이 더디게 흐른다. 시간을 빠르게 흘려보내려면 무언가 딴 짓을 해야 한다. 하지만 낚시는 더딘 시간을 즐기려는 휴식이다. 딴 짓이 필요 없다.

흔히 사람들은 삶의 지혜라면서, 물고기보다는 물고기를 잡는 기술을 가르치라 말한다. 낚시에서는 그런 기술도 필요 없다.

낚시는 감동할 마음자세만 갖추면 된다. 변화가 실시간으로 흘러 너무 빠르면, 그 변화는 감지되지 않는다. 보이지 않고 들리지 않는다. 도리어 아무런 변화가 없는 것처럼 느껴진다. 사람들은 무료함을 달래다 못해 나중엔 느리거나 정지한 것들을 새롭다며 그리워한다. 그리워지는 것들의 한가운데 낚시라는 감동이 있다.

오름과 내림

민물낚시에서 가장 오랜 전통과 가장 많은 낚시꾼을 갖고 있는 붕어낚시. 이 붕어낚시는 낚시꾼이 찌를 보면서 시작해 찌를 보면서 끝이 나는, 그야말로 찌의 낚시다. 찌를 보기 위한 낚시라 해도 괜찮다.

찌 보기는 내림과 오름이 서로 교차하는 시간이다. 실제로는 내림의 시간이 대부분을 차지하며 오름의 시간은 그리 길지 않다. 엄밀히 말해, 긴 내림의 시간 사이사이에 오름의 순간이 드문드문 점으로 박혀 있다.

낚시에서 오름과 내림을 즐기기에는 바깥간섭이 없을수록 좋다. 호젓한 호수의 고요한 수면이 적당하다. 바깥간섭이라면 대개 바람이나 인기척이다. 바람은 수면을 자극해 출렁이게 하고, 인기척은 낚시꾼의 마음을 자극해 평상심을 잃게 한다. 출렁이는 수면은 찌를 이리저리 흔들어대고, 평상심을 잃은 마음은 낚시꾼을 정념으로 내몬다.

바깥간섭은 함수관계에서 변수에 해당한다. 평소에는 없다가 갑자기 불쑥 생겨난다. 세기나 방향도 들쑥날쑥해 종잡을 수 없다. 변수는 애당초 예상한 결과를 빗나가게 해 안이한 마음을 꾸짖어주곤 한다. 하지만 낚시에서라면 달갑지 않다. 변수는 낚시터에 오기 전 삶터에서 이미 지겹도록 겪었다.

늦은 봄 어느 날, 낚시꾼은 깊은 산속의 자그마한 호수를 찾았다. 충북 내륙의 이름 없는 한적한 호수다. 아담하고 야트막해, 호수라기보다는 웅덩이 같다.

봄에는 바람을 맞아보겠다며 훤히 트인 서해안쪽으로 가는 사람이 많지만, 바람을 타지 않는 내륙 깊숙한 곳을 찾는 이도 더러 있다. 고요한 수면에서 조용히 찌를 보겠다는 낚시꾼이라면 무풍지대로 간다. 중부내륙이나 동부내륙의 야산에 둘러싸인 호수가 그들이 즐겨 찾는 곳이다. 바람은, 특히 봄바람은 낚시꾼이 피할 수 없는 숙명 같은 것이지만 잔잔한 수면과 찌를 보며 호젓한 시간을 갖겠다는 사람에게는 달갑지 않다. 번잡한 일상에서 벗어나 낚시질 그 자체만의 감동을 즐기기에는 깊은 산속의 호수가 제격이다.

낚시꾼이 자리를 잡은 호수는, 바람도 사람도 어딘지 몰라 찾아오지 못하는 곳이다. 이곳에 사나흘쯤 홀로 머물면서 찌의 오르내림을 감상할 요량이다. 찌에 마음을 맡겨 감동에 빠져볼 작정이다.

낚시꾼은 호수의 기다란 방죽에 앉아 있다. 찌는 움직임이 없다. 그의 마음도 차분하게 가라앉아 있다. 찌는 맨 위의 머리부분을 아주 조금만 수면 위로 내민 채 온통 물속에 잠겨 있다. 찌가 물속에 오랫동안 잠겨 있는 것은 중력이라는 불가항력적 짓누름 때문이다. 어찌해볼 수 없는 중력의 도도한 힘은 세상의 모든 것들을 늘 위에서 아래로 누르려 한다. 찌가 잠겨 있으니 그의 마음도 들뜸 없이 안정되어 있다. 곧 내림의 시간이다. 내림은 고요함이 지배하는 정적(靜寂)이다.

한참 만에 찌가 조금씩 오르락내리락한다. 물속의 어떤 녀석이 미끼를 살짝 건드리면서 입질을 하려나보다. 만약 붕어가 입질을 하면 낚시는 곧장 오름의 시간으로 바뀔 것이다. 이때는 찌가 내림의 시간일 때보다 더 강하게 낚시꾼의 시선을 잡아끌 것이다. 마침내 찌는 더욱 분명한 입질에 의해 수면위로 길게 솟아오른다. 느리지만 힘을 싣고 있어 장중한 느낌이다. 그는 마침내 낚싯대를 잡아챈다. 찌의 솟음에서 잡아채기까지는 불과 십여 초. 하지만 그는 긴 내림상태에서는 경험하지 못한 색다른 감흥을 맛봤다.

이 짧은 순간이 오름의 시간이다. 오름에서는 찌도, 낚시꾼도 들뜬다. 오름은 중력의 방향과 어긋나 있어 안정될 수 없는 동적인 상태다.

　밤이 왔다. 찌는 낮과는 달리 꼼짝도 하지 않은 채 수면위로 한 점 빛만 내고 있다. 내림상태에서는 상상의 세계에 빠져들거나 명상을 하기에 더없이 좋다. 아니, 낚시꾼은 자신도 모르게 저절로 상상이나 명상에 잠겨든다. 선방에 든 것이 아닌데도 스스로 사나운 감정을 다스리기에 좋은 시간이다. 비라도 내리면 내림의 세계는 더욱 공고해진다. 낚시의 내림은 형이상학, 혹은 관조의 고향 같은 것이다.

　세상을 살다보면 마음속에 생겨나게 마련인, 이웃과 자신에 대한 미움과 성냄 따위를 잊거나 잠재울 수 있다. 또 너저분한 물욕, 사랑으로 치장된 겉치레 정념 따위를 마음 밖으로 털어낼 수 있다. 이런 감정들은 모두 마음과 몸에 병을 일으키는 집착덩어리에 지나지 않는다.

　집착은 언제 어디서나 쉽게 다스려지는 것이 아니다. 일상 속에서는 집착을 끊기가 여간 어렵지 않다. 기계소음이나 인공조명 따위에 둘러싸여 마음이 교란 받는 여건에서는 미움이나 성냄이나 물욕 따위를 더 키울 뿐이다. 낚시에서는 짙은 어둠이나 그 속의 별빛, 광활한 들판과 깊은 적막, 홀로 소리 없이 자라는 초목과 짐승, 늘 에둘러 흘러가는 물 같은 무심한 것들이 사람보다 먼저 자리를 잡고 있다. 이것들은 수면의 한점 찌에 모여 머물다가 무시로 낚시꾼의 눈을 통해 낚시꾼의 마음속으로 들어간다. 이어 그 속에 든 집착덩어리를 꺼내간다.

　낚시로 감정을 다스린다는, 사람들이 흔히 하는 이 말은 바로 그런 과정을 통해 집착을 걷어냄에 다름 아니다. 내림상태에서 찌를 보는 시간은 곧 마음속의 집착을 밖으로 끄집어내는 정신작용이다. 마음에서 집착을 걷어내고 나면 사람들은 어떻게 살아갈지 생각해보기도 한다. 맑은 정신에서 앞날을 설계한다.

　내림의 시간은 어쩌면 지극히 인간적인 세계인지도 모른다. 여느 동물과 달리 이성적으로 사유할 수 있다고 스스로 주장하는 인간만이 경험할 수 있는 독특한 세상, 혹은 정신세계인지도 모른다.

　오름에서는 내림에 비해 감흥이 적극적이고 현란하다. 오름은 입질에 의해 찌가 들썩거리거나 솟구침으로써 생겨난다. 그렇다면 오름에서는 내림을 거스르는 경험을 하게 될 것이다. 오름은 중력을 이길 수 있는 힘이 없으면 생겨날 수 없다. 오름의 동력원은 물고기 입질이다. 붕어낚시라면 붕어 입질이 오름의 원천이다.

　중력은 언제나 일정하다. 그 내리누름의 힘에는 지속시간이나 세기가 수시로 변하는 출싹거림이 없다. 이에 비해 물고기의 행동은 종잡을 수 없이 가변적이다. 붕어 입질도 그러하다. 그래서 찌의 오름이 언제 나타날지, 얼마동안 지속될지, 얼마만큼 강할지 예측하기란 쉽지 않다. 하긴 생명을 가진 것들의 움직임이 늘 예측 가능하다면 관찰자에게 아무런 재미를 주지 못할 것이다. 붕어가 늘 정해진 시간이나 정해진 물속 여건에서만 먹이활동, 곧 입질을 한다면 사람들은 재미없다며 낚시를 하지 않을 것이다.

　결국 오름은 생명력이다. 오름은 붕어라는 물속 생명력의 움직임이 찌를 매개체로 삼아 물 바깥으로 드러난 것이다. 생명은 언제나 중력과 같은 세상질서의 근간에 역행함으로써 자신의 존재를 과시한다. 생명이 얼마나 역동적인가 하는 것은 고착화된 질서의 틀을 얼마나 강하게 거부하는지에 달려 있다. 이를테면, 나무나 풀은 뿌리에서 빨아들인 물과 영양분을 줄기를 거쳐 잎으로 높이 올려야 생명력을 유지할 수 있다. 그 물과 영양분의 흐름은 중력의 방향과 정반대다. 동물이 심장의 펌프질로 체액을 구석진 곳까지 멀리 보내는 것도 중력을 거스르는 생명력이다. 새의 힘찬 비상도 중력을 거스르는 생명력이다. 오름은 거역이나 반역의 정서가 지배한다고나 할까? 만약 그 생명활동의 주체가 인간이라면, 오름은 문명의 시원이자 모태일지도 모른다.

오름에서는 사람의 마음도 평상심을 거스른다. 평상심을 깨뜨려야 감흥이나 재미가 생겨난다. 그래서 들뜬 찌를 바라볼 때는 낚시꾼의 마음이 안정될 수 없다. 오름에서 낚시꾼이 흥분하는 것은, 질서의 근간을 깨뜨리려는 생명력 때문이다.

감흥은 찌가 솟아 물고기를 낚아낼 때 최고조에 이른다. 찌가 들썩일 때는 찌가 얼마나 높이 솟을지, 어떤 물고기인지, 얼마나 큰 물고기인지 궁금함에 마음이 달아오른다. 그 순간의 감흥은 욕망에 사로잡힌 상태일 수도 있다. 그러다가 물고기를 만나게 되는 순간 주체할 수 없는 손맛을 느끼며 탄성을 내지른다. 감흥이 절정을 지나면서 이내 침잠의 내림세계로 접어든다. 찌가 솟아올랐건만 물고기를 낚아내지 못했을 때 어떤 낚시꾼은 좌절감에 빠진다. 그 좌절은 간절하게 바라던 욕망이 이뤄지지 못해 생기는 서운함이다.

오름의 상태에서 낚시꾼이 빠져드는 심리는 이성이니 사유니 하는 정신세계와는 거리가 멀지도 모른다. 오름은, 인간만이 합리적인 행농이나 예측 가능한 선택을 할 수 있는 동물이란 고정관념을 여지없이 무너뜨리는 상태

두더지
Game

일 수도 있다.

찌가 솟아 낚싯대를 잡아챌 때 낚시꾼이 느끼는 심리는 이웃의 생명활동을 좌시하지 않으려는 뜻이 아닐까? 솟아오름은 활발한 생명활동이며, 이웃의 활발한 생명활동은 자신의 생명을 위협할 것이란 생각에 그 생명을 빼앗으려는 심리가 깔려 있는 게 아닐까? 생명을 꺾음으로써 어떤 원초적 쾌감을 얻으려는 욕구도 있지 않을까? 자신보다 강한 생명활동을 그냥 두고 보지 못하는 시기심일 수도 있겠다.

거꾸로, 낚시꾼은 움직임 없이 물속에 잠겨 있는 찌, 곧 내림 상태에서는 낚싯대를 잡아채지 않는다. 그것은 물속에 잠긴 찌라면 생명활동이 없는 상태이고, 그런 상태에서는 생명활동을 꺾어봐야 쾌감을 느끼지 못할 것이란 심리 때문이 아닐까?

물론 그런 심리는, 정말로 있다면, 무의식에 잠재할 것이다. 한때 두더지 게임이라는 놀이기구가 길거리에서 행인들을 붙잡곤 했다. 두더지가 땅위로 솟아오르지 못하게 망치로 내려치는 게임이었다. 사람들은, 위로 솟구치려는 움직임을 망치로 강하게 내리쳐 좌절시키는데서 오는 쾌감을 느끼려 했던 게 아닐까?

높이 솟은 것은 사람들에게 동경의 대상이 되곤 했다. 하지만 마냥 우러러보면서 동경만 한다면 자신의 나약함을 드러내는 것이나 다름없다. 그것을 무너뜨리거나 꺾을 수 있다면 얼마나 큰 쾌감일까. 너무 높아 오르기 힘든 산봉우리는 쳐다보기만 할 뿐 범접할 수 없다. 마침내 그 봉우리에 오르면 정복의 쾌감을 느끼곤 한다. 대개 사람들은 산에 오르려고 간다 하지, 내려오려고 간다 하지는 않는다.

솟아오른 찌를 누르려는 심리는 낚싯대를 잡아챌 때 최고조에 이른다. 그것은 정복의 쾌감 같은 것일 수 있다. 낚시에서 오름의 상태일 때 낚시꾼이 빠져드는 들뜬 심리도 정복의 쾌감을 누리려는 의도가 아닐까.

오름의 상태는 한곳에 정착하겠다는 뜻과는 거리가 멀다. 역마살처럼 한곳에 진득하게 안주하지 못하는 방황이나 바람기 같은 것이다. 그래서 오름은 늘 불안하다.

사람들은 낚시의 내림과 오름에서 제각기 색다른 즐거움을 맛볼 수 있다. 침잠은 침잠대로, 들뜸은 들뜸대로 제 나름의 감흥을 준다.

오름의 순간은 지구의 중력이나 물의 표면장력을 뚫고 솟구치는, 자유를 갈망하는 몸짓 같은 것일 수도 있다. 내림은 억압이므로. 다만 찌가 물 밖으로 빠져나왔을 때는 달리 기댈 곳이 없어 바람결에 이리저리 흔들릴 수 있겠다. 인생살이에서 흔들림은 외로움 같은 것이다. 자유는 늘 외로운 법이다. 외로움이 싫다면 함부로 오르려 하지 말고 그냥 내림상태에 안주하는 편이 낫다. 만약 중력이나 표면장력 같이 절대적으로 변치 않는 큰 힘을 인생살이에서 만난다면, 거기에 몸을 의탁하는 것이 편안한 삶을 얻기 위한 지혜일 수 있겠다.

어떤 사람들은 낚시에서 오름의 시간은 없다고 말한다. 찌의 움직임이 없는 내림 상태만 즐기려 한다. 그들은 오름이 와도 애써 아무런 반응을 보이지 않으려 한다. 자신의 마음이 들뜬 불안에 빠지지 않으려 하는 뜻이다. 또 거꾸로, 어떤 낚시꾼들은 오름만 좇으려 한다. 그들은 현실생활이 아무런 변화가 없어 지루하고 답답한 날의 연속인데, 낚시의 내림은 거기에다 억눌림이나 울적함만 더해줄 뿐이라고 말한다.

낚시에서 내림이 없으면 오름이 없고, 오름이 없으면 내림이 없다. 오름이든 내림이든 어느 순간에 저절로 생길 수 없고 홀로 지속될 수도 없다. 내림이 없으면 오름을 경험할 수 없고, 오름이 없으면 우울해지기 쉽다.

시간을 포착하는 공간

눈으로는 보이는 것이 아무 것도 없는, 완벽하다싶은 어둠이 충북 내륙의 깊은 산속 어느 호수에 있다. 평면적으로는, 어디가 뭍이고 어디가 물인지를 가르는 경계가 보이지 않는다. 입체 공간으로는, 어디에서부터 허공이 시작되는지 그 허공을 일으켜 세운 평면상의 윤곽선이 눈에 전혀 들어오지 않는다. 다만 낚시꾼은 어둠이 깃들기 전에 눈에 보였던 것들을 머릿속에 넣어둔 기억에 의지해, 지형의 경계나 지물의 윤곽을 짐작할 뿐이다. 눈을 뜨나 감으나 아무런 차이가 없는 완전한 어둠이다.

이 호수는 밖으로부터 빛이 한 줄기도 흘러들지 않아, 밤낚시 하기에 더없이 적당하다. 하늘에는 흐린 날씨 때문인지 달빛도 별빛도 없다. 만약 낚시꾼이 어둠이 오기 전에 이 호숫가에서 미리 보아 둔 것이 없었더라면 산의 높이라든지 호수의 넓이라든지 하는 경계의 개념조차 생기지 않았을 테다. 시각으로는 아무 것도 볼 수 없다. 낮의 기억을 되살려 볼 때 호수를 빙 둘러 감싼 산등성이는 분명 하늘과 닿아 있지만, 그 경계가 눈으로 감지되지 않는다. 뭍과 물을 가르는 경계도 짐작으로만 파악될 뿐이다.

그는 호숫가에 앉아 어둠 속을 너듬어 낚시채비를 수면을 향해 던져 넣는다. 낮의 기억으로는 앞쪽에 수초 따위가 없어 채비의 안착을 방해할 게 없어보였다. 채비가 물속으로 제대로 잠기는지 찌의 빛이 서서히 내려앉는다. 채비는 물속으로 모두 잠기고, 콩알만 한 빛의 점 하나만 수면과 일치되게 남겼다. 낚시꾼의 세상에 비로소 한 점 빛이 생겨났다.

그는 하늘과 땅조차 구별할 수 없는 막막한 혼돈 속에 빛 한 점을 만들어 냈다. 이 빛은 찌가 자신의 힘만으로 스스로 만들어낸 밝음이다. 찌는 자신의 몸속에 빛을 낼 수 있는 에너지를 갖고 있다. 스스로는 발광하지 못해 태양의 빛을 받아 지구로 되쏘는 달과는 속성이 다르다. 하늘에는 무수히 많은 천체가 떠 있지만 이들 가운데 스스로 빛을 내는 것들이 과연 얼마나 될까.

이제 물고기가 입질을 해주면 점의 빛은 선의 빛으로 바뀔 것이다. 깜박거림의 분절된 점선이 아니라 연속되는 선의 형상을 한 채 길게 수면 위로, 허공을 향해 솟구칠 것이다. 오랜 기다림의 시간을 보내자 흐렸던 날씨가 개는지 하늘에 별이 하나 둘 빛을 내기 시작한다. 별똥별 하나가 길게 꼬리를 단 채 날렵하게 어디론가 떨어진다. 어둠 속에서 찌가 솟아오르면 아마도 저 유성이 그리는 길고 또렷한 선과 비슷한 모습일 것이라 그는 생각해 본다. 어느새 달도 그의 머리 위에 반쪽으로 떠 있다. 희미한 구름 몇 가닥이 달을 지나 흘러간다. 어둠이 걷혀가고 있는 것이다. 어렴풋하게나마 눈앞에서 물과 뭍의 경계가, 멀리 산등성이와 하늘의 경계가 비로소 드러난다.

갑자기 찌 빛의 깜박이는 동작이 빨라졌다. 딱따구리가 부리로 나무를 연속동작으로 쫄 때, 동작이 명확히 구분되지 않는 그런 느낌의 빠르기다. 바람 탓인가? 아니다, 바람은 잔다. 물결도 잘 텐데. 그렇다면 물고기가 입질을 하나보다. 낚시꾼의 심장박동도 덩달아 빨라졌다. 어떤 녀석일까? 녀석은 좀처럼 찌를 올려주지 않는다. 명멸의 시간만 남긴 채 찌는 다시 고요하게 점으로만 수면에 박혀 있다. 미끼를 먹지 않은 이유가 뭘까?

하지만 그는 잠시나마 찌의 움직임을 경험했다. 비록 눈요기요 맛보기였지만 물속의 생명이 만들어낸 동작이었다. 어두워 잘 보이지 않았지만 찌 주위에 둥글고 미세한 파문이 그려졌을 것이다. 입질의 주인공이 물고기가, 또 붕어가 아니면 어떠랴. 새우나 징거미가 기어와 미끼를 건드리다가 도로 제 갈 길로 갔을 수도 있다. 그는 다시 기다림 속에 빠져든다.

하늘에는 별과 달이 떠 있고 수면에는 찌가 박혀 있다. 긴 기다림에는 눈이 의지할 곳이 있어야 한다. 눈이 기댈 곳이 없으면 마음이 공허해진다. 별과 달과 찌가 내는 빛이 낚시꾼의 시선이 기대는 곳이다. 어느새 산등성이 위로 하늘이 밝아지는 기운이 서려 있다. 산 너머에는 분명히 해가 떠오르고 있을 것이다.

다시 찌가 빠른 속도로 반짝거리기 시작한다. 이어 서서히 올라온다. 찌는 솟아오르면서 경박스럽게 촐랑대지 않는다. 잔잔한 평면에 박힌 한 점이 무한한 허공에다 선명하게 긴 말뚝을 꽂아 넣는, 중후한 오름이다. 한 점의 빛이 기다란 선의 빛으로 바뀌면서 수면의 평면과 허공의 입체를 하나로 이어주는 순간이다.

그는 낚싯대를 오른 쪽으로 비스듬히 들어올리며 챈다. 대는 끝이 뿌리와 나란하게 평행을 이루며 허리에서 둥글게 꺾여 휘어진다. 세속의 시간으로 오 분 가량 지났을까, 녀석은 힘이 다했는지 발 앞으로 이끌려 나온다. 낚시꾼도 가쁜 숨을 몰아쉰다. 땀이 이마에 송골송골 맺히고 입김이 햇빛을 받아 찬란한 산란을 일으킨다. 붕어다. 한 자가 되고도 남을 길이다. 녀석은 낚시꾼의 두 손바닥에 얹힌 채 황금빛 아침햇살을 온몸의 비늘로 받아내고 있다. 그 빛을 다시 낚시꾼을 향해 쏘아댄다. 낚시꾼은 눈이 부신지 두 눈을 가늘게 오므린다. 녀석이 몸을 펄떡일 때마다 그의 가슴도 급하게 뛴다.

이제 날이 완연히 밝았다. 별도 달도 찌도 빛을 다해 세상은 태양의 시간이다. 낚시꾼은 깜깜한 혼돈 속에 작은 빛 하나를 세운 이후, 연안의 좁은 한 지점에 붙박이로 앉아 긴 시간을 여행했다. 어둠 속에 반짝이던 찌의 점이 선으로 변하는 순간 눈의 맛을 느꼈고 이어 곧바로 묵직한 손맛을 경험했다. 오로지 한 곳에만 머물러 있었지만 시시각각 변하는 자연 속 대상의 모습을 마음으로 읽어냈다.

어떻게 공간이 자신보다 차원이 높다는 시간의 흐름을 잡아낼 수 있단 말인가. 낚시꾼이라면 공간으로 시간을 포착할 수 있다. 그리고 낚시꾼에게는 고차원, 저차원의 의미로 아래 위를 가르는 구분이 없다.

화가 클로드 모네는 이른 새벽, 오전, 오후, 밤으로 이어지는 시간흐름에 따라 하나의 대상이 시시각각 변해가는 인상을 즐겨 그렸다. 널리 알려진 '해돋이 인상'은 색보다는 빛으로 그려진 것이 아닐까. 빛은 시간의 흐름, 곧 태양의 이동에 따라 밝기, 대상을 비추는 각도 등이 수시로 달라진다. 시간흐름에 따라 달라지는 빛으로 표현했으니, 해가 뜨기 시작할 때와 중천에 있을 때와 질 때 대상은 제각기 다른 모습일 수밖에 없다. 낚시꾼이 붕어를 맞을 때도, 시간에 따라 느낌이 달라진다.

만약 이 호수에서 낚시꾼이 붕어를 맞은 시각이 해가 막 뜨기 시작할 때가 아니라 중천에 있을 때라면? 붕어는 황금색을 띠지 않았을 것이고 그는 눈부심의 감흥을 느끼지 않았을 테다. 해질 무렵이었다면 붕어는 석양에 곱게 물들어 있었을 것이다. 석양의 붕어를 보면서, 낚시꾼은 '황혼의 스러짐도 빛깔이 이토록 아름답구나'라고 느꼈을 수 있다.

　그는 맨 먼저, 호숫가에 작은 자리를 잡아 앉았다. 얼마 후 수면에서 연속 동작으로 반짝이는 찌의 점을 보면서 물속 생명체의 동정을 포착했다. 점의 동작은 중후한 입질의 긴 선으로 이어지고, 낚싯대를 잡아채는 그의 유연한 동작을 낳았다. 밤의 어둠을 보내고 아침햇살에 반짝이는 찬란한 붕어를 만나 감상했다.

　낚시는 한 자리의 점에서 시간과 공간을 잡아내는 멋이라고나 할까. 낚시 터에서는 기하학이나 그림이나 철학을 공부하거나 감상할 때 느끼는 멋을 즐길 수 있다. 낚시는 참 재미있는 휴식이다.

부드러움

　이른 아침, 고요한 호숫가에서 밤을 새운 낚시꾼은 수면의 찌로부터 시선을 잠시 돌려 주위를 둘러본다. 낚시꾼의 무대를 이루는 물과 하늘과 산이 부드럽고 둥근 모습을 하고 있음에 새삼스레 놀란다. 낚시를 한두 번 다닌 것도 아닌데 왜 오늘따라 주변 풍광이 평소와 달리 새롭게 보이는 걸까.

　그는 자신의 눈이 간밤의 긴 어둠 속에서 찌 말고는 아무 것도 보지 못해 기능이 잠시 퇴화했거니, 생각한다. 또 낚시터에서 밤을 지새울 때마다 피곤은 늘 눈으로 가장 먼저 찾아오곤 했다.

　가만히 보니, 이 호수로 통하는 좁다란 시내는 어느 한 곳에도 깊은 각이

져 있지 않다. 예나 지금이나 이 시냇물은 제 길을 따라가다가 각이 진 곳을 만나면 서서히 깎아내면서 둥글게 흐르고 있다. 이 물은 계속 흘러가다가 넓은 강에 이르렀다 해도 뱀이 기어가듯 꼬불꼬불 에둘러 바다로 나아갈 것이다. 그러고 보면, 낚시꾼이 낚싯대를 드리운 이 호수의 물도 애써 뛰쳐나가려 하지 않고, 둥근 그릇에 둥근 모습 그대로 담겨 있다.

호수를 감싼 산도 둥근 형상이다. 낚시꾼의 뒤편으로, 야산의 등줄기 선이 호수 쪽을 향해 부드럽게 이어져 내려와 있다. 완만한 지형의 그 나지막한 한 점에 낚시꾼이 자리 잡고 앉아 있다. 이제 해가 먼 산등성이 너머로 떠오른다. 산의 유연한 곡선이 더욱 선명하게 그의 눈에 들어온다. 둥근 해의 윤곽이 하늘을 배경으로 선명하게 보이는 것은 산등성이의 부드러운 곡선이 밑에서 떠받쳐주기 때문일 것이다. 나중에 저 해는 산 너머로 질 때 주위에 빨간 노을을 만들 것이다. 산의 부드러운 곡선이 밑줄을 그어주면 노을은 더욱 선명하고 아름다울 것이다.

물고기도 유선형의 부드러운 곡선이다. 만약 물고기가 세모나 네모의 꼴이라면, 몸 표면이 매끈하지 않고 울퉁불퉁하다면, 물살을 헤치고 나아가기가 힘겨울 것이다. 유선형의 부드러움이 아니라면 물고기는 평생 힘들게 살아야 할 것이다.

이어 낚시꾼은 시선을 수면으로 내리깐다. 소금쟁이와 물맴이가 빙빙 맴을 돌면서 곡선의 잔물결을 여러 겹으로 만들어내고 있다.

낚시꾼은 자신이 이 호수에 담가놓고 있는 낚시 장비나 채비에서도 부드럽지 않은 것이 없다고 생각한다. 낚시터에서 부드러움은, 시각적으로 둥글고 원만한 곡선이거나 혹은 기능적으로 유연한 이미지로 나타난다.

낚싯줄은 가늘면서도 신축성이 커 언제나 쭉쭉 잘 늘어난다. 또 낚싯대는 호리호리하게 길쭉하면서도 어느 방향으로든 잘 휘어진다. 장비의 부드러움은 물고기가 저항하는 힘을 흡수해 지탱하기 위함이다. 만약 줄이나 대가 뻣뻣하다면 물고기의 힘을 받아들이지 못해 쉽게 부러질 것이다. 낚시장비의 부드러움은 민물낚시에서나 바다낚시에서나 다같이 중요한 속성이다.

줄은 질기기도 하지만 부드럽기 때문에 강한 신축성을 갖고 있다. 대는 부드럽기 때문에 잘 휘어져 다시 본래의 상태로 돌아가려는 강력한 탄성의 힘, 곧 탄력을 지녔다. 낚시꾼이 대를 지면과 수직이 되게 머리 위로 높이 세운 상태에서 물고기와 겨루는 모습은 부드러움이 강한 힘을 제압하는 순간이다. 이 때 줄의 신축성과 대의 탄력이 함께 어울리면서 물고기의 저항하는 힘을 넉넉히 받아낸다. 낚시꾼의 손맛, 곧 감동은 부드러운 신축성과 부드러운 탄력 덕분에 더욱 강렬해진다.

낚싯대로 예전에는 천연 대나무가 널리 쓰였다. 대의 생명인 부드러운 탄력에서 유리섬유나 탄소섬유 소재는 아무래도 대나무보다는 못하다. 대나무 낚싯대는 잉어나 가물치 같이 힘센 큰 물고기를 걸어도 좀처럼 부러지지 않는다. 이에 비해 유리섬유나 탄소섬유 같은 첨단소재의 낚싯대는 물고기의 용틀임으로 두 동강이나 세 동강 나는 수가 종종 있다.

대나무는 부드러워서 강하다. 다만 대나무는 접을 수 없어, 갖고 다니거나 보관하기 불편하다는 이유로 요즘 자주 쓰이지 않을 뿐이다. 지금도 먼 오지에서는 대나무가 낚싯대로 간혹 쓰인다.

낚싯대의 부드러운 탄력은 활의 성질을 닮았다. 시위를 떠난 화살이 멀리 날아갈 수 있는 것은 바로 활의 부드러운 탄력에서 힘을 빌렸기 때문이다.

낚싯대가 물고기의 힘을 받아 팽팽하게 휘어질 때는 매끈하고 완만한 선으로 휘어지며, 깊은 각이 생기지 않는다. 이때 낚싯대가 부드럽고 유연하게 휘어지지 않으면 쉽게 부러지면서 물고기의 저항하는 힘을 넉넉히 받아낼 수 없을 것이다.

낚싯바늘은 끝이 뾰족하고 날카로운 미늘을 갖고 있다. 그렇지만 바늘은 전체 윤곽의 생김새가 깊은 각이 지지 않은, 전통 미인의 허리처럼 완만하게 날렵한 곡선이다(사실, 개미의 허리처럼 여인의 지나치게 잘록한 허리는 허기가 져 보인다. 또 조금만 건드려도 쉽게 꺾일 것 같아 불안하다). 만약 바늘이 각이 진 모양을 하고 있다면 물고기가 미끼를 입으로 쉽게 빨아들일 수 없다.

낚싯줄은 물결에 쉽게 떠다닌다. 물고기의 입질에 의한 힘의 작용에도 쉽게 이끌려간다. 줄이 부드럽기 때문이다. 만약 줄이 부드럽지 않고 뻣뻣하다면 미끼가 물고기의 입속으로 순순히 빨려들 수 없다.

찌도 가운뎃부분의 부력통 부근에서 날렵하고 매끄럽게 곡선을 이룬다. 그 어느 부분에도 각이 진 곳이 없다. 찌는 길쭉하고 날씬하면서도 표면이 매끄러운 둥근 원기둥 모양을 하고 있다. 만약 찌가 표면에 각이 져 있거나 울퉁불퉁한 요철이 있다면 물의 저항을 받아 물고기의 입질을 낚시꾼에게 제대로 전달하지 못할 것이다.

봉돌은 납덩어리로 만들어져 묵직하지만 생김새는 콩알이나 팥알처럼 동글동글하다. 만약 봉돌이 납작하게 생겼다면? 공기나 바람의 저항을 심하게 받아 낚시채비를 물속의 원하는 곳에 던져 넣기가 어려울 것이다. 또 물속에서 물의 저항을 받기 때문에 채비를 쉽게 가라앉힐 수 없다.

　부드럽고 둥근 도구를 사용하다보니 낚시꾼의 동작도 곡선을 그릴 수밖에 없나보다. 미끼나 봉돌이나 찌, 곧 채비를 물속에 넣기 위해 낚싯대를 휘두르는 동작은 낚시꾼이 지면을 딛고 선 발이 중심점이 되어 허공을 향해 반원을 그린다. 채비는 날씬하고 긴 포물선을 그리면서 원심력을 만들고, 이어 낚시꾼이 원하는 수면의 한 점에 떨어진다. 낚시꾼의 부드러운 몸동작이 채비의 둥근 비행을 그려내면서, 채비를 멀리 내보낼 수 있는 강한 힘을 일으켰다.

　농익은 낚시꾼이 낚싯대를 휘두르면서 내보이는 활달하면서도 유연한 동작. 또 그의 낚싯대가 그려내는 부드럽고 고운 선. 그런 아름다움을 어떻게 표현하면 좋을까?

　세상일에 초연한 듯한 묵객이 난(蘭)을 칠 때 그의 손동작은 날렵하고 호방하다. 거칠 것 없이 활달하다. 붓을 쥔 손이, 뻗을 곳에서는 힘차게 내지르다가도 휘어질 곳에서는 부드럽게 돌아간다. 시작과 끝이 단숨에 마무리되는 동작이지만 내내 유연함을 잃지 않는다. 그런 동작으로 그려낸 난이라면, 꼿꼿한 기상과 부드러운 자태를 풍기지 않을 수 없을 것이다. 낚싯대를 쥔 낚시꾼의 손동작도 단숨에 허공으로 뻗어나가다가 곧바로 휘어지는 유연한 품새다. 그 활달한 부드러움이 난을 치는 묵객의 손동작을 떠올린다.

　승무를 추는 춤꾼이 장삼자락을 허공을 향해 흩뿌렸다가 다시 거둬들일 때, 그의 동작은 거침없이 활달하면서도 부드럽다. 그의 손과 팔이 장삼을 힘차게 멀리 내보낼 때는 거칠 것이 없어보이다가도 거둬들일 때는 유연한 느낌을 자아낸다. 장삼자락은 허공을 넓게 휘저으면서도 늘 둥근 선을 그리며 휘감기듯 움직인다. 낚시꾼의 손과 팔, 낚싯대도 승무의 장삼자락처럼 허공에서 둥글고 부드럽게 움직이거나 휘어진다.

낚시꾼은 세상살이에서 조급증과 탐욕이 날로 드세게 판치는 까닭이 부드러움을 잃어가기 때문이 아닐까, 하고 생각해본다. 사람들은 부드럽고 둥근 들판이나 물길을 자꾸만 잃어간다.

아직 사람의 손이 타지 않은 들판에 나가보면 그곳의 모든 것들이 부드럽고 둥글게 느껴진다. 만약 불도저나 포크레인의 삽날에 의해 언덕이나 계곡 같은 굴곡이 사라진 평지, 혹은 고속도로처럼 물이 급히 흐르도록 인위적으로 곧게 펴진 강줄기라면? 사람들은 그곳을 보면서 부드럽거나 둥근 정감을 좀처럼 갖지 않는다. 그런 지형은 조급함의 산물이다. 사람들이 그런 곳을 바라볼 때는 자신도 모르게 조급한 마음을 먹게 된다.

빛바랜 흑백사진에 담긴 서울의 한강을 가만히 살펴보면, 반세기 전만 해도 한강은 뱀이 기어가듯 꼬불꼬불한 모습이었음을 알 수 있다. 서울 한강의 남쪽은 산이나 언덕이나 계곡이 서로 잇닿은 들판이었다. 자연의 들판에서 굴곡이 깎여나가고, 그 들판을 가로지르는 물길이 직선화되는 과정과 때맞춰 사람들의 마음도 조급해졌다. 오르기 힘든 언덕이라면 쉬어가면 될 것을, 굽은 길은 에둘러 가면 될 것을, 사람들은 느긋하게 견디려 하지 않았고, 기다릴 줄도 몰랐다.

부드러워야 진정으로 강해지지 않을까? 낚시꾼은 들판의 물가에 나와 있을 때는 늘 부드러운 것들과 함께 지낸다.

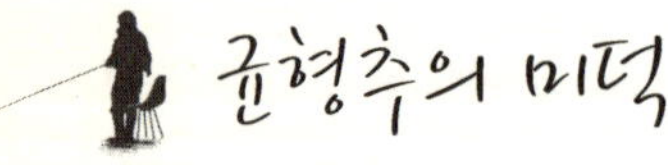

균형추의 미덕

낚시에서 찌가 식물의 꽃이라면 봉돌은 뿌리다. 꽃은 사람들의 시각을 자극하여 마음을 끌어당기지만 뿌리는 늘 땅 속에 숨어 있어 사람들의 시각과 마음의 바깥에 있다. 꽃은 피어나는 시기가 한정되어 있지만 뿌리는 수분과 영양분을 빨아들이거나 몸체를 지탱하면서 자신의 역할을 한시도 쉬지 않는다. 봉돌은 그저 뭉텅하고 묵직한 한낱 납덩어리에 지나지 않아 볼품이 없다. 하지만 보이지 않는 곳에서 식물의 뿌리 같은 소중한 역할을 한다.

오늘날 봉돌은 낚시에서 필수적인 부품이다. 봉돌이 없으면 낚시채비가 제 기능을 다할 수 없다. 특히 붕어낚시에서는 봉돌이 없으면 붕어를 낚아낼 수 없다.

낚시꾼이 물가에서 이 조그마한 납덩어리를 손바닥에 올려놓은 채 다시 유심히 보고 있는 것은 그럴 만한 이유가 있다. 낚시터에 함부로 버려진 봉돌이 환경을 더럽힌다는 세간의 질책 때문이다. 조금 전 휴대용라디오에서 흘러나온 한 뉴스방송은 낚시터에 버려진 봉돌과 낚싯줄이 환경오염의 원인이 되고 있다고 했다. 틀림이 없는 말이다.

낚시꾼의 생각에, 봉돌은 찌가 생겨나기 훨씬 이전부터 낚시채비의 한 부품으로 사용됐을 것이다. 만약 봉돌이 없다면 미끼를 매단 채비가, 물고기가 머무는 물속으로 쉽게 가라앉지 않을 테니까. 채비가 물고기가 머무는 곳으로 접근하지 못한 채 물위에 떠다닌다면, 물고기가 좀처럼 입질을 하지 않을 것이다.

만약 미끼가 꿰인 낚싯바늘이 어느 정도 묵직해 미끼를 물속으로 쉽게 가라앉히는 역할을 했다면 봉돌이 필요 없었을 수도 있겠다싶다. 하지만 바늘이 무거웠다면, 곧 비중이 크거나 굵고 길었다면, 물고기가 미끼를 입으로 빨아들이는데 어려움을 겪었을 테다. 이 어려움을 덜기 위해 생겨난 도구가 봉돌이다. 봉돌은 바늘의 크기나 무게를 줄여 물고기에게 입질의 부담을 덜어주는 역할을 한 것이다. 물론, 낚시꾼에게도 마음의 부담을 덜어줬다. 물고기가 바늘이 크거나 무거워 입질을 못한다면 낚시꾼도 물고기를 만나지 못할 테니까. 자신의 무거움으로 물고기의 입질을 쉽게 해주고 낚시꾼의 마음도 가볍게 해주다니, 봉돌은 예사로운 도구가 아니다.

또 깃털이나 티끌은 너무 가벼워 멀리 던질 수 없듯이, 만약 봉돌이 없는 채비라면 낚시꾼이 그 채비를 수면을 향해 멀리 던져 넣을 수 없었을 것이다. 물고기가 머물러 있을 법한 곳으로 채비를 정확히 던져 넣을 수 없었을 것이란 얘기다. 봉돌은, 수면에 떠 있으면서 낚시꾼의 시선과 마음을 늘 자신에게 붙잡아두려 하는 찌보다 훨씬 오랜 역사를 갖고 있다.

납이 봉돌의 소재로 널리 쓰이기 이전에는, 아마 들판에 지천으로 널린 작은 돌멩이들이 오랫동안 봉돌로 쓰였을 것이다. 봉돌도 낚시의 한 부품으로서 진화에 진화를 거듭해온 셈이다.

그렇지만 봉돌은 재료가 희귀하지도 않고, 정교한 가공기술을 필요로 하지도 않는다. 그저 물에 잘 가라앉고, 간단한 도구로 쉽게 떼어내거나 구부릴 수 있는 소재라면 그만이다. 지금도 낚시터에서 납 봉돌을 미처 준비해오지 못했다면, 돌멩이를 주워 적당한 크기로 깨뜨리거나 잘라 다듬어 봉돌로 쓰곤 한다. 또 못이나 젓가락토막 같은 쇠붙이로 아쉬운 대로 봉돌을 만들어 쓸 수 있다. 봉돌은 기능적으로 낚시의 중요한 부품이지만 그 소재는 어디에서나 까다롭지 않게 구할 수 있다.

다만 납은 생명체에 해로운 중금속 성분이어서 오염 또는 유해성 시비에 휩싸이곤 한다. 요즘은 낚싯줄을 꿸 수 있도록 고리가 달린 제품이 시중에 많이 나오고 있어 낚싯줄이 수명이 다했다고 봉돌까지 함께 버릴 필요가 없어졌다. 곧 봉돌을 반영구적으로 쓸 수 있게 됐으며, 그 덕분에 오염 또는 유해성 시비는 훨씬 덜해진 편이다. 물론, 생각이 깊은 지혜로운 낚시꾼이라면 들판을 더럽힐 만한 것을 함부로 버리지 않을 것이다.

낚시터에서 늘 낚시꾼의 마음을 사로잡는 찌의 움직임. 그 찌는 봉돌이 없으면 제 역할을 하지 못한다.

찌는 자신의 부력이, 물속으로 가라앉으려는 봉돌의 중력에 의해 통제받아야 본연의 역할을 다할 수 있다. 만약 봉돌이 없어 찌의 부력이 간섭을 전혀 받지 않는다면? 봉돌의 중력이 미약해 찌의 부력이 간섭을 적게 받는다면? 바늘에 달린 미끼는 물속 바닥으로 깊숙이 가라앉지 않을 것이다. 그리고 찌는 몸통이 모두 물속에 잠겨 머리만 수면 위로 살짝 내놓은 모습으로 곧추 서지 않을 것이다. 찌가 몸통을 드러내놓은 채 수면에 길게 드러눕거나 기울어 있다면 물고기의 입질을 낚시꾼에게 전하는 본분을 다할 수 없다. 그래서 봉돌과 찌는 세력균형 관계다. 이 둘은 힘의 관계에서 방향은 서로 다르지만 크기는 같아야 제 기능을 할 수 있다.

낚시꾼이라면 물고기가 입질을 함으로써 찌가 천천히 솟아오르는 모습에 매료된다. 하지만 그의 감흥은, 물속 바닥의 봉돌이 '경박스럽게 촐싹대지 마, 너무 빨리 솟아오르면 안돼!' 하면서 낚싯줄로 찌를 넌지시 잡아당기는 역할을 하지 않으면 생겨날 수 없다.

찌가 수면 위로 솟아오르는 움직임 그 자체는 봉돌과 찌 사이에서 힘의 균형이 깨어졌음을 뜻한다. 봉돌의 중력과 찌의 부력이 팽팽히 균형을 이룬

상태에서, 물고기가 다가와 미끼를 빨아들이면서 봉돌의 힘을 빼앗는 것이다. 이때 찌는 부력이 봉돌의 중력보다 강해지면서 위로 솟게 된다. 물고기라는 생명체, 곧 제 3자의 개입에 의해 봉돌과 찌 사이에 힘의 균형이 깨어지면서 마침내 힘이 찌 쪽으로 쏠리는 것이다.

결국, 낚시꾼이 환상적인 모습이라며 감탄하는 찌의 장중한 부상(浮上)은 봉돌이 물고기의 도움으로 자신의 힘을 찌에게 나눠줌으로써 일어나는 현상이다. 봉돌이 중력이라는 자신의 힘 가운데 일부를 낚싯줄을 통해 찌에게 전해줌으로써 찌의 솟음을 가능케 한 셈이다. 찌를 단단히 붙들고 있음으로써 뜨지 못하게 하거나, 찌에게 자신의 힘을 조금 보태줌으로써 찌를 솟아오르게 하는 봉돌의 기능. 봉돌이 찌를 자기 마음대로 부린다고나 할까. 나아가, 낚시꾼이 찌의 움직임을 보면서 넋을 빼앗기는 순간만큼은 봉돌이 낚시꾼마저 조종하고 있지 않은가!

봉돌은 자신의 묵직한 힘으로 채비가 엉뚱한 곳으로 흘러가지 않도록 단단히 붙잡아주는 역할도 한다. 만약 미끼가 물속 바닥의 한곳에 머물러 있지 않고 물 흐름에 따라 어디론가 이리저리 움직인다면 무슨 일이 일어날까? 찌도 덩달아 움직여 한시도 제자리에 머물러 있지 않을 것이다. 낚시꾼의 눈도 찌를 따라 이리저리 움직일 것이다. 그의 마음마저 정처 없이 떠다닐 것이다.

하지만 봉돌은, 수면에 떠 있는 찌와 달리, 늘 낚시꾼의 시선이 미치지 않는 물속 밑바닥에서 일을 한다. 그래서 자신의 역할을 제대로 평가받지 못한 채 무시당하기 일쑤다. 이에 비해 찌의 솟음은 수면 혹은 물 밖에서 일어나는 움직임이어서 낚시꾼의 눈에 잘 뜨인다. 찌가 낚시꾼의 마음을 사로잡는 것은 봉돌과 달리 그 움직임과 역할이 눈에 잘 뜨이기 때문이다. 게다가 찌는, 뭉텅한 외양과 우중충한 색을 지닌 봉돌과 달리, 늘씬한 몸매에다 다양한 색깔로 치장하고 있어 낚시터 밖에서도 낚시꾼의 사랑을 받곤 한다.

봉돌은 그 균형추라는 역할로 보건대 참으로 소중한 힘을 지녔다. 거기에다 겸양의 미덕까지 갖추었다. 하지만 정당한 평가를 받지 못하고 있으니, 찌에 비해 차별대우까지 받고 있으니, 불쌍하다. 이로써 낚시를 할 때나 끝낸 뒤 들판에다 봉돌을 함부로 내팽개쳐서는 안 되는 이유가 오염 걱정 말고도 새롭게 하나 더 추가된 셈이다.

정점 알아 맞추기

낚시의 가장 보편적인 장르인 붕어 찌낚시에서 낚싯대 잡아채기는 대개 찌가 솟아오를 때, 곧 오름에서 일어난다. 오름 가운데서도 잡아채기의 가장 이상적인 순간은 찌의 움직임이 정점(頂點)에 이르렀을 때다.

정점이란, 붕어의 입질에 의해 찌가 솟아오르기 시작해 더 이상 오를 수 없는 높이에 이르는 순간이다. 그래서 정점은 오름 상태의 최고조다. 바로 이때 대를 잡아채야 붕어를 만날 수 있는 확률이 가장 높아진다. 다만 정점은 시간개념으로 볼 때 그다지 오래 지속되지 않는다. 정점의 순간이 지나면 찌는 다시 원래상태로 힘없이 쑥 내려간다.

낚시에서 찌 읽기는 정점의 순간을 알아내는 것에 다름 아니다. 또 찌 보기는 정점의 순간을 즐기는 것에 다름 아니다. 찌가 정점에 이르렀다 싶을 때 낚시꾼은 비록 짧은 시간이지만 자신도 모르게 절정의 희열을 느끼곤 한다. 마치 낚시꾼 자신이 삶의 한 고비에서 정상에 오른 듯한 환상을 경험하곤 한다. 비록 곧바로 내리막의 허무함을 경험하게 될지라도.

　낚싯대 잡아채기, 곧 챔질은 찌의 움직임이 느릴수록 쉬워진다. 또 찌가 높이 솟을수록 챔질이 수월해진다. 다시 말해 움직임이 빠를수록, 그리고 솟는 길이가 짧을수록 챔질할 순간을 판단하기가 어려워진다. 챔질 순간을 판단하기 어렵다는 것은 대를 너무 일찍, 혹은 너무 늦게 잡아챌 가능성이 높다는 것을 뜻한다. 그럴수록 붕어를 낚는데 성공할 가능성은 낮아질 수밖에 없다. 물론 너무 빠르거나 작은 것은 맨눈으로 분간하기 어려워 챔질 순간을 판단하기가 쉽지 않기 때문이다. 시각이 현상이나 사물을 제대로 식별하지 못하는데, 마음이 어찌 쉽게 결정을 내릴 수 있겠는가.
　그리고 보면 낚시터 밖의 생활에서도, 너무 빠르거나 너무 작은 것은 사람의 감각능력에 부담을 주면서 낭패감을 줄 때가 종종 있다. 초음속이나 광속이나 초정밀이나 첨단과 같은 단어나 개념은 일시적인 낭패감을 넘어 치유하기 어려운 좌절감을 주기도 한다.

　찌가 정점에 미처 이르자 못했거나 정점을 지났을 때 챔질을 하다보면, 붕어가 바늘에 걸리지 않을 확률이 그만큼 높아진다. 물론 이때도 붕어를 낚아낼 수 없는 것은 아니다. 다만, 정점이 아닐 때 하는 챔질에서는 붕어가 걸려나온다 해도 바늘이 입의 위턱에 정확히 꽂히는 경우가 썩 드물다. 그런 챔질에서는 바늘이 입의 아래턱이나, 입의 좌우 가장자리나, 아랫입술 또는 윗입술에 살짝 걸린다. 심지어 등이나 배나 머리와 같이, 입의 위치와 아주 동떨어진 곳에 걸려 나오기도 한다.

바늘이 위턱에 제대로 꽂히지 않은 채 낚일 때라면, 붕어는 낚시꾼들에게 진한 손맛을 주지 못한다. 붕어가 저항하면서 버티는 힘이 약하기 때문이다. 붕어의 입을 자세히 살펴보면 위턱이 가장 두껍고 튼튼하다. 그곳에 근육이 잘 발달해 있고 골격이 튼튼하다. 위턱에 비하면 입의 좌우 가장자리나 입술은 근육이나 골격이 무척 약해 보인다. 입의 좌우 가장자리나 입술에 바늘이 꽂히면 붕어가 저항할 때 상대적으로 고통을 심하게 느끼기 때문인지, 힘을 제대로 쓰지 못한다. 그래서 어떤 낚시꾼들은 위턱에는 아픔을 느끼는 감각기관, 곧 통점(痛點)이 없거나, 있다 해도 다른 부위에 비하면 아주 적을 것이라고 말한다. 그들은 바늘이 꽂히는 부위가 위턱이어야 다른 부위에 비해 손맛의 생동감이 훨씬 더 강하다는 사실을 오랜 경험으로 알고 있다.

결국 바늘을 위턱에 정확히 걸지 못한 채 붕어를 낚았다면, 그것은 정점이 아닐 때 챔질을 했기 때문이다. 너무 일찍, 혹은 너무 늦게 챔질을 했다는 뜻이다. 챔질을 너무 일찍 했다면 조급한 탓이고, 너무 늦게 했다면 방만한 탓이다. 그래서 위턱 걸기는 정점 잡기의 모범 답안지이면서, 낚시태도를 가늠하는 지표인 셈이다. 낚시는 엄격해서 눈속임이 없다.

정점에서 정확히 챔질을 했다면 바늘은 왜 하필이면 입속의 위턱에 꽂힐까? 입의 옆쪽이나 아래쪽이 아니고 왜 위쪽일까?

바늘은 비대칭의 굽은 모양으로 무게중심이 늘 바늘 끝에 있다. 그래서 붕어가 어느 방향에서 빨아들이더라도 바늘은 뾰족한 끝부분이 먼저 입속으로 빨려든다.

또 붕어가 바늘에 꿰인 미끼를 빨아들일 때 바늘은 끝부분이 위쪽을, 허리부분이 아래쪽을 향한 채 입속으로 들어간다. 그 이유는 간단하다. 허리부분은 무겁고, 뾰족한 끝부분은 상대적으로 가볍기 때문이다. 끝부분이 위쪽을 향한 채 입속으로 빨려 들어가니 위턱에 걸릴 수밖에 없다. 물속에서도 사물은 무거운 쪽은 아래에, 가벼운 쪽은 위에 놓이게 마련이다. 물속에서나 물 바깥에서나, 만약 무거운 쪽이 위를 향한다면 불안해질 수밖에 없다. 사물은 불안한 상태에 놓이면 안정된 상태로 나아가기 위해 자신의 몸을 뒤척인다. 바늘은 작고 가볍지만 무거움과 가벼움, 위와 아래가 자연스럽게 구분된다. 이런 자연적인 원리를 무시한 채 낚시를 한다면 지혜로운 낚시라 할 수 없다.

대개 낚시꾼들은 바늘을 위턱에 꽂지 못한 채 붕어를 만나게 되면 자책을 하곤 한다.

우선, 붕어에게 미안함을 느낀다. 낚아 올리면서, 바늘이 위턱에 꽂혔을 때보다 상대적으로 심한 고통을 붕어에게 주었다고 생각하기 때문이다. 물론 낚시꾼이 당사자가 아니어서 얼마나 심한 아픔을 주었는지 알 수는 없지만, 아래턱이나 입 가장자리의 연약해 보이는 부위는 마음속에 짠한 연민의 정을 일으킨다.

또 찌의 움직임이 정점이 아닐 때 챔질한 자신의 부주의를 부끄러워한다. 정점의 순간을 놓친 것은 자신의 마음이 흐트러져 있었기 때문으로 생각하는 것이다. 평소 미워하던 사람의 얼굴을 떠올렸거나 물욕에 젖어 있었거나 해서 잠시 딴마음을 먹은 탓이리라.

기술적으로 정점을 알아내지 못한 미숙함도 자책의 대상이 되곤 한다. 아마 낚시기술을 더 연마해야겠다는 반성을 하게 될 것이다.

낚시에서 정점을 정확히 알아낸다는 것이 현실적으로 가능할까? 정점을 포착해, 그 점에서 낚싯대를 잽싸게 잡아챈다는 것이 실제로 가능할까? 또 기술적으로 낚시에서 높은 경지에 이르렀다는 말을 듣는 사람들은 언제나 정점에서만 챔질을 하는 것일까?

찌가 정점에 이를 때까지 얼마나 기운차게 솟을지, 또는 얼마나 길게 솟을지 여부는 전적으로 붕어의 마음에 달려 있다. 붕어가 입질을 어떻게 해주느냐에 달려 있다.

붕어는 비스듬히 물구나무를 선 채로, 곧 머리를 낮춘 채로 미끼를 입속으로 빨아들인다. 이어 머리를 다시 일으켜 몸을 평행하게 유지하려 한다. 머리를 일으키는 순간 봉돌도 낮은 곳에서 높은 곳으로 이동하고, 이와 동시에 찌가 솟아오른다. 그래서 미끼를 빨아들이는 몸동작이 빠를수록 찌가 솟는 속도도 빠를 것이다. 거꾸로, 그 동작이 느릴수록 찌의 속도도 느릴 것이다. 또 붕어가 미끼를 입속으로 빨아들인 뒤 몸을 원래의 모습으로 되돌리는 동작을 크게 할수록 찌도 그만큼 더 높이 솟을 것이다. 결국 붕어의 입질 동작이 느릴수록, 그리고 클수록 낚시꾼은 붕어를 만날 수 있는 확률이 높아진다.

붕어의 이런 입질은 순전히 물속에서 일어난다. 낚시꾼은 단지 찌의 움직임으로만 붕어의 입질을 파악할 뿐이다. 물 밖에서 물 속의 사정을 알아내기란 쉽지 않다. 그래서 정점을 정확히 알아내기란 쉽지 않다. 더욱이 찌는 지속적으로 솟아오르며 움직이다가 어느 한 순간 갑자기 (정점에서) 멈추기 때문에 그 시점을 즉각 포착해 챔질하기란 여간 어렵지 않다.

낚시꾼은 물고기의 입질 동작을 마음으로 상상할 뿐이다. 바늘을 위턱에 걸어 붕어를 낚았다 해도, 낚시꾼은 자신이 정점 부근에서 챔질을 했을 것이라고 짐작할 뿐이며 확신할 수는 없다. 정점은 낚시꾼의 상상 속에만 있다. 아무리 손을 내밀어도 닿을 수 없는 이상세계 같은 것이다. 그래서 정점 포착은 실제로는 가능할 수 없는, 또 검증할 수도 없는 환상일 뿐이다.

낚시터 바깥의 생활에서도 정점을 정확히 파악하기란 쉽지 않다. 사람들은 늘 정점을 파악하려고 무진 애를 쓰지만 그리 쉽지만은 않다. 어쩌면 정점이란 이론적으로는, 또는 머리 속에서는 있을지 몰라도 현실적으로는 포착할 수 없는 개념일지도 모른다.

이를테면, 경제학자들조차도 경기순환 주기를 진단하면서 그 당시가 정점인지 아니면 저점인지 자신 있게 말하지 못한다. 여러 날이 지나서야 당시의 경기가 정점이었는지 최저점이었는지 되짚어볼 뿐이다. 정점과 최저점을 그때그때 척척 알아 맞출 수 있다면 나라살림이나 가계를 꾸려나가기가 수월할 텐데.

주식투자자들도 주식을 가격이 최저점일 때 사서 정점일 때 팔아야 한다는 것을 모를 리 없다. 하지만 그들이 번번이 돈을 잃곤 하는 것은 그 때를 제대로 포착하지 못하기 때문이다. 물론 여러 날이 지나서야 아쉬움 속에서 그 주기를 알게 될 뿐이다.

세상살이에서 어느 한 순간이 정점인지 여부를 정확히 알아낸다는 것이 그다지 바람직한 일인 것만은 아닌 것 같다. 한 순간이 정점이라면 그 다음부터는 최저점으로 미끄러지는 내리막길만 있을 뿐이다. 세상살이의 미래가 뻔히 보인다면 거기에 무슨 재미가 있겠는가.

낚시에서도 마찬가지다. 정점을 너무 정확히 파악하는데 집착하는 것은 낚시의 감동을 스스로 떨어뜨리는 태도다. 정점의 순간을 놓쳤다 해서 그다

지 아쉬워할 일은 아니다.

모호함 즐기기

　멀리 보내려는 것인가, 가까이 끌어당기려는 것인가. 놓아주려는 것인가, 곁에 두려하는 것인가. 낚시꾼은 물가에 앉아 있을 때 자신이 어떤 낚시를 하고 있는지 끝없이 상상에 잠기곤 한다.

　낚시꾼이 끌어올린 물고기를 물속으로 다시 놓아줄 때 자신의 낚시가 물고기를 붙잡기 위함인지, 보내기 위함인지 모호해지면서 정신이 흐릿해질 때가 있다. 그것은 새삼스러운 혼란은 아니며 늘 낚시꾼의 마음속에 잠재하는 헷갈림이다.

　낚시꾼은 낚시를 즐기지 않는 사람으로부터 가끔 "놓아줄 물고기라면 애당초 왜 잡았소?" 하는 물음을 받곤 한다. 어떻게 대답해야 할까? 정작 그 자신도 모호한 정신상태에 빠지곤 한다. 사실 정신이 제아무리 맑다고 해도 자신의 낚시질이 잡기 위한 뜻인지, 놓아주려는 뜻인지, 아니면 그냥 수면 위의 한점 찌나 바라보려는 뜻인지 가르기가 쉽지 않다.

　모호함. 아마 그것은 낚시꾼이 낚시를 하게 되면서부터 어쩔 수 없이 지니게 되는, 피할 수 없는 태도일 것이다. 그렇다 해서 그의 삶의 태도가, 삶의 방식이 흐리멍덩하다는 것은 결코 아니다. 모호함이 낚시꾼의 처세술일 수는 없다. 눈앞에 닥친 위기의 순간을 우선 넘기고 보자는 식의 술수도 아니다. 눈치 보기는 더욱 더 아니다. 모호함은 낚시터에서 경험하는 낚시의 한 속성일 뿐이다.

모호하지 않다면 명쾌하게 마련인데, 낚시에서는 명쾌한 속성이 별로 없다. 낚시는 처음부터 끝까지 모호한 것들의 연속이다. 낚시꾼이라면 물가로 갈 때 물고기를 단 한 마리도 낚지 못하는 허탕을 기대하지는 않을 것이다. 하지만 실제로는 자주 허탕을 친다. 물고기를 만날 수 있을지 아니면 허탕을 칠지, 기대만큼 자주 만날 수 있을지 아니면 한두 마리밖에 못 만날지 명쾌하지 않다. 낚시의 모호함은 그것뿐이 아니다.

흔히 낚시꾼들은 찌를 세울 곳을 고르기가 쉽지 않다고 말한다. 그것은 물고기가 언제 어디로 모여들지 알 수 없는 불확실성 때문이다. 다행히 찌를 세운 곳이 물고기가 머물려 하는 곳과 맞아떨어졌다면, 감동을 자주 경험할 것이다. 찌의 움직임, 곧 물고기의 입질을 분명하게 읽어내기도 쉽지 않다. 찌의 오르내림이 명쾌하지 않기 때문이다. 찌의 움직임이 분명하다면 헛챔질이 없을 텐데. 낚시꾼의 긴 기다림도, 입질이 언제 올지 확실히 알 수 있다면 애당초 생겨날 필요가 없는 것이다. 기다림은 기대감이다. 불확실한 순간을 보내고 나면 입질이 오겠지, 하는 기대감에 기다릴 이유가 생긴다.

사실, 낚시가 늘 예측 가능한 것이라면 감동이나 재미가 없을 것이다. 감동이나 재미는 미처 예상 못한 경험을 할 때 생겨난다. 낚시는 들판에 있다. 들판은 사람의 마음 밖에 있어 사람의 기준으로 볼 때 확실한 것이라고는 아무 데도 없다. 들판이란 본래 거칠고 원시적이어서 번번이 사람의 예측을 빗겨가게 마련이다.

세상에 명쾌함은 진정 존재할까? 어느 순간 한쪽으로 확실히 기울어져

있는 것도 시간이 지나면 반대쪽으로 기울지 않던가? 어떤 사람에게 명확
해 보이는 현상도 다른 사람에게는 흐릿해 보일 수도 있다. 명쾌함은 상대
적 가치일 뿐이다. 또는 피상적인 제스처에 지나지 않을 수도 있다. 세상의
일상은 명쾌함으로 둔갑한 모호함으로 가득하다. 그에 비해 낚시는, 진실한
모호함으로 가득 차 있다. 낚시의 모호함은 다른 무엇으로 둔갑한 것이 아
니어서 늘 솔직한 모습을 띤다.

　낚시의 모호함은 낚시채비와 낚싯줄의 관계 속에 고스란히 들어 있다. 낚
시에서 그 둘의 관계는 알 듯 모를 듯 알쏭달쏭하다.
　낚시꾼은 바늘과 봉돌과 찌를 한꺼번에 낚싯줄에 매달아 수면을 향해 멀
리 던진다. 최대한 멀리 내던지려 한다. 하지만 채비가 비행하는 거리는 낚
싯줄의 길이가 허락하는 거리를 벗어날 수 없다. 줄이 자신의 길이보다 더
멀리 채비가 날아가는 것을 막은 것이다. 줄에 매달려 있지 않았다면 채비
는 더 멀리 날아갔을 것이라는 추론이 가능해진다. 채비가 줄에 매달림으로
써 비행을 제한당한 셈이다. 이때 줄은 채비를 속박했다.
　채비가 낚싯줄에 매달려 있지 않다면 정말로 더 멀리 날아갈 수 있을까?
채비가 줄의 구속을 받지 않는다면, 얼마나 멀리 날아갈 수 있을까? 그런 물
음에 앞서, 사실 채비가 줄에 매달려 있지 않다면 낚시 자체가 성립되지 않
는다. 바늘이나 봉돌이나 찌는 줄에 달려 있어야 서로 조화를 이루면서 제
기능을 다할 수 있다. 곧 채비가 줄에 매달려 있지 않다면 채비는 날아갈 수
없으며, 그래서 낚시꾼이 원하는 곳에 다다를 수도 없다. 낚시꾼이 채비를
던지는 순간, 그의 힘은 줄을 나고 채비로 전해진다. 채비기 줄에 메달려 있
지 않으면 그 힘을 받지 못해 날 수 없다. 채비가 줄에 매달림으로써 비행할

수 있는 것이다. 줄이 채비의 비행을 돕는 셈이다.

낚시에서 채비의 비행을 돕기도 하고 제한하기도 하는 역할, 그것이 낚싯줄이다. 채비의 입장에서 보면, 채비는 날아갈 때 줄로부터 도움받기도 하고 구속당하기도 한다. 매달림이란 원래 그런 것 아닌가. 한없이 자유로워지고 싶은 마음에, 도움이라도 받기 위해 무언가에 매달려봤는데 그 도움에는 한계가 있게 마련인 것. 매달림으로써 어느 정도까지는 자유롭게 비상할 수 있다. 하지만 얼마 못가 곧 절제를 강요당한다. 매달림은 매듭에 의해 묶여지는 것이므로 거기엔 속박의 속성이 있게 마련이다. 세상에는 무한한 비상이나 제한받지 않는 자유가 없나보다. 채비와 줄은 매듭으로 매달리고 매다는 사이다. 그 둘은 모호한 관계다.

낚싯줄은 물속에 음흉함을 숨기고 있다. 겉으로 드러난 모습과 실제 기능이 영 딴판이다. 그래서 정체가 모호한 구석이 꽤 있다. 낚시가 모호한 속성을 갖고 있다면 그것은 줄의 불확실한 정체성과 무관하지 않을 듯싶다.

낚싯줄은 물고기를 유혹하는데 알맞은 성질을 갖고 있다. 낚시가 좁은 의미에서 물고기를 유혹하는 기술이라면 거기엔 줄이 큰 역할을 한다. 줄은 가늘고 부드러움이 유혹의 무기다. 보일 듯 말 듯한 가느다란 줄은 물속에서 물고기가 미끼에 접근하거나 미끼 주위에서 활동하는데 경계심을 불러일으키지 않는다. 부드러움은 물고기가 미끼를 입속으로 빨아들일 때 거부감을 주지 않을 것이다. 줄의 가늘고 부드러운 성질이 물고기에게 먹이활동의 자유를 허락해주는 셈이다.

그렇게 유약해 보이는 줄이, 막상 물고기가 바늘을 입에 넣은 채 저항할 때는 도주를 허락하지 않는 질긴 힘을 발휘한다. 도망치려는 물고기를 강하

                                        2. 감동

게 끌어당긴다. 처음에는 연약한 모습으로 유혹하다가, 물고기가 유혹에 걸려들면 끈질긴 힘으로 사정없이 끌어당기는 것이 낚싯줄이다. 겉과 속이 다르다고나 할까. 낚싯줄의 정체는 과연 무엇일까.

사람들은 가늘고 부드러운 줄이라면 상식적으로 연줄이나 천의 실을 떠올리곤 한다. 연을 하늘높이 날게 하는 줄 혹은 실. 그런 실이라면 가벼워야 한다. 무거워 땅으로 내려앉으려 한다면 연이 바람을 타고 멀리, 높이 날아오르는데 방해가 될 뿐이다. 옷감의 실은 어떤가. 그 실이 가늘고 부드러워 가벼워야, 천은 조직이 치밀해지고 옷으로 입었을 때 착용감이 좋아질 것이다. 두껍고 뻣뻣하고 무거운 실로 짠 천이라면, 그 천으로 만들어진 옷이라면, 사람은 몸을 자유롭게 놀릴 수 없고 피곤해질 것이다.

하지만 낚싯줄은, 같은 두께와 길이의 연줄이나 천의 실보다 무겁다. 바람에 잘 날리지 않는다. 연줄이나 천의 실과는 달리 물보다 비중이 커 물에 가라앉는다. 만약 낚싯줄이 여느 실처럼 물에 뜨려 한다면, 물에 가라앉아야 제 기능을 발휘할 채비의 움직임을 방해할 것이다. 그렇다면 낚싯줄의 진짜속성은 가늘고 부드러움인가, 아니면 사람들의 상식 바깥에 있는 무거움인가.

누군가가 "당신은 낚시를 왜 합니까?" 하고 물으면 낚시꾼은 대답하기가 쉽지 않다. 낚시꾼 자신도 명확한 이유를 대지 못해 좀 곤혹스러울 때가 있다. 낚시를 하기 위한 이유가 없는 것은 아니다. 다만 이유가 여러 가지일 수 있어, 한데 아울러 조리 있게 답하기가 어려울 뿐이다. 또 그 이유들 가운데 어떤 것들은 때와 장소에 따라 우선순위가 바뀔 수 있고 애초에는 없던 이유가 새로 생겨나기도 한다. 낚시를 왜 하는지 선뜻 대답할 수 있으면 좋으련만……. 낚시의 모호함은 종종 그렇게 말 못할 사정으로 나타난다.

하지만 뭐 어떠랴. 남들이 묻는 이유를 대지 못한다고, 낚시가 아무런 가치나 의미가 없는 것은 아니지 않은가. 사람들 사이에 열띤 논쟁이 벌어지면 한쪽은 다른 쪽을 향해 "당신의 입장이 무엇이오? 입장을 분명히 밝히시오!" 하고 크게 소리치곤 한다. 입장은 반드시 겉으로 드러내어 밝혀야만 하는 것일까. 좀 모호하더라도 그냥 마음속에 담아두면 안 되는 것일까. 마음속에 넣어둔 채 꺼내놓지 않으면 행여 줏대 없는 사람으로 오해받을까.

이것저것 다 의식하다보면 낚시를 즐겁게 할 수 없다. 게다가 낚시는 모호함과 비슷한 얼굴, 곧 불확실한 속성이 곁들여져야 재미가 난다. 확실하지 않아 예측하기 어려운 것이 많을수록 감동이 깊어진다. 모호함이야말로 인간적인 속성의 전매특허 같은 것 아닐까.

정해진 길을 따라, 늘 예정대로 돌아가는 뻔한 질서에서는 감정의 기복이 생기지 않는다. 톱니바퀴 두 개가 한 치의 엇갈림이 없이 기계적인 정확성으로 맞물려 돌아갈 때, 거기에 무슨 재미가 나던가.

원시적인 생동감

드디어 입질이 찌를 타고 왔다. 낚시꾼은 날렵하고도 힘차게 낚싯대를 잡아챈다. 묵직한 손맛이 느껴진다. 물고기는 수면으로 떠올랐다가 다시 잠겼다가, 왼쪽으로 갔다가 다시 오른쪽으로 갔다가, 앞으로 끌려왔다가 다시 뒤로 물러났다가 하면서 낚시꾼에게 생동감을 준다. 낚시꾼의 이마에 대롱대롱 땀방울이 맺힌다. 이 순간을 기다리며 이틀째 한데서 밤을 지새우지 않았던가. 이박삼일의 긴 시간동안, 졸음을 쫓아가며 밤이슬을 맞아가며 오직 찌 하나만 바라보지 않았던가.

낚시를 할 때 가장 진한 감동을 받는 순간은 어느 때일까? 낚시꾼은 낚아낸 붕어를 다시 물속으로 돌려보내며 스스로에게 물어본다. 아무리 생각해봐도 잘 모르겠다. 움직임 없는 찌를 바라볼 때는 기다리는 설렘이 있다. 찌가 물고기의 입질에 의해 움직이는 순간에는 마음이 들뜬다. 또 손으로 낚싯대를 잡아채는 순간에는 생동감, 곧 손맛이 있다.

낚시꾼은 손맛에 큰 감동이 있음을 부인하지 않는다. 그는 물고기를 낚싯바늘로 걸어 낚싯줄과 낚싯대의 탄력을 이용해 물 밖으로 끄집어내는 동작, 곧 잡아채기에서 진한 감동을 받는다. 사실 잡아채기를 하면서 느끼는 생동감, 천하를 얻은 듯한 역동적인 손맛을 못 잊어 물가로 가는 사람들이 적지 않다.

그는 조금 전 낚싯대를 잡아채던 순간을 떠올려본다. 손목과 팔에 유연한 스냅을 가하면서 대를 날렵하게 걸어 올리자마자 묵직한 중량감이 손으로 전해졌다. 끊어질 듯 팽팽해지면서 기타 줄처럼 울어대는 낚싯줄, 부러질 듯 큰 각도로 휘어지는 낚싯대, 그리고 생명체의 강렬한 꿈틀거림. 그는 짜릿한 손맛을 느꼈다.

손맛은 말로 표현하기에는 너무 깊고 그윽하다. 굳이 말로 하지면 물고기라는 생명체가 보낸 소통의 신호가 바늘에서 출발해 줄을 타고, 대를 건너,

낚시꾼의 손과 팔로 전해져, 신경조직을 통해 마음에서 감지되는 느낌이다. 이 순간에는 바늘에서 대에 이르기까지 낚시도구 하나하나가 온전히 한 몸으로 긴밀히 연결된다. 물속 생명을 대표하는 한 마리 물고기와 지상 생명을 대표하는 한 낚시꾼이 한 덩어리가 되어 소통의 메시지를 부지런히 주고받는다.

줄이 늘어나고 대가 휘어지는 순간의 긴장은 단순히 물고기가 가진 몸의 무게와 물고기의 저항하는 힘에 의한 물리적 작용 때문만은 아닐 테다. 물고기와 낚시꾼이라는 두 생명체가 주고받는 메시지의 힘이 너무 강렬해 줄과 대로서는 감당하기가 힘에 부친다는 의미가 아닐는지. 비록 얼마 안 되는 시간이지만 물속세상과 물 바깥의 세상을 가르는 경계가 희미해지면서 이내 사라지고 만다.

오랜 기다림이 지배하게 마련인 낚시의 긴 시간에서 잡아채기는 얼마 안 되는 순간이지만, 그 손맛의 감동은 온 몸과 마음이 떨릴 정도로 진하다. 낚시터를 떠나서도 그 감동은 한동안 멀쩡히 살아 있다. 심지어 어떤 손맛의 감동은 수십 년이 지나도 추억으로 또렷이 남는다. 세월이 흐를수록 오히려 더 깊이 마음에 각인되기도 한다.

낚시꾼의 손맛은 육감(六感)이라고나 할까. 손맛은 사전적 의미로는 손으로 만져 보아 느끼는 맛이거나, 음식을 손으로 만들 때 우러나오는 맛일 것이다. 그래서 인간의 감각기관으로 느낄 수 있는 다섯 가지 감각, 곧 오감(시각, 청각, 후각, 미각, 촉각)에 정식으로 들지는 않는다. 실제로 낚시의 손맛은 어떤 감각기관에 의해 어떤 맛으로 느껴지는지 딱 꼬집어 말하기란 쉽지 않다. 하지만 그 맛은 감동적이고도 진해, 생동감으로 넘쳐난다. 낚시꾼의 여섯 번째 감각족보에 올려도 무리가 없을 듯하다.

 손맛은 가정에서도 회사에서도 동문회에서도 맛볼 수 없는 딴 세상의 색
다른 경험이다. 꾸밈없는 원시적인 힘으로부터 받는 정직한 감동이다. 현실
에서 정직한 감동을 맛보기가 어디 그리 쉬운가. 쉼 없이 변해가는 전자문
명과 정보화 속에서, 어떤 애니메이션 영화에서처럼 스스로를 끊임없이 변
신하고 합체해서, 자신마저 감쪽같이 속여야 살아갈 수 있는 번잡한 삶. 낯
선 계산법에 속는 줄 알면서도 두 눈 질끈 감고 말없이 돌아서야했던 적이
어디 한두 번이던가. 하지만 낚시터에서는, 인간이라는 고등한 동물들을 상
대할 때 느끼지 못한 진솔한 감흥이 발동한다.
 잡아채기는 현대인의 심약한 마음을 다스리는 특효약이기도 하다. 현실의
삶 속에서는 늘 부족하다 싶었던 기력이나 용력을 물고기의 강한 생명력으
로부터 빌려와 마음속에 채워 넣는다는 에너지 충전의 느낌일 수도 있다. 허
약콤플렉스는 마음의 병이라 명의나 명약으로도 쉽게 다스릴 수 없다는데.
 낚싯대를 잡아채는 순간만큼은 마음이 아무리 왜소한 사람이라도 머리
속에 무수히 저장된 심약한 의식들을 멀찌감치 밀어내면서 성취감을 한껏
맛보는 시간이다. 낚시꾼은 지금까지 살아오면서 무지막지하게 힘을 쓰는
그 무엇을 향해 자신이 이토록 강하게 힘을 되받아치면서 대응해 본 적이
없었음을 실감할 수도 있다. 그는 자신이 펄떡펄떡 살아 있음을 느끼면서
이젠 주체적으로 여물게 삶을 살아야겠다고 속다짐을 하게 될지도 모른다.

 다만, 잡아채기의 감동, 곧 손맛의 감흥을 겉으로 너무 드리내다보면 성
격이 좀 이상한 사람으로 오해받을 수도 있겠다 싶다. 사실, 낚시터에서 맛

본 감동이 너무 진한 탓에 그 흥을 마음속에 꽉꽉 쟁여놓은 채 아무 일 없었
다는 듯 지내기란 쉽지 않다. 그래서 낚시의 흥을 잘 모르는 사람들에게 생
생한 감동을 전하겠다는 마음에 자칫 '하찮은 물고기나 상대하면서 가학적
인 즐거움이나 얻으려한다'는 말을 듣지 않을까 걱정이다. 또 손맛을 너무
자랑하다보면 조과에만 집착하는 반편이쯤으로 비아냥거림을 받을 수도
있지 싶다.

　동의하지 않을지 몰라도, 잡아채기는 많은 낚시꾼들이 열광하는 낚시질
의 여러 매력 가운데 하나임은 부인하기 어려울 것 같다. 하지만 낚시질에
서 오로지 잡아채기에만 가장 큰 감동과 즐거움이 있다고 굳이 우길 필요는
없을 것 같다. 찌 보기의 기다림에 소홀하면 잡아채기의 감동을 맛볼 수 없
다고 말하는 낚시꾼들도 적지 않다. 실제로, 찌 보기의 긴 시간을 즐길 줄 모
른다면 잡아채기도 즐거울 수 없다.

　낚시꾼은 낚시질에서는 여러 동작을 가르는 경계를 구태여 설정할 필요
가 없을 것 같다는 생각이 든다. 그의 생각에, 낚시는 던져 넣기에서 잡아채
기에 이르기까지 서로 긴밀하게 얽히고 짜여진 연속동작이다. 넓게 보면 낚
시행위의 모든 과정이 한 동작이다. 다만 완전할 수 없는 인간이 하나하나
의 동작마다 받게 되는 느낌에 주관적이고 모호한 차이가 있을 뿐이다. 어
느 한쪽에만 마음을 빼앗겨 치중하게 되면 낚시질 전체를 망치고 만다. 낚
시에서 잡아채기 동작만 따로 골라내어 그것에서만 즐거움을 찾으려 하는
태도는 마치 편식하는 습관과 마찬가지일 것 같다.

　낚시의 무대는 광활한 자연생태계다. 그 무대에서 물고기와 낚시꾼의 다
양한 동작들이 한데 어우러진다. 건강한 생태계라면 긴 사슬의 어느 한쪽

고리가 끊어지거나 탈구된 채 겉돌지 않을 것이다. 낚시질에서도 어느 한 동작이 따로 떨어져 나오거나 전체와 어울리지 못한다면 재미나 감동이 없다. 지혜로운 사람이라면 사고나 언행이 어느 한쪽으로 쏠리지 않는다. 쏠림은 곧 집착이다.

여백

호숫가에 앉은 낚시꾼은 손으로 눈을 비비기 시작한다. 대낮인데도 갑자기 눈이 침침해진다. 그러면서 갑작스레 시선에서 초점이 사라진다. 벌써 노안이 왔나? 아니면 몸이 피곤해진 탓인가? 간밤에 텐트 속에 들어가 일곱 시간이나 잤으니 피곤 때문일 리는 없다. 날씨가 잔뜩 찌푸려 있는데다 해마저 가려져 있으니, 눈부심도 없다.

사실, 제아무리 기다림을 느긋하게 즐길 줄 아는 낚시꾼이라 해도 긴 시간동안 찌 하나만을 바라보기란 여간 어렵지 않다. 몸은 피곤하지 않더라도, 한곳만 너무 오래 주시하면 눈이 피로해지게 마련이다. 그래서 간간이 눈을 감아보거나, 수면이나 산도 바라봐야 한다. 그래도 낚시꾼의 시선이 가장 오랫동안 머무는 곳은, 넓은 수면에 떠 있는 한 점의 찌다.

낚시할 때는 시선을 일정하게 둘 만한 곳이 있어야 한다. 긴 시간의 낚시질에서 시선을 둘 마땅한 곳이 없으면 난처한 일이 생길 것이다. 마치 지하철 전동차를 탔을 때 겪곤 하는 시선처리의 어려움처럼. 앞 사람의 얼굴을 마냥 빤히 쳐다보면 엉뚱한 오해를 받을 것 같고, 그렇다고 마음 없는 선반을 오래 주시하면 눈이 피로하고, 그래서 잠자듯 아예 눈을 감아버린 경험. 찌에는 시선이 오래 머물다보니 마음도 따라가게 마련이다. 수면 위의 찌는 낚시의 중심인 셈이다.

그렇다면 찌 주변의 넓고 고요한 수면은, 수묵화로 치자면 가장자리의 하얗게 비어있는 부분, 곧 여백에 해당하지 않을까? 찌는 넓은 여백에 둘러싸인 한 점의 형상이다.

입질이 오지 않다보니 호숫가의 낚시꾼은 자잘한 생각이 많아진다. 좀 엉뚱하다싶은 상상에 빠져본다. 만약 낚시가 수묵화라면? 낚시는 여백이 아주 넓은 그림일 수밖에 없을 것 같다.

수묵화에서 매난국죽(梅蘭菊竹)이나 소나무 같은 형상은, 자신을 둘러싼 채 하얗게 비어 있는 여백의 작용으로 비로소 존재의미를 갖는다할 수 있겠다. 넓은 여백이 있어 형상은 늘 푸른빛을 잃지 않은 채 아름다운 꽃을 피우고, 나비나 새를 끌어들인다. 청화백자를 감상할 때, 형상에 해당하는 용이나 봉황이 하얀 여백이 없는데도 하늘로 날아오를 수 있을 것이란 상상을 할 수 있을까? 못할 것 같다. 아니, 백자의 하얀 여백이 용이나 봉황이란 형상 덕분에 더욱 순결하고 은은한 느낌으로 마음에 와 닿지 싶다. 결국 형상과 여백은 따로 떨어져서는 아무런 기능을 못한다.

낚시라는 그림에서도 낚시꾼이 마냥 찌 하나만 바라볼 수는 없다. 고요한 여백으로 가끔 시선을 옮겨보기도 해야 한다. 오랫동안 미동조차 없는 찌 하나만 바라보고 있으면, 물고기가 입질을 하지 않는데도 마치 찌가 움직이는 듯한 착시에 빠지곤 한다. 그렇다고 수면만 빤히 바라본다면 시선이 분산되면서 마음까지 공허해진다. 낚시꾼의 마음이 찌라는 형상과 수면이란

여백을 번갈아 오가며 물고기가 보낼 신호를 가만히 기다리는 것. 바로 찌
보기다.

　그것 말고도 낚시에는 넓은 여백이 두 개나 더 있다. 바로 입체공간과 시
간이다. 입체공간에서 여백은 허공으로 나타난다. 낚시꾼은 허공을 이용해
낚싯대를 휘두르거나 잡아채고, 물 밖으로 나온 물고기를 감상하는 동작을
할 수 있다. 시간에서는 여백이 긴 기다림으로 나타난다. 낚시는 찌를 바라
보는 기다림의 시간이 대부분이다. 결국 낚시는 평면상의 수면, 입체공간상
의 허공, 시간상의 기다림을 합해 모두 세 개의 넓은 여백을 한꺼번에 갖고
있는 셈이다.

　이 세 개의 여백 가운데 낚시꾼들이 가장 즐기는 듯하면서도 사람에 따라
서는 지루하게 여기는 것이, 찌를 보는 기다림이다. 찌 보기는 겉으로는 모
든 행위가 정지된, 텅 빈 시간처럼 보인다. 가만히 앉아 찌를 주시하는 것 말
고는 아무런 동작이 없어 보인다. 무엇을 기다리는 걸까.

　물론 물고기를 기다린다. 물고기가 다가왔음을 알릴 찌의 느긋하고 장중
한 오름을 기다린다. 하지만 찌는 한 시간, 두 시간, 세 시간이 지나도 좀처
럼 움직임이 없다. 결국 밤을 꼬박 지새웠는데도 찌는 단 한번의 솟음도 보
여주지 않았다. 기다릴 줄 몰라 늘 조바심에 애를 태우는 사람은 아예 물가
로 나오지 않았을 터, 지혜로움은 서운함이나 억울함이나 성냄이 없다. 어
쩌겠는가, 물고기와 인연이 닿지 않는 날도 있게 마련인 것을.

　어느 삶에서는 시한을 정하지 않은 채 그 무엇을 기다린다는 것이 대개
지루함을 동반하게 마련이다. 하지만 찌 보기에는 지루함이 없다. 오히려

두근거리는 설렘이 있다. 언젠가는 물고기가 강한 생명력의 메시지를 찌에 가득 실어 물 밖으로 보내주겠지, 하는 희망의 끈을 놓지 않는다. 기다림이 희망으로 가득 차 있다.

평소 간절하게 원하던 뜻을 마침내 이뤘지만 곧 성취감을 몰아내면서 엄습해오는 강한 허탈감. 현실의 삶에서 한번쯤 경험하는 느낌이다. 뜻을 이루려고 들인 공에 비해 열매가 너무 작기 때문에 느끼는 감정만은 아닐 것이다. 다시 새로운 뜻을 세워 정진해야 할 터이지만 왠지 부질없는 짓으로 생각해버리고 만다. 차라리 뜻을 이루려고 열심히 노력할 때가 희망이 있어 더 좋았다. 행복이 찾아왔을 때 곧 불안을 느낀 적은 없는가. 있다면 행복의 풍선이 언젠가는 터져버리지 않을까, 두려운 탓일 게다. 그래서 고난의 순간들을 하나둘 헤쳐 나갈 때가 더 좋았다. 그것은 희망을 갖고 있었기 때문일 게다.

찌 보기는 희망을 찾는 시간이다. 그래서 낚시의 기다림은 아무 것도 없는 무의미한 여백이 아니다. 눈으로 보이지 않는다 해서 아무 것도 없다고 쉽게 단정할 수 없다. 흔히 진리나 지혜 같이 아주 귀한 것들은 육신의 눈으로는 보이지 않고 마음의 눈으로만 보인다지 않던가. 수묵화를 그리는 사람이 형상을 그려 넣는 것은 여백의 넉넉함을 표현하기 위함이라는 말도 있다. 낚시에서 기다림이라는 긴 여백 없이는 찌의 장중한 솟구침이란 있을 수 없다.

'추강(秋江)에 밤이 드니 물결이 차노매라/ 낚시 드리우니 고기 아니 무노매라/ 무심한 달빛만 싣고 빈 배 저어 오노라'

조선시대 성종의 형인 월산대군이 지었다는 시절가 한수다. 글로 전해지고 있지만 마치 '조어도(釣魚圖)'라는 한 폭의 낚시그림을 보는 듯하다. 작중 화자는 혼자, 가을 달밤에, 강에서, 배를 탄 채 낚시를 하고 있다. 기다림 같은 넉넉한 마음이 '화폭'에 그득하다.

만약 낚시꾼 월산대군이 이런 풍광 속에서, 글을 짓지 않고 그림을 그렸다면 여백의 미를 넉넉하게 살렸을 것이다. 비록 밤이긴 해도 달빛이 환하기 때문에 전체적인 사물의 윤곽은 식별할 수 있다. 그래서 하늘을 배경으로 산봉우리와 산허리의 윤곽선이 흐릿하게나마 표현됐을 테다. 달은 낚시꾼과 배를 환히 비추는 중요한 역할을 하기 때문에 큼지막하게 그려져야 한다. 또 달은 둥근 모양을 하고 있어야 한다. 보름달이 아니거나, 보름달에 가깝지 않으면 밝은 빛을 낼 수 없기 때문이다. 그렇다면 달이 자리를 잡을 하늘은 넓게 표현될 수밖에 없다. 달이 떠 있는 하늘이 그림의 여백이 된다. 넓은 여백이다.

여백과 산이 화폭의 위쪽에 자리를 잡고나면, 아래쪽에는 나룻배를 띄운 강, 크고 작은 바위나 소나무 등이 그려지지 않을까? 아마 배나 강이나 바위나 소나무는 자욱하게 피어오른 물안개 속에 파묻혀 또렷하게 표현되지 않을 것이다. 가을밤은 낮에 데워진 물이 채 식지 않고 공기는 쉽게 차가워지므로, 물과 공기의 온도차이 때문에 물안개가 피어 있게 마련이다. 안개는 달빛을 산란함으로써 달이 뜨지 않았을 때보다 더 선명한 모습으로 수면에 얹혀 있을 것이다.

물고기가 입질을 하지 않으니 배 안에는 낚아 올린 것이 있을 수 없다. 그렇다고 해서 아쉬워하는 심경은 그 어디에도 드러나 있지 않다. 한 마리라도 낚을 때까지 낚시를 계속해야겠다는 집요함도 없다. 그 대신 달빛을 배

안에 가득 낚은 채 담담하고 명명한 심경으로 노 저으며 돌아오고 있다. 배가 비었다고 낚시꾼의 마음까지 빈곤하겠는가. 배 안에 비어 있는 것은 물욕이나 집착이고, 배 안에 가득 찬 것은 환한 달빛 같은 무념과 무상이다. 왕이 되려는 마음을 버린 채 평생 강호에 묻혀 살았던 이가 그린 그림이니 여백이 어찌 넉넉하지 않겠는가.

어둠 속 찌에 관한 단상

　칠흑의 어둠 속에서 낚시꾼의 눈에 들어오는 찌의 모습은 낮의 그것과는 판이하게 다르다. 찌는 밤에는 반딧불 빛처럼 조그마한 하나의 점으로만 자신을 드러낼 뿐이다. 어떤 빛이든 환한 낮에는 눈에 잘 들어오지 않는다. 빛은 낮에는 존재가치가 미미하다는 뜻일까? 그렇기 때문인지 낮 시간의 빛은 사람들에게 별다른 감흥을 주지 못한다.

　밤의 찌는 등대요 별이다. 뱃사람들에게 길을 인도하는 등대는 언제나 밤에만 빛을 낸다. 밤에만 자신을 봐달라는 신호를 보낸다. 낮에는 할 일이 별로 없다. 오랜 세월 인생의 운명과 항해의 방향을 제시해 왔던 하늘의 별들. 그들은 밤낮 구별 없이 늘 존재하지만 낮에는 보이지 않다가 어둠이 왔을 때 비로소 빛으로 반짝거린다. 낮에는 태양의 위세에 눌려 숨어 지내다가 밤이 오기만을 기다린다. 등대도 별도 낮에는 존재할 가치를 잃고 만다.

　찌는 어둠 속에서만 빛나지만 겨우 자신의 몸 하나만 밝힐 뿐이다. 어둠을 밝히려들지 않는다. 어둠을 없애려 들지 않는다. 반딧불이 어둠 속에서

빛나지만 주위의 어두운 기운을 몰아내지 않는 것과 마찬가지다. 찌는 어둠
이 고향이자 보금자리다. 전등 빛은 어둠을 밝혀 몰아내려 하지만, 찌의 빛
은 어둠 속에 깃들려 한다.

사람의 눈은 어둠과는 언제나 적이다. 눈은 어둠 앞에서는 꼼짝도 못한
다. 그래서 눈은 늘 밝은 쪽만 찾아다닌다. 어둠 속에서는 아무 것도 볼 수
없어 제구실을 못하니까. 그래서 사람은 눈을 위해 어둠을 환히 밝히거나
멀리 몰아내려 한다. 툭하면 어둠을 불순한 힘에 비유하면서 '어둠의 세력'
이란 말을 쓰곤 한다. 어둠 속에서 제 한 몸으로만 빛나는 찌. 그것은 낚시꾼
의 눈과 어둠을 화해시키는 평화의 전도사다.

찌가 발광의 힘을 다하면서 맞게 되는 운명은 어쩌면 자기희생적인 것인
지도 모른다. 찌는 자신의 발광체 속에 들어 있는 단 한 줌의 에너지를 태워
가며 긴 어둠 속에서 스스로 빛을 낸다. 그리고 날이 밝으면 에너지의 소진
으로 기력이 다하면서 제빛을 잃고 만다. 밤새도록 자신을 정열적으로 불태
우다가 여명과 함께 스러져가는 찌의 운명. 그 운명을 지켜보면서 낚시꾼이
라고 아무런 감정이 발동하지 않을 리 없다.

아마 비장하고 엄숙한 마음으로 소신공양(燒身供養)의 느낌을 떠올리지
않을까. 지금까지 살아오면서 무언가를 위해, 혹은 이웃을 향해, 그토록 열
렬하게 자신을 불태워 본 적이 있던지 상념에 잠기지 않을까. 또 지난 삶에
대한 반성도 뒤따를 것이다. 한때 '웰빙'이라는 열풍에 뛰어들면서 사람이
건강해져야 하는 이유를 진정으로 생각해본 적이 있던가. 몸만들기에 나선
진정한 이유는 자신의 실체를 감추기 위한 허상의 구축이요, 눈속임이요,
이미지 만들기가 아니었던가. 그래서 몸은 강건해졌는데 정신도 뒤따라 건

강해졌던가. '10억원 만들기'라는 유행에 가담한 것이 재물에 대한 과도한 집착 때문은 아니었던가.

넓고 긴 어둠 속에 깃든 찌의 빛은 늘 정직하다. 낚시꾼이 홀로 밤을 지새울 수 있는 힘은, 한데서 추위나 더위나 비바람을 이겨낼 수 있는 힘은 그 정직함에 대한 믿음에서 나온다. 찌는 밤새도록 바람에 흔들릴지라도 자신의 색깔을 바꾸려 하지 않는다. 어둠이 너무 진하다 해서 자신을 더 밝게 빛내려 하지도 않는다. 오직 자신의 몸속에 지닌 에너지의 본성만으로 이미지와 밝기를 드러낼 뿐이다. 본색이 처음부터 끝까지 하나다. 이른 새벽 에너지가 다해 스러지더라도 힘을 재충전 받으려 하지도 않는다.

낚시꾼이 찌에 믿음을 두듯이, 사람이 세상을 살면서 믿음을 둘 곳이 있다면 얼마나 다행스러운가. 세상살이에서 단 한 가지라도 변하지 않는 가치가 있고, 그 가치가 신뢰할만한 것이라면 얼마나 행복할까. 죽도록 변하지 않을 줄로만 믿었던 가치가 하루아침에 자신을 배반해버리는 것이 요즘세상 아닌가. 세상에는 마음을 진득하게 둘 만한 가치들이 점차 사라져간다. 그래서 신념이 좀처럼 생겨나지 않는다. 그것이 어찌 마음 없는 가치나 신념의 잘못이겠는가. 엉뚱한 가치를 만들어내어 그것을 진실이라고 우겨대곤 하는 사람들, 바로 그들의 잘못이다.

보수를 말하면서도 보존하고 지킬 만한 가치를 내팽개친 이가 얼마나 많은가. 그럴 만한 가치가 하나둘 실종되고 기득권의 티끌이 그 자리에 들어앉고 있지 않은가. 진보를 말하면서도 앞으로 나아가야 할 가치를 더럽힌 이가 얼마나 많은가. 길을 처음으로 내는 일이 어디 쉬운가.

밤에 찌를 바라보는 낚시꾼은 촛불 앞에 선 수행자다. 어느 해였던가? 주한미군의 장갑차에 희생된 두 여자 중학생의 넋을 기리는 거리시위를 벌이면서, 사람들은 작은 촛불을 하나씩 들었다. 그들은 어둠이 깃들기 시작할 때 촛불을 밝혔다. 어둠을 침묵으로 삼았고, 촛불을 평화와 생명의 메시지로 삼았다. 그들의 모습은, 신념을 위해서라면 몸과 마음을 불사를 수도 있다는 수행자의 마음으로 세상에 널리 비쳐졌다. 그 간절한 염원으로 세상에 이루지 못할 뜻이 어디 있겠는가.

찌는 제단 앞의 향로 위로 조용히 피어오르는 한 줄기 향이다. 만약 구도자라면, 그의 마음은 향에 의해 씻겨진 채 향을 따라가야 법의 경지에 이를 것이다. 또 제사장이라면, 그의 마음은 향에 의해 정화소독이 되어야 조상이나 절대자에게로 나아갈 수 있다. 낚시꾼은 찌라는 향이 없으면 마음을 물속 세상까지 닿게 할 수 없다. 마음이 물속 세상에 닿지 않는데 어찌 물고기를 만날 수 있겠는가. 그는 찌 없이는 넓고 긴 밤을 홀로 지새울 수 없다.

파문과 상상

던져 넣기는 바늘에 꿴 미끼를 봉돌의 무게를 이용해 앞으로 던져, 물고기가 입질을 할 만한 물속의 바닥에 가라앉히는 동작이다. 미끼를 제대로 던져 넣어야 물고기가 입질을 해줄 것이다. 던져 넣기를 하면서 미끼가 손상된다든지 물고기가 머물지 않는 엉뚱한 곳에 놓인다든지 하면 입질, 곧 찌 오름의 가능성은 낮아질 수밖에 없다. 그래서 던져 넣기가 없는 찌 보기란 있을 수 없다. 또 던져 넣기를 잘 해야 찌 보기가 즐거워진다.

　찌 보기의 절정에 해당하는 찌 오름은 찌가 아래쪽에서 위쪽으로 움직이는 수직운동이다. 찌나 발광체는 모두 막대모양의 원기둥으로 대개 지름이 3밀리미터를 넘지 않는다. 그래서 찌 오름의 순간이 낚시꾼의 눈에 들어올 때는 가느다란 직선이다. 결국 시각적으로만 보자면, 찌 보기는 찌가 평면상의 한 점에서 입체공간의 긴 직선운동으로 변하는 단계에서 절정을 맞는다.
　이에 비해, 던져 넣기는 파형(波形)운동에서 심미적 감흥이 일어난다. 찌 오름이 수직운동에서 감흥을 준다면, 던져 넣기는 평면의 한점으로부터 물결이 사방으로 둥글게 번져나가는 파형운동에서 감흥을 준다. 찌 오름은 힘이나 에너지, 혹은 기(氣)의 이동방향이 '수면에서 허공 쪽으로'라면, 던져 넣기는 그 방향이 평면상의 파문(波紋)과 흡사하다.

　낚시꾼이 낚싯줄에 미끼와 봉돌과 찌가 매달린 채비를 고요한 수면을 향해 던진다. 그러면 수면에 작은 구멍 하나가 생기면서 퐁 하는 소리를 낸다. 이어 파문이 연쇄적으로 여러 개 만들어지면서 둥글게 주위로 번져간다. 채비가 닿은 작은 포인트를 중심으로 삼아 닮은꼴의 동심원이 겹겹이 그려진다. 파문은 수면에서 그런 과정으로 생겨난다.
　파문은 낚시터에서 수없이 자주 만들어진다. 채비를 수면으로 던질 때뿐만이 아니라, 심지어 물고기 같은 물속의 것들이 첨벙거리며 노닐 때도 파문이 생겨난다. 파문은 파장을 갖고 있어 낚시꾼의 상상력을 자극하곤 한다.

　파문은 에너지가 둥글게 사방으로 퍼져나가는 모습이다. 그 에너지는 채비가 수면에 부딪힘으로써 생긴 것이다. 하지만 실제로는 파문을 에너지의 확산이라는 물리학적 현상으로 이해하려는 낚시꾼은 없을 것이다. 그런 상상은 멀리 물가로 나올 필요 없이, 집에서도 그릇에 담긴 물을 이용해 얼마든지 할 수 있다.

물이 호수에 담겨진 채 미동도 없이 그냥 가만히 있다고 해보자. 실제로는 물이 아무런 움직임 없이 마냥 그대로 있는 법은 없다지만, 비나 바람이 없을 때만큼은 호수는 사람들에게 고요하다는 느낌을 준다. 고요한 수면을 바라볼 때는 침잠의 상태에서 평온함이 느껴질 것이다. 번잡한 생활에서 벗어난 휴식일 수도 있다. 다만 온종일 그 잔잔한 수면만 바라보고 있어야 한다면 평온함이나 휴식보다는 싫증이 날 것이다. 낚시꾼이 잔잔한 수면을 보면서 평온함을 느끼는 것은 찌의 움직임, 잡아채기가 전하는 생명력, 주변 경치 등 다양한 감상거리를 갖고 있기 때문일 테다.

원시의 아주 먼 옛날사람들이 아무런 움직임이 없는 수면을 바라볼 때도 평온함이나 휴식을 느끼곤 했을까. 그들도 오늘날의 사람들과 마찬가지로 번잡한 일상에서 벗어나 평온함과 휴식을 느껴보려고 잔잔한 호숫가로 나가곤 했을까. 그들이 정지된 듯한 고요한 수면을 바라볼 때 느꼈던 감흥은 오늘날과는 사뭇 달랐지 싶다.

이를테면 그들은 농업이나 수렵의 생산력이 오늘날에 비해 현저히 낮았고, 그래서 배가 자주, 심하게 고팠을 테다. 배고픈 사람들이 잔잔한 수면을 내려다봤을 때는 평온함이나 휴식보다 오히려 실망감을 더 크게 느끼지 않았을까.

수면에 파문이 자주 일어야 물고기가 얕은 곳에 떼 지어 머물고 있으리라

판단해, 물고기를 쉽게 많이 잡을 수 있을 것으로 생각하지 않았을까싶다. 그래서 수면의 파문은 배고픔을 곧 해결할 수 있을 것이란 반가움의 징조이지 않았을까. 파문은 물고기의 움직임이 만들어내는 것이기에 파문이 자주 일수록 그곳엔 물고기가 많이 모여 있을 것으로 여겼을 테다. 그래서 파문이 이는 곳에다 그물이나 낚시채비를 던지려 하지 않았을까. 수면의 파문은 곧 생명활동이라, 아무런 움직임이 없는 고요함보다 더 강한 매력을 느끼게 하지 않았을까.

어쨌든, 배고픔 해결이 사람들의 일상을 지배했을 적에는 수면의 고요함이, 늘 평온함이나 휴식을 주었던 것은 아니지 싶다. 수면에 관한 미학적 상상이 배고픈 사람과 배고픔을 이미 해결한 사람 사이에 똑같을 수는 없을 것이다. 좀 막막한 상상일지 몰라도, 원시생활을 하던 사람들은 수면이 고요할 때보다는 조금씩 찰랑거리거나 파문이 일 때 더 큰 기쁨을 느꼈을 것 같다.

어쩌면 오늘날 어린이들이 고요한 물을 만나면 돌팔매질을 자주 하는 행동도 원시적인 삶을 살았던 시대의 흔적이 아닐까.

꼬마들은 누가 시키지 않아도 돌멩이를 주워 호수나 강물로 던져, 파문을 그리곤 한다. 그들이 돌을 던지려하는 이유는 무엇일까. 그들의 돌팔매질에서는, 고요함을 그냥 두고 보지 못해 꼭 깨뜨려야 직성이 풀린다는 듯한 태도가 느껴진다. 그러다가, 신기하게도, 어른이 되어가면서 차츰 돌팔매질을 멈춘다. 어른이 되면 물의 고요함을 즐기려 한다. 낚시꾼들도 물가에서 고요함을 즐기지만, 어렸을 적엔 이유 없이 고요한 물에 돌멩이를 던져 파문을 만들곤 했던 기억을 갖고 있을 테다.

　원시적인 생활을 했던 사람들은 오늘날에 비하면 생활이 퍽 단조로웠을 것이다. 먹을거리 같은 생존에 필수적인 것들을 이리저리 찾아다니는 행위가 생활의 대부분이 아니었을까. 그런데 배고픔 같은 원초적 욕구가 해결되고 나면 그들은 무엇을 하면서 지냈을까? 오늘날의 문화예술 생활에 비견되는 무언가를 하지 않았을까. 고요하고 투명한 수면은 오늘날의 캔버스 같이 하얗게 빈 그림판이 아니었을까. 그런 수면은 아무것도 그려지지 않은 평평하고 널찍한 현대식 담벼락이 아니었을까. 그런 곳에다 무언가 자신의 흔적을 남기고 싶은 욕구가 발동하지 않았을까. 바위의 넓고 평평한 벽면에다 동물 문양이나, 동심원 같은 기하학적인 문양을 새겼듯이.

　그 시대의 어떤 사람이 배가 불러 포만감을 느껴서인지 심심해 하다가, 산책길에서 우연히 고요하고 넓은 호수를 만났다고 치자. 호수를 그냥 지나

쳤을까? 달리 할 일도 없었을 텐데. 길가의 돌멩이라도 하나 집어던져 수면의 정적을 깨우고 싶은 충동이 일지 않았을까. 돌멩이가 수면에 닿으면서 기하학적 문양의 둥근 파문이 만들어지자, 그는 잠시 무료함을 잊고 어떤 예술적 감흥을 느끼지 않았을까. 완벽에 가까운 동그라미는 오늘날에도 컴퍼스가 없으면 그리기 쉽지 않다. 게다가 한 개의 중심점을 여럿이 동시에 공유하는 동그라미가 겹겹이 만들어졌으니, 단순한 감흥이 아니었을 테다. 하얀 화선지에 먹물 한 방울 떨어뜨렸을 때 먹물이 둥글게 사방으로 번지는 순간의 신비감 같은 것도 느꼈지 싶다.

꼬마들의 돌팔매질은 원시적인 예술생활을 오늘날까지 전하는, 살아 있는 행위화석이라고나 할까. 낚시꾼이 던져 넣기를 반복함으로써 파문을 그려내고 감상하면서 평온한 감흥에 젖곤 하는 태도. 그것은 어쩌면 원시적인 예술생활의 일부가 오랜 세월을 지나 희미한 흔적으로 남은 것인지도 모른다.

2. 감동

아주 오랜 옛날, 정지된 고요한 수면은 거울의 역할도 했으리라. 사람들은 수면에 비친 모습을 통해 자신의 얼굴과 타인의 얼굴이 어떻게 다른지 또렷이 알게 되었으리라.

한반도에서 출토된 청동기시대의 청동거울로 잔무늬거울이라는 것이 있다. 어려운 말로 '다뉴세문경(多紐細紋鏡)'이라고도 한다. 이 거울 뒷면에는 다양한 종류의 기하학적 문양이 정교하게 새겨져 있다. 그 가운데 하나가 동심원이다. 거울에 새겨진 동심원!

사람들은 어느 날 고요하고 투명한 수면을 가만히 들여다보다가 그 속에 비친 모습이 바로 자신의 얼굴이라는 사실을 알게 되었으리라. 자신의 얼굴은 세상 그 누구와도 똑같아 보이지 않았다. 세상에 단 하나뿐이었다. 긴 세월의 흐름과 함께 '나는 누구이고 옆 사람과 어떻게 다를까'라는 식으로 자아 또는 자기 정체성에 대한 관념을 마음속에 만들고 새겨나갔다. 돌멩이를 아무리 여러 차례 던져 파문을 만들어도 수면에 비친 자신의 얼굴은, 비록 순간적으로는 일그러졌지만, 달라져 보이지 않았다. 오늘 본 모습은 어제의 것과 같았고, 올해 가을에 본 모습은 작년 가을에 본 것과 같았다. 그래서 사람들은 심심할 때마다 호숫가로 나가 수면을 가만히 들여다보곤 했을 것이다.

그러다가 나중에는 애써 물가로 나가지 않고도, 늘 변치 않는 자신의 얼굴을 언제든지 비춰볼 휴대용 거울을 만들고 싶었으리라. 사람들은 휴대용 거울을 만듦으로써, 마침내 언제 어디서나 자아관념을 늘 휴대할 수 있게 되었다. 또 세상에 단 하나밖에 없는 자신에 대한 자부심, 곧 자존심도 늘 휴대할 수 있게 되었다. 이어 거울의 뒷면에는, 앞면의 자존심이 더 아름답게

돋보이도록 장식용 동심원을 겹겹이 정교하게 새겨 넣었다.

거울 뒷면의 동심원. 그것은 사람들이 오랜 세월 고요한 수면에다 수없이 그려보곤 했던 동그라미 파문이었다.

3. 상상

인간은 스스로를 '만물의 영장'이라 부른다. 이성적으로 사유하고 합리적으로 행동하는 모습을 미물에게서는 찾아볼 수 없기 때문이라 한다. 인간이 정말로 만물의 영장인지 자신할 수는 없지만, 다른 동물들이 이 호칭에 동의하지 않았음은 분명하다. 인간이 어리석어 보일 때나 미물들의 행동이 지혜로워 보일 때는, 만물의 영장이란 이름이 부담스러워 보이기도 한다. 그럴 때는 '털 적은 원숭이'나 '꼬리 없는 원숭이'나 '생각 많은 유인원'으로 부르는 것이 어떨까. 차라리 그게 가치중립적이라 이성적이고 합리적이지 싶다. 낚시로 상상하면 인간이 훤히 들여다보인다.

별 보기

깜깜한 밤중에 고요한 호숫가에 홀로 앉아 있으면 수면과 하늘이 헷갈릴 때가 가끔 있다. 초롱초롱하게 빛나는 별이 호수에 고스란히 내려앉은 듯한 착각에 빠진다. 이때 낚시꾼은 찌의 빛이 수면의 여러 별빛 속에 섞여들어 찌를 식별하기 어려워지기도 한다. 찌가 물고기의 입질을 받아 깜박거려도 별들의 반짝거림과 구분하기 쉽지 않다.

밤에 별을 볼 수 있는 곳을 낚시터로 삼아보면 어떨까. 별빛이 잘 드는 곳에는 귀찮거나 불필요한 간섭이 들지 않는다. 다만 요즘 세상에 별은 너무 멀리 있다. 수많은 별이 호수에 내려앉은 듯한 느낌, 또 그 수면에서 찌 빛과 별 빛이 분간되지 않는 헷갈림은 여간해서는 경험할 수 없는 멋이다. 그런 멋을 누리려면 예전보다 더 많은 시간을 내어 먼 곳을 찾아가야 한다. 그래야 초롱초롱한 별을 많이 만날 수 있다. 낚시꾼은 별을 자주, 또렷이 볼 수 있었던 어린 시절을 되돌아보며 왜 별보기가 쉽지 않은 세상이 되었는지 상념에 잠겨본다.

서울 하고도 수도권에서는 밤에 별을 보기란 거의 불가능한 세상이 되었다. 수도권 밖에서도 웬만한 도시 주변에서는 별이 잘 보이지 않는다. 도시의 인공 불빛이 너무 밝아 별빛을 삼켜버린다. 사람도 강렬한 인공 불빛에 너무 익숙해져, 밝기가 웬만해서는 별빛이 눈에 잘 들어오지 않는다. 대기 속에 무수히 떠다니는 먼지나 오염물질 알갱이들도 별빛으로 향하는 사람들의 눈을 가린다.

별을 관측하는 천문대는 더 이상 제 역할을 하지 못한다. 오래전에, 서울에 본부를 둔 한 대학은 별을 관측할 수 없게 되자 천문대를 인공 불빛이 들지 않는 지방의 한적한 야산 기슭으로 옮겼다. 하지만 그곳도 다시 도시화가 급속히 진행되는 바람에 별을 볼 수 없게 됐다. 연구는커녕 실습수업조차 할 수 없어 그곳의 천문대도 문 닫아야 할 처지라 한다.

서울에 살면서 별을 한 번도 본 적 없는 한 어린이가 방학을 맞아 아버지와 함께 심심산골의 할아버지 댁에 놀러갔단다. 금방이라도 머리 위로 마구 쏟아질 듯 초롱초롱 떠 있는 별을 보고 소스라치게 놀라면서 "아빠, 유에프오(UFO)가 엄청 많이 나타났어요." 하고 소리쳤다고 한다. 우스갯소리로 들릴지라도, 별을 좀처럼 볼 수 없는 쓸쓸한 현실을 말해준다.

별은 도시에서 멀리 떨어진 곳일수록 더 또렷하게 많이 볼 수 있다. 그래서 별을 제대로 보려면 인적이 드문 오지를 찾아갈 수밖에 없는 노릇이다. 하지만 오지는 나날이 줄어들고 있다. 별보기도 그만큼 어려워지고 있다.

현실의 삶에 제아무리 충실하다는 사람도 회사로부터, 심지어 사랑하는 가족으로부터, 연락이 닿지 않을만한 먼 곳을 그리워할 때가 있다. 그래서 가끔 보따리를 꾸려 무작정 집을 나서보기도 한다. 그런 욕구는 인간 본연의 마음일 것이다. 인간이 고도로 번잡한 생활을 하면서부터 스스로 외면해버린 들판생활을 다시 이어보려는 자연스런 몸부림이다. 또 도시 속에서 잃어버린 자신의 정체성, 혹은 자아를 찾아보려는 여행이기도 하다.

별을 찾아 떠나려는 마음도 그런 인간 본연의 자연스러운 욕구가 아닐까. 별보기는 도시의 전등 빛 아래 너무 오랫동안 살아온 사람들의 비원 같은 것이 아닐는지. 비좁은 화분에 담긴 채 아파트 베란다에 놓인 식물이 가지나 잎을 창밖으로 뻗으려 하는 것은 전등 빛이 아닌 햇빛을 그리워하기 때문이다.

하지만 사람들은 아무리 발악을 해봐도, 별이 초롱초롱 빛나는 순결한 오지를 만나기가 쉽지 않다. 무분별한 개발이나, 개발보다 먼저 다가오는 투기광풍이 스쳐 지나가지 않은 곳을 찾아내기란 여간 어렵지 않다. 그리 오래되지 않아 할아버지 할머니들은 추억할 수 있을 만한 과거에, 한적한 마을 어귀에는 으레 허름한 주막이 하나쯤 있어 발품에 지친 나그네들을 잠시 쉬어가게 했다. 그곳에는 막걸리 한 사발과, 국밥 한 그릇과, 늙은 주모의 아리따운 젊은 시절에 얽힌 이야기가 있어 제아무리 고래심줄만큼 질긴 역마살이라 해도 하룻밤 붙잡아 놓곤 했다. 이제 이 땅에서 그런 주막은 개발과 투기 바람에 날려 모두 사라졌다. 대신 그 자리에는 거대한 아파트 단지나, 호화로운 전원주택 혹은 별장이나, '가든'이나, '러브호텔' 같은 큰 건물들이 들어섰다.

전등 빛이 훤한 곳에는 밤이 와도 짙은 어둠이 없다. 어둠이 없으니 별이 보일 리 없다. 별이 없으니 상상과 감동이 없다. 날이 갈수록, 별보기는 낚시꾼에게 더욱 더 많은 발품을 달라고 할 것이다. 하지만 별은 아무리 멀리 있어도 낚시꾼을 집요하게 잡아끄는 강력한 자력(磁力)을 지녔다.

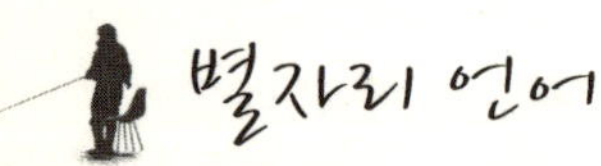

별자리 언어

물이 낚시꾼의 지상 친구라면, 별은 하늘 친구다. 한데서 자주 밤을 보내게 마련인 낚시꾼이라면 별이 친숙하지 않을 수 없다. 긴 밤 물고기의 입질을 보지 못할 때는 하늘을 올려다보면서 여러 가지 상념에 잠기곤 한다.

또 별은 건강한 낚시생활의 지표다. 별이 초롱초롱 빛나지 않는 하늘밑이라면, 그곳의 흙과 물과 공기는 건강하지 못하다. 낚시꾼이 먼 오지를 찾아가려는 것은 건강한 자연을 만나겠다는 뜻이다. 별을 또렷이 볼 수 있는 곳일수록 낚시는 더 큰 감동과 휴식을 준다.

들판의 호숫가에서 별과 함께 하룻밤 지내다보면 붕어를 만나지 못해도 억울함이나 미련이 남지 않는다. 별빛을 내리받으며 원시적인 자유를 누린 것만 해도 족하다. 별에게 길을 물어보면 넓은 자유를 얻을 수 있다. 별은 자동차도로의 이정표보다 훨씬 더 많은 길을 알고 있다.

어쩌면 하늘에는 지상의 언어보다 더 많은 말과 글이 있는지 모른다. 달의 모습은 늘 변하지만 일정한 주기를 갖고 있다. 뭇별들의 움직임에는 나름의 규칙이 있다. 해도 지평선에서 떠올라 정 중앙에 이르고, 다시 지평선 너머로 사라지는 일정한 운행의 박자를 갖고 있다. 그래서 차가움과 따스함이 반복적으로 생기고, 동식물의 행동과 성장이 규정되고, 밤과 낮의 길이가 정해지고, 계절의 변화가 일어났다. 아득히 먼 선사시대에도 사람들은 언제나 일정하게 반복되는 하늘의 질서에 맞춰 셈을 했다. 그들은 늘 자신의 마음속에 하늘의 언어로 만든 달력을 품고 생활했다.

그런데 언제부턴가 인간은, 고개를 쳐들기 힘겨웠기 때문인지, 별을 쳐다보지 않았고 하늘의 언어를 몽땅 내다버렸다. 그 대신 인간은 자신만의 말이나 글로 자신의 생각을 담아내기 시작했다. 하지만 그 이후 인간은 언어에 얽매여 살아야 하는 불행을 겪게 됐다. 인간은 자신의 생각을 담아낼 적절한 단어나 표현법을 자신의 말이나 글로부터 찾아내지 못할 때 심한 좌절감을 느껴야 했다. 좌절감이 깊어지자 답답해졌다. 마냥 언어의 감옥에 갇혀 지내야 했다. 언어의 표현법이 날로 전문화 또는 고도화 될수록 언어의 벽으로 둘러싸인 감옥은 탈출할 수 없는 철옹성이 되어갔다. 어쩌면 현대인이 자주 앓는 신경쇠약이나 우울증 같은 증상도 인간이 하늘의 언어를 버리고 자신만의 언어를 갖게 되면서 시작되었을지 모른다.

만약 지금이라도 사람들이 지상의 언어를 포기하고, 자신의 모든 생각을 별자리의 언어에 내맡긴다면? 하늘의 천체 언어로는 인간의 생각을 온전히 다 담아낼 수 있다. 그래서 인간은 언어의 감옥에서 빠져나올 수 있을 것이고 사색도 더욱 깊고 넓어질 것이다.

현실적으로 인간은 지상의 언어를 사용하기 이전의 시원으로 다시 돌아갈 수는 없다. 다만, 지금이라도 밤하늘의 성좌에 길을 물어보는 마음의 여유를 가져본다면 삶은 훨씬 더 향기로워지지 않겠는가.

사실, 이 땅의 사람들이 하늘의 언어를 내다버리게 된 것은 그리 먼 옛날이 아니다. 이른 새벽 정화수 한 그릇 떠놓고 두 손을 앞으로 가지런히 모아 하늘의 일월성신에게 가족의 복을 빌곤 했던 어머니는 아직도 우리 마음속에 살아 있다. 이 세상 어디에서 보더라도 한결같은 모습으로 밝게 빛나는 북두칠성을 보면서, 사람들은 멀리 떠나온 어머니와 고향을 그려보곤 했다.

경부고속도로가 놓이면서 젊은이들이 괭이나 호미를 던져버리고 대처로 갈 때만 해도 하늘의 언어는 우리 곁에 있었다. 타향살이에 지친 한 젊은이가 밤하늘을 우러러보며 '고향의 어머님도 저 북두성을 보고 있겠지'라고 생각할 적에, 그 별은 젊은이의 마음과 어머니의 마음을 동시에 이어주는 매개체였다. 그러면서 '어서 빨리 돈벌어 고향으로 가야지'라며 별을 향해 혼잣말을 했을 것이다. 때마침 어머니도 그 별을 보고 있었다면 자식의 그 말을 전해 들었을 것이다.

지금은 작고한 가수 백난아가 광복을 몇 년 앞두고, 곧 일제시대 말기에 불러 유명해진 '찔레꽃'이라는 좀 오래된 대중가요가 있다. '찔레꽃 붉게 피는 남쪽 나라 내 고향, 언덕 위의 초가삼간 그립습니다…….' 이 노래의 두 번째 절에 '천리 객창 북두성이 서럽습니다'라는 별에 관한 구절이 나온다.

노랫말을 종합해보면 노래속의 화자는 북간도에 머물고 있는 나그네다. 그는 봄에는 찔레꽃이 피고 언덕 위에는 초가삼간이 있는 남쪽, 곧 일제치하 한반도의 어느 땅을 고향으로 두고 있다. 화자가 독립운동을 하다가 순사에 쫓겨 다니는 처지인지는 몰라도, 북쪽 머나먼 타향, 북간도의 어느 여관에서 밤을 보내고 있다.

그가 창문을 내다봤더니 문득 하늘의 북두칠성이 눈에 들어온다. 그 별자리는 자신이 고향에서 봤던 것과 똑같은 모습이다. 그래서 고향 땅의 '자주 고름 입에 물고 눈물 젖어 이별가를 불러주던 못 잊을 사람'이 그리워지지 않을 수 없다. 그 '사람'은 어머니인지 누나인지 장래를 약속한 연인인지 몰라도 고향에 둔 채 떠나올 수밖에 없었던 사람이다. 그렇지만 무슨 곡절인지 화자는 고향에 갈 수 없는 처지다. 그리운 사람을 보지 못하는데 어찌 서럽지 않겠는가.

나그네는 하늘의 언어, 곧 북두칠성이란 성좌를 통해 고향을 떠올렸다. 북두칠성은 언제나 하늘 아득히 높은 곳에서 초롱초롱 밝게 빛나기 때문에 세상에 거칠 것이, 보지 못할 것이 하나도 없다. 흔히 별들에게 길을 묻는다든지 임의 소식을 물어본다든지 하는 말은, 모든 것을 훤히 다 볼 수 있고 알고 있을 전지전능한 별의 심상에 기대어보려는 뜻일 것이다. 나그네는 천리안을 가진 그 별을 매개로 고향의 찔레꽃과 초가삼간과 그리운 사람을 본 것이다. 사람들은 그리 오래된 옛날이 아닌 시기에도 전화나 편지 이외에 그리운 사람과 대화하는 또 하나의 방식을 지니고 있었던 셈이다.

손아귀나 주머니에 늘 전화를 휴대한 채 지내는 오늘날의 사람들은 사람을 그리워할 줄을 모른다. 그리워할 여유조차 없다. 손가락으로 단추만 눌러 부르면 저편의 사람이 즉각 응답할 것이다. 만약 휴대전화가 예고 없이 한달쯤, 아니 일주일만이라도 기능이 정지되어버린다면 사람들은 성마름을 견디지 못해 제풀에 미쳐버릴지 모른다.

사람들은 직접 만나 악수하고 대면하고 목소리를 나눌 필요 없이, 컴퓨터 문자판의 단추를 손가락 끝으로 두들기며 제 할 말을 다하면서 산다고 여긴다. 단추 누르기로 마음속 그리움도 해소할 수 있다는 세상이 되었다.

또 화상통신 덕분에 사람들은 스크린에 비친 상대방의 얼굴을 보면서 말을 나눌 수도 있다. 멀리 떨어져 있는 회사원들은 화상통신으로 회의를 할 수도 있다. 통신의 발달이 거리의 간격을 없애는 세상이다.

남북분단으로 찢어진 혈육의 정도 화상통신으로 이어붙일 수 있다고 한다. 그래서 이산가족들은 '화상상봉'으로 만나기도 했다. 참으로 편리해진 세상이다. 반세기를 넘도록 끊어져 있던 핏줄을 영상스크린으로 이어붙일 수 있다니, 참 놀랍다.

하지만 편리함에는 감동이 적다. 그리움을 풀려면 적어도 손이라도 잡아봐야 한다. 참을 수 없는 간절한 그리움이라면 온몸을 맞댄 채 얼굴의 살갗을 비벼봐야 풀린다. 그래야 온기가 전해지면서 생생한 감동이 오가지 않을까. 감동이 적으면 그리움이 제대로 풀리지 않는다. 혈육 사이의 오랜 그리움이라면, 한 집에서 한 방에서 한 이불을 덮고 하룻밤만이라도 껴안은 채 자봐야 풀린다. 가슴에 단단한 한(恨) 덩어리로 뭉쳐진 간절한 그리움이 영상스크린으로 온전히 녹을 것 같지는 않다. 영상은 맛보기다. 만남이 실하지 못하면 여한이 남게 마련이다.

사람들은 이제 또 다른 하늘의 언어, 달마저 쳐다보려 하지 않는다.

달나라에는 계수나무 밑에서 절구에 방아를 찧는 예쁜 토끼가 살고 있다고 할머니나 어머니들이 들려주곤 하던 옛이야기를 오늘날의 사람들은 몽땅 잃어버렸다. 고구려의 여러 무덤벽화에도 달이 등장한다. 그 달 속에 계수나무와 토끼와 절구통이 그려져 있는 것으로 보건대, 달나라는 오래전부터 마음속 소통체계였다. 참을 수 없는 모진 슬픔이나 간절한 그리움을, '달님은 내 마음을 아시겠지요?'라며 달을 올려다보면서 달래곤 했던 오랜 정신세계도 사람들은 멀리 내던졌다.

달은 이 땅의 사람들에게 오랫동안 신비로우면서도 포근한 이상향의 나라였다. 지상의 말과 글로는 표현할 수 없는 가치를 대대손손 마음속에 새겨 간직하게 해준 하늘의 언어였다. 항아(姮娥)선녀와 두꺼비가 등장하는 토속 신화나 전설의 무대였다. 하지만 이제 달나라는 국적불명의 환타지 공상과학에서 전사(戰士)들이 살육을 모의하거나 저지르는 살벌한 전쟁터 풍경으로 변했다. 지금 사람들의 마음속에는 달나라가 없다. 소통이나 언어의 기능을 잃어버린 달은 더 이상 아무런 메시지도 전하지 못하는 무미건조한 천체로 전락했다.

달의 상실은 인간의 위험한 호기심과 탐욕스러운 정복욕구 탓이리라. 과

학기술과 우주탐험의 실험 대상으로 삼은 인간에 의해 달이 오랜 순결을 잃음으로써 비극은 시작되었다. 인간은 그와 같은 실험을 벌이기 위한 또 다른 별을 찾기 위해, 고성능 망원경으로 시력을 끝없이 키워가며 아득한 하늘을 이리저리 훑고 다닌다.

오늘날 사람들은 너무나 좁고 짧은 시야를 가진 탓에 세상을 넓고 멀리, 그리고 넉넉하게 바라볼 줄 모른다. 게다가 기계들이 만들어내는 요란한 소음과 현란한 거짓에 익숙해진 사람들의 귀는 별들의 밀어를 들을 수 없게 되었다. 눈은 먼데 것을 볼 줄 모르고 귀는 먼 소리를 들을 줄 모른다. 이러다가 머잖아 사람들의 눈과 귀가 별로 쓸 모가 없어져 퇴화될 지도 모르겠다.

지상의 광야에서 드넓은 하늘의 별들을 올려다보며 넓고도 깊은 사색에 잠기곤 했던 인간. 이젠 고작 시계의 작은 원판이나 휴대전화의 좁은 문자판을 눈앞에 바짝 갖다댄 채 들여다보는 근시안의 삶을 살고 있다. 원래 인간의 시야는 한쪽 지평선에서 반대쪽 지평선에 이르는, 측정 불가능한 드넓

은 우주였다는 사실을 현대인은 모르거나 잊고 지낸다. 그래서 내밀한 언어를 전하는 천체를 보지 못한다. 보지 못하니 귀를 기울일 수 없고, 들리지 않으니 마음을 둘 수 없다.

별을 또렷이 볼 수 있는 낚시터야말로 낚시꾼이 원시적인 자유와 사색을 마음껏 즐길 수 있는 보증서다. 북극성이 옛날 뱃사람들이 망망대해를 건널 때 길잡이가 되어 주었듯이, 오늘날에도 별은 낚시꾼이 낚시터를 찾아 나설 때 비슷한 역할을 해줄 수 있다. 별은 태고 적부터 인간의 삶의 동반자였다. 탄생과 죽음마저 별과 함께하곤 했다. 어떤 별자리를 타고났는지에 따라 그 사람의 운명이 예측되거나 논의되곤 했다. 어쩌다 새로운 별자리가 눈에 띄면, 사람들은 자신과 깊은 인연을 맺었던 사람이 하늘로 올라가 그 별이 되었다고 믿곤 했다. 별자리는 망자의 화신이라, 별자리와 말을 주고받으면서 끝없이 인연을 지속하고 싶었을 것이다.

지금은 사람들이 별을 아예 볼 수 없거나 보려하지 않는다. 별과 소통하는 언어체계를 잃어버렸다. 그래서 사람들은 마음의 자유뿐 아니라 삶의 지혜도 차츰 잃어가고 있다. 이젠 별을 보면서 운명을 점치는 시대는 지났다고 한다. 그렇지만 별은 뜻이 있어 길을 묻는 사람에게만큼은 여전히 마음을 열어둔 채 안식과 지혜를 주는 등불로 반짝이고 있다.

소나기와 텐트

생업이 아니라면, 낚시는 반드시 물고기를 잡는 것만이 목적은 아닐 것이다. 물 바깥의 감동도 낚시에서 빠뜨릴 수 없는 즐거움이다. 물이 낚시꾼의 시선이 향하는 곳이라면 물 바깥의 뭍은 발을 딛는 곳이다. 발을 디딘 곳에서도 여러 감동거리가 생겨나게 마련이다. 들판은 사람들의 오만하고 나태한 마음을 꾸짖을 때가 잦아 심심찮게 감동거리를 만들어낸다. 콘크리트나 아스팔트로 둘러싸인 곳에서는 좀처럼 맛볼 수 없는 감동이다.

들판의 대지가 한여름 뙤약볕에 여러 날 달구어져 있다. 힘없이 축 늘어진 풀이나 나뭇잎에서 쉰내가 난다.

갑자기 비가 한두 방울씩 듣기 시작한다. 호숫가의 낚시꾼은 웬일인가 싶어 하늘을 올려다본다. 먹구름이 군데군데 끼었지만 하늘은 여전히 터져 있다. 햇살도 구름 사이로 환하게 살아 있다. 그런데 멀리서 시커먼 먹장구름이 몰려온다. 그 구름 아래로 먼지가 뿌옇게 일면서 낚시꾼의 시야에서 지평선을 가려버린다. 그는 소나기가 다가오고 있음을 한눈에 알아차린다. 아무런 예고 없이, 소 떼처럼 흙먼지를 뿌옇게 일으키며 멀리서 가까운 곳으로 달려오는 비가 소나기다. 곧 그의 머리위에도 먹장구름이 걸리면서 굵은 빗방울이 대지와 호수를 후두두 사정없이 때리기 시작한다. 하도 오랜만에 내리는 비라 그로서는 반갑기 그지없다. 곧 그치기야 하겠지만 빗줄기를 피할 마음이 없다. 장마가 끝난 지 여러 날 째여서 그의 몸과 마음은 한참 가물었다. 이제 곧 물고기들이 활발하게 입질을 해줄 것으로 기대하면서, 흐트러진 마음을 고쳐 다잡는다.

드넓은 대지 위에는 온통 난리가 났다. 굵은 빗방울이 떨어지면서 흙먼지가 잔잔하고 뿌옇게 일어난다. 낚시꾼이 고개를 뭍으로 돌리자, 코끝으로 흙의 훈훈한 기운이 부드럽게 감겨든다. 자연의 땅 냄새요 들판의 생기다. 후

끈 달아오르는 그 기운에서 느껴지는 시원함이 삽시간에 온몸으로 퍼져간
다. 마치 대중목욕탕의 온탕에 들어갔을 때 느껴지는 시원함이라고나 할까.

좀처럼 굴하지 않을 것 같았던 땡볕의 폭압적인 기운이 멀찌감치 물러난
다. 그 억세고 오래된 사나움이 겨우 소나기 한줄기에 고분고분하게 풀어지
고 만다.

뜨거운 햇볕을 피해 오랫동안 돌 밑의 그늘에 숨어 지내던 꿈틀 벌레 같
은 들판의 온갖 미물들도 그제야 살맛난다는 듯 꿈틀꿈틀 기어 나온다. 호
수의 물고기들도 여기저기 힘차게 수면 위로 첨벙첨벙 뛰어오르면서 빗줄
기를 반긴다. 그들의 태도로 보건대, 지금 당장은 입질을 하지 않겠다는 마
음이 역력하다. 먹잇감 찾기보다는 소나기를 맞이하는 축하공연이 먼저란
다. 낚시꾼은 하는 수 없이 자리를 털고 일어선다. 물고기가 먹이를 먹지 않
겠다는데 어쩌겠는가.

푹푹 찌는 열기에 지쳐 잎과 가지를 축 늘어뜨리고 있던 수풀들도 삽시간
에 고개를 빳빳이 쳐들면서 일제히 몸을 벌떡 일으켜 세운다. 아마 그들의
뿌리도 물기를 찾아 팍팍한 땅속을 이리저리 헤매어 다니는 수고를 덜게 되
었다면서 마냥 기뻐할 것이다.

바짝 타들어가던 들판은 거북등짝처럼 갈라진 틈새로 빗물이 스며들면서
군데군데 야트막한 물웅덩이를 만들어낸다. 불덩이에 지펴진 가마솥 같은
흙 속에서 여러 날을 웅크린 채 지냈을 미꾸라지들이 언제 밖으로 나왔는지
그 웅덩이에서 파닥거린다. 풀을 뜯던 소들도, 잔등에 새카맣게 붙은 채 피
를 빠는 쇠파리 떼의 극성에서 해방됐다는 듯 고개를 쳐든 채 감격에 겨운
소리를 내지른다. 그들도 빗줄기에 온몸을 내맡긴다.

들판의 훈훈한 흙냄새는 사람의 권태를 다스리는 특효약이기도 하다. 농부

들은 무기력하고 나른했던 긴 낮잠에서 하나둘 깨어난다. 흙냄새가 이끄는
대로 삽이나 괭이를 들고 들판으로 나와 논의 물꼬를 손질하느라 바빠진다.

　더위에 지쳐 텐트 그늘 속에서 낮잠을 자던 이웃의 낚시꾼들도 빗소리에
하나둘 눈을 뜬다. 이어 흙냄새를 따라 밖으로 엉금엉금 기어 나온다. 들판
의 소나기 속에서는 한 겹의 얇은 텐트 지붕마저 두꺼운 벽이 되나보다. 속
옷이 착 들러붙은 그들의 등짝에서 더운 김이 모락모락 피어난다. 어떤 이
는 만세 부르듯 두 팔을 위로 벌리고, 고개를 하늘로 쳐든 채 빗줄기를 고스
란히 맞는다. 이제야 살 것 같다는 듯 괴성을 질러대는 그들의 모습이 들판
의 짐승들이나 수풀들과 다를 것이 하나도 없다.

　소나기 한줄기가 삽시간에 온 들판에 생기와 활력을 불어넣고 있을 때 현
장에서 느끼는 감동이란! 국어사전 속의 글이나 말을 모조리 다 가져와도
그 벅찬 감흥을 온전하고 만족스럽게 표현해내기란 불가능하리라. 그 감동
을 언어에 맡겨봤자 필시 실망하거나 배신당하고 말 것이다.

　아무리 바쁘게 살아도 바쁜 만큼 반드시 행복하지만은 않은 현실에서, 사
람들은 들판으로 나가기 쉽지 않은 세상을 살고 있다. 높은 건물의 옥상이
나 아스팔트에 쏟아지는 소나기는 감동이 덜하다. 그곳에서는 소나기가 내
리면 당장 우산이나 비옷부터 챙길 것이다.

　들판에서라면 소나기쯤은 흠씬 맞아도 괜찮다. 마음속의 답답함을 후련
하게 털어낸다. 또 몸과 옷이 축축해지더라도 곧 먹구름이 물러가고 햇빛이
비칠 테니 저절로 마를 것이다. 오히려 땀에 찌든 꾀죄죄한 땟자국을 빗물
세례로 정갈하게 씻어낼 좋은 기회다.

　　　　　　　　　　　　　　　　　　　　　　　　　　　　　　3. 상상

　소나기처럼 그냥 살짝 스쳐지나가는 비가 아니라 큰비라면, 들판에서는 몸을 가릴 천막이 필요할 것 같다. 큰비를 달랑 맨몸 하나로 맞이한다면 너무 뻔뻔해 보인다. 사실, 들판의 큰 질서 속에서는 잘난 척하는 인간의 무모함이 어울리지 않는다. 우산은 지붕만 있어 들판에서는 별로 도움이 안 된다. 온몸으로 움직여야 하는 거친 세상에서 우산을 들고 다닌다는 것은 도리어 거추장스럽다. 비를 맞을 때 가장 손쉬운 천막은 텐트다.

　들판의 낚시꾼이 온전한 집을 갖고 있을 리 없다. 얇은 천막, 곧 텐트 한 장 뿐이다. 텐트는 한 손에 들고 다닐 수 있는 한 칸짜리 집이다. 큰비가 내릴 것이라는 일기예보를 들었다 해도, 물골을 파거나 터를 돋우고 해서 집 한 채 짓는데 걸리는 시간은 고작 십여 분이다. 들판에서 집을 편리하게 짓는다고 시기하거나 나무랄 사람은 아무데도 없다.

집은 짓기가 편리하다면 뜯어내기도 편리할 것이다. 짓기와 뜯기가 편리한 집이라면 한 곳에 너무 오래 안주하려는 낚시꾼의 안이한 태도를 예방해준다. 한 곳에 너무 오래 미련을 두려하는 끈적거림의 심리를 경계해준다. 미련은 집착에 다름 아니다. 초원을 방랑하며 살아가는 유목민에게는 한 장소를 향한 집착이 해로운 독성이다. 만약 들판의 낚시꾼이 한 곳에 오래 머물겠다고 크고 무거운 집을 공들여 짓는다면 그것은 집착 탓일 것이다. 한 곳에 너무 오래 정착하다보면 찰거머리 같은 정념에 몸과 마음이 쉽게 물리고 만다. 텐트라는 천막은 늘 바람이 잘 통해 어느 한 곳에 쉽게 들러붙지 않는다. 오늘날의 재산세나 종합부동산세는 오랜 정착생활의 대가로 물어야 하는 부담금 같은 것이다.

낚시터에서라면, 텐트는 피곤하고 졸릴 때 눈을 잠깐 붙일 수 있는 시원한 대청마루요 돗자리다. 한낮의 땡볕과 자외선을 살짝 가려주는 그늘막이다. 예고 없이 쏟아지는 큰비를 그을 수 있는 오두막집 처마 밑이다. 한데서 맨밥을 지어먹는 처량함이나 쑥스러움을 가려주는 어느 가난한 농부의 원두막 같은 것이다. 뼛속까지 파고든다는 초봄의 스산한 찬바람을 홑겹으로 막아내는 비닐하우스 가건물이다. 늦은 밤 막소주라도 한잔 할 때 이웃 낚시꾼을 불러들이는 길거리포장마차다. 마누라와 다투고 홧김에 물가로 나온 어느 우울한 낚시꾼의 임시 무허가주택이다. 역마살이 있어 정처 없이 떠도는 나그네가, 길을 멈추고 잠시 쉬어가려는 휴대용 주막이다. 주말이나 휴일, 가정을 돌보지 않고 물가로 나온 월급쟁이가 하늘보기 부끄러워 얼굴을 살짝 가리는 삿갓이다.

텐트는 비나 바람이나 볕이나 빛이나 흙냄새로부터 낚시꾼을 철저하게 고립시키지는 않는다. 수풀의 초록이나 향기, 짐승의 울음소리 등 생명의 기운으로부터 낚시꾼을 갈라놓지 않는다. 그저 낚시꾼을 바깥의 것들로부터 살짝 가려줄 뿐이다. 옛 초가의 사립문이나 울타리가 집안을 바깥으로부터 차단하지 않았듯이.

낚시터에서 바른 자세로 앉아 있기가 힘겹다면 텐트 속에 들어가 잠시 배를 깔고 엎드린 채 찌를 바라봐도 괜찮다. 사람들이 빤히 지켜보는데서 그런 흐트러진 자세를 보인다면 좀 부끄럽겠지만, 텐트 속이라면 오히려 한가롭고 여유 있는 모습으로 비쳐진다.

하룻밤 낚시라면 텐트가 필요 없을 수 있겠다. 하지만 이틀이나 사나흘, 혹은 더 길게 들판에서 날을 보내려면 조금 거추장스러워도 갖고 오는 편이

낫다. 비나 눈이나 바람이 아니라도, 밤의 찬 서리나 이슬, 혹은 한낮의 땡볕
만 해도 인간이 맨몸으로 받아들이기에는 너무 벅차다. 들판의 질서는 인간
의 당돌함보다 훨씬 더 크고 냉혹하다.

　맑고 푸른 하늘 아래에서, 거울 같이 눈부신 햇빛을 받으며 고개를 뻣뻣
이 쳐든 채 지내온 여러 날의 당당함. 정말 그렇게 당당할 자격이 있었던가.
텐트는 뻔뻔하게 살아온 지난날에 대한 부끄러움을 '괜찮아, 다음부터는
그러지 마'라며 살짝 가려준다. 또 텐트는 자연의 큰 질서에 대담하게 맞서
려는 무모함을 감싸주기도 한다. 사람은 자신의 무모함이 탄로 나면 좀처럼
기를 펴지 못한다. 무모한 태도는 얇은 천으로 살짝 가려질 때 용기로 거듭
날 수 있다.

　낚시는 들판으로 나가, 자연 질서와 더불어 지내보려는 생활의 여유다.
들판의 질서는 현장에 있어봐야 생생하게 느낄 수 있다. 전해들은 것만으로
도 느낌이 없지는 않겠지만, 그 진정성이 현장 체험의 그릇에는 차지 않을
것 같다. 생활의 여유는 소나기를 맞아 활력을 되찾고, 텐트 속에 누워 인간
의 한계를 자각해보면 더욱 넉넉해질 것 같다.

물과 사람 사이

　대통령을 지낸 국내의 한 정치인이 한때 '물'이라는 별명으로 세인들의
놀림감이 된 적이 있다. 성격이 강단이 없고 우유부단한 것으로 비쳐졌기
때문에 물에 비유된 것이리라. 더욱이 그보다 바로 앞서 대통령을 지낸 한

인사는 강단 있는 사람으로 세인들 사이에 이미 소문이 자자하게 나 있던 터였다. 그래서 그 정치인은 더욱 더 강하게 물의 이미지로 고착되어갔다.

대체로 사람들이 물에 대해 갖고 있는 이미지는 피상적이다. 사람들은 겉으로 드러난 이미지나 표상으로만 대상이나 현상을 평가하거나 말하곤 한다. 그러다 보면 대상이나 현상의 실체가 엄연히 존재하는데도, 잘 보이지 않게 마련이다. 그럼에도, 이미지나 표상은 사람들의 숱한 담론을 거치면서 엉뚱하게도 진정한 실체로 둔갑하곤 한다. 이미지나 표상이 실체를 쫓아내고 안방을 차지하는 일은 예나 지금이나 흔히 일어난다.

그 정치인이 진정 강단이 없고, 우유부단한 사람이었는지는 확신할 수 없다. 다만 주체적이지 못하거나 뭔가 좀 모자라는 듯한 부정적인 심상이 물에 비유되면서, 물의 속성이 자신의 실체를 잃고 마는 현실이 마뜩하지 않을 따름이다.

낚시를 하는 사람이라면 물과 가깝게 지내는 날이 많아 물의 속성을 누구보다 잘 알고 있을 것이다. 물을 늘 친근하게 대하면서도 함부로 대하지 않을 것이다. 그는 물이 'H₂O'라는 기호로 표기되는 화학물질로서 수소 두 분자와 산소 한 분자로 이뤄진다는 개념은 몰라도, 물이 고마우면서도 얼마나 무서운 존재인지 나름의 깨달음이 있을 것이다. 물은 숱한 생명을 낳고 길러주면서도 홍수나 가뭄 같은 큰 재앙을 내리곤 한다.

하지만 낚시꾼이 보기에, 대개 사람들은 물은 원래 그냥 존재해 왔던 것으로 여기면서 가볍게 생각하는 것 같다. 많은 사람들이 물을 소중하지 않게, 고맙지도 않게 여기는 것 같다. 물을 경시하는 사람들은 대개 물을 일방적으로 다스리려하는 태도를 보인다. 그런 태도는 함부로 흐름을 막거나,

흐름의 줄기를 바꾸거나, 고약한 것들을 집어넣거나 하는 행동으로 자주 나타난다. 요즘 사람들이 물 재앙을 자주 겪는 모습을 보건대, 그 다스림의 방식에는 뭔가 적잖은 문제가 있어 보인다.

예로부터 물이 가는 길은 사람이 가는 길과 늘 나란히 나 있었다. 아니, 더 정확히 말하면 사람은 자신이 다닐 길을 물이 흘러가는 길, 곧 강을 따라 나란히 냈다. 강은 언제나 낮은 곳으로 흘러왔기 때문에, 강을 따르는 것이 길 닦기에 훨씬 수월했다. 그래서 사람은 늘 물을 따라다녀야만 하는 운명인 것처럼 보였다. 산 아랫도리에 밑줄을 길게 쭉 그으면서 강을 따라다녔다. 말도 기차도 자동차도 사람과 함께 다녔다.

사람의 길과 물의 길은, 서로 떨어져 있으면서도 더 이상 간격이 멀어질 수 없는 두 가닥의 닮은꼴, 기차선로와 비슷한 사이였다. 어느 시인이 읊은 대로 '하나가 되어 본 적이 없지만 둘이 되어 본 적도 없다'는 평행선 같은 사이였다. 두 개의 길은 비록 하나로 합쳐지지는 않았지만 언제나 나란히 함께 가는 사이였다.

우리나라만 해도 오래된 국도나 지방도는 대개 강이나 하천 곁을 따라 놓여졌다. 도시를 지나는 강변도로도 물길과 나란하게 닦인 길이다. 그런 길을 가는 사람이라면 물과 나란히 가게 마련이다.

물의 길과 사람의 길 사이에 지속되어온 오랜 친분관계를 먼저 배반하기 시작한 쪽은 사람이었다. 물이 불러주지도 않았음에도 자기가 먼저 좋아하면서 따라다니다가 나중에 다시 일방적으로 관계를 끊으려 하는 것이다. 사람이 물과 관계를 정리하겠다고 마음먹은 이유는 무엇일까? 남녀가 서로 사랑하다가 이별할 때 가끔 써먹는 말대로, 사랑하기 때문에 보낼 수밖에 없었을까. 아니면 사랑하다가 나중에 미워져서, 혹은 처음부터 진정으로 사랑하지 않았기 때문에 걷어 차버린 것일까. 이유는 그리 복잡하지도, 심난하지도 않다.

사람이 길을 낼 때 터널공법이니 폭파공법이니 하는 새로운 기술을 사용하면서 더 이상 물길에 의존하지 않아도 되기 때문이다. 굳이 물을 따라 꼬불꼬불 갈 필요가 없다. 높은 산을 만나면 폭약으로 터널을 뚫어 통과해버리면 그만이다. 우리나라에서도 요즘 새로 놓이는 고속도로는 예전처럼 물길만 따라가지는 않는다. 험준한 산에 구멍을 내거나, 넓은 강에 다리를 놓아 곧게 나아간다.

또 물이 많은 곳은 대개 낮고 평평한 지형이라 사람이 많이 모여 살게 마련이고, 부담스럽게도 땅값이 비쌌다. 결국 사람은 물의 길과 어깨를 나란히 하면서 언제나 함께 다녀야 할 필요성을 점점 덜 느끼게 되었다. 사람은 물길의 이용가치가 예전만 못하다고 생각하기에 이르렀다.

결국, 달면 삼키고 쓰면 뱉는 계산법이 사람이 물을 배반한 가장 큰 이유다. 이제 사람은 물 없이도 잘 살아갈 수 있을까? 사람들은 단순히 물로부터 독립하려는 마음을 먹는데 그치지 않고, 물을 괴롭히려 든다. 흐름을 막거나 더럽히기 예사다.

인간이란 원래 자신의 편의에 따라 쉽게 표변하는 존재가 아니던가. 이에 비하면 물은 인간보다 마음이 훨씬 너그럽다. 아직까지는 자신을 더럽히거나 다스리려 드는 인간을 느긋이 지켜보아주는 듯하다. 물은 인간에 의해 끊임없이 오염되는 희생을 무릅쓰면서도 지저분하거나 독이 든 것들을 정화하는 일을 한시도 쉬지 않는다. 세상에 물보다 더 뛰어난 정화제가 있을까.

한강도 금강도 낙동강도 영산강도 발원지를 깨끗한 모습으로 출발한 이후 온갖 고약한 것들을 끌어안고 흐르다가 멀리 넓은 바다에 부려놓는다. 그러다가 자신도 더럽혀지지만 정화의 수고를 마다하는 법이 없다.

중국의 서부 지역에서 발원해 내몽고를 거쳐 서해로 흘러드는 황하(黃河). 말 그대로 황토 빛깔의 누런 강물이다. 황하의 물도 발원지에서는 황토 빛이 아니라 아주 투명한 빛이었을 것이다. 중국 서북부의 건조한 사막에서 발생하는 엄청난 양의 황토먼지를 데리고 흐르다보니 자신이 황토 빛이 되고 말았다.

만약 황하가 시뻘겋지 않고 여느 물처럼 투명하다면? 황하가 운반하지 않은 양만큼의 황토먼지가 바람을 타고 날아오를 것이고, 중국인들은 그만큼 더 많은 먼지를 뒤집어쓰거나, 들이마셔야 할 것이다. 어쩌면 황하에 의해 운반되지 않은 먼지들은 서풍을 타고 한반도로 건너올 지도 모른다. 그래서 해마다 봄이면 많은 황사피해를 겪는 우리나라 사람들은 그만큼 더 많은 고통을 당해야 할지 모른다.

사람들은 물이 정화기능을 행하는 속도가 너무 느리다면서 조급해하며 화를 내곤 한다. 아예, 물에 의한 정화기능의 존재를 부정하는 사람도 있다. 그런 사람들은 으레 목욕이나 빨래를 할 때 고속 정화를 위해서라며 물속으로 합성세제를 마구 뿌려댄다. 그들은 합성세제가 진정으로 물의 정화작용을 도와줄 것으로 생각하는 것일까? 실제로는 물의 정화기능을 떨어뜨릴 뿐이다.

물에다 합성세제를 함부로 뿌리는 것은 기다릴 줄 모르는 태도에서 비롯되었다. 기다릴 줄을 모르는 조급함은, 넉넉한 기다림을 가진 물의 속성을 신뢰하지 않는 태도에서 나왔다. 그 결과는 어떤가. 물을 더럽히고 나중에는 자신마저 더럽히는 자해행위로 돌아올 뿐이다. 인간에 의한 들판의 수난사는, 곧 들판을 가로질러 흐르는 물의 수난사라 해도 지나침이 없을 듯하다.

비늘 읽기

붕어는 낚시꾼에 의해 물 밖으로 나올 때 비늘로 말을 한다. 낚시꾼은 붕어를 맞을 때 비늘을 읽으면서 자신의 반가운 마음을 전한다.

물의 붕어와 뭍의 낚시꾼이 만나는 순간은 사뭇 감동적이다. 붕어는 바깥으로 나올 때 몸을 퍼덕거리면서 여러 차례 힘찬 용틀임을 한다. 그때마다 몸을 촘촘하게 둘러싸고 있는 수많은 비늘들이 하나하나 빳빳이 곧추 서는 듯하다. 몸의 표면에 누워 있던 비늘이 들떠 일어설 때는 창의 날처럼 예리한 긴장감을 낚시꾼에게 던진다. 자신의 몸에 함부로 손대지 말라는 경고의 뜻일까?

또 붕어는 햇살이 좋은 한낮에 물 밖으로 나올 때는 빼곡히 박힌 비늘로 햇빛을 받아 다시 이리저리 튕겨낸다. 그 순간 용틀임에서 발하는 생명력은, 비늘이 발산하는 은빛 광채에 의해 더 강한 이미지로 낚시꾼에게 와 닿는다. 붕어가 동 틀 무렵 밖으로 나올 때는 비늘이 황금색으로 찬란하게 빛나면서 낚시꾼의 마음을 벅차오르게 한다. 석양이 물들 무렵에는, 벌겋게 상기된 비늘이 노을만큼이나 곱다.

비늘 없는 물고기를 생각해본 적 있는가. 사람에게 비늘은 물고기를 물고기답게 하는 가장 뚜렷한 상징이다. 비늘 없는 물고기라면 정육점 진열대의 갈고리에 매달린 쇠고기의 이미지다. 그 쇠고기에서는 생명력이 느껴지지 않는다.

좀 우스꽝스러운 상상이지만, 만약 낚시꾼이 물가에서 낚시로 물고기를 낚아 올렸는데 비늘이 모두 빠져버린 녀석이라면? 물론 어리석은 물음이라 대꾸할 가치가 없다. 하긴 붕어가 산란을 마친 직후에는 몸의 여기저기에 비늘이 빠진 채 낚시에 걸려들기도 한다. 그 모습에서 새 생명을 만들어내는 진한 모성애가 느껴지긴 하지만 어쩐지 위엄이 없고 추레해 보인다. 그래서인지 낚시꾼의 시각을 강하게 자극하지 않는다. 사람들이 물고기 비늘로부터 자주 떠올리는 느낌은 위엄스러운 자태나 아름다움이나 질긴 생명력이 아닐까싶다.

사람들은 흔히 물고기 비늘로부터 위엄의 자태를 찾아보려 한다. 붕어나 잉어라면 꼬리 쪽에서 머리 쪽을 향해 손으로 쓰다듬어 갈 때 느껴지는 까칠까칠한 감촉, 손으로 눌렀을 때 느껴지는 딱딱하고 단단한 질감. 먹이사슬이 지배하는 험한 물속세상을 살아가는 꿋꿋함, 혹은 위용의 상징으로 와 닿는다.

물고기는 정말로 비늘을 통해 자신의 위엄을 세우려는 의사가 있을까? 약육강식의 질서가 지배하는 들판에서는 물소가 사자나 호랑이 같은 천적에게 위엄을 보이려고, 뿔을 나무나 돌에 비벼 갈거나 언덕에 부딪쳐 단련시킨다고 한다. 물고기에게도 그런 위엄을 갖추려는 뜻이 있을까? 실제로는 사람의 의중과 달리 물고기는 비늘로 자신의 위엄을 세우려는 마음이 전혀 없을지 모른다. 어차피 사람들이 비늘에 대해 갖는 상상은 당사자인 물고기의 마음을 알지 못하는 한 일방적일 수밖에 없다.

어쩌면 비늘은 물고기에게 신체의 일부로서 방패나 안테나의 역할, 그 이상도 이하도 아닐지 모른다. 실제로 비늘은 다른 물고기의 이빨공격으로부터 속 피부를 보호하거나, 세균의 침입을 막아낸다. 낚시꾼은 물가에서 가끔 외상을 입은 물고기를 만나곤 한다. 이때 어느 한 부위에만 비늘이 빠져 있는 모습이라면 천적의 이빨공격을 받았을 가능성이 크다. 아마 비늘이 없었더라면 더 심한 상처를 입었을 것이다. 그리고 좌우 양쪽의 중앙에, 가슴에서 꼬리 부근에 이르는 비늘에는 옆줄이 점선으로 새겨져 있다. 옆줄은 수온이나 수심, 침입자가 일으키는 물의 파동 등을 감지하는 안테나이자 센서다.

기능적으로만 보자면 비늘은 물고기의 목숨을 지키는데 없어서는 안 될 방패이자 안테나인 셈이다. 하지만 사람들은 비늘을 방패와 안테나로만 머물게 내버려두지 않았다. 무슨 이유에서인지 비늘로부터 위엄의 풍모를 찾아내 느껴보려 했다.

사람들은 물고기뿐 아니라 육상의 짐승들이 지닌 비늘로부터도 위엄의 풍모를 찾아내려했다. 이를테면 닭이나 꿩처럼 새의 발에 나있는 퇴화된 듯한 비늘을 위엄과 연관지어 생각하곤 했다. 그 비늘 흔적은 진화단계로 볼 때 이들이 물에서 살았음을 나타내는 증거라 말하는 사람도 있다. 새들이 비늘을 버리고 털을 갖게 됨으로써, 물을 버리고 뭍을 갖게 되었다고 한다.

물 밖으로 나온 새들은 몸에서 비늘이 없어지자 더 이상 위엄을 부릴 수 없고 위용을 잃게 된 것이 아닐까. 그래서 새들 가운데 일부는 위엄 갖추기

의 용도로 새롭게 발달시킨 몸의 일부가 있는데, 그것이 이마에 우뚝 솟은 볏이라 한다.

볏은 원래 동양에서는 벼슬, 즉 위엄 있는 관직을 가리키는 말이었다. 사람들이 닭의 볏을 계관(鷄冠)으로 부르는 것도 그런 연유에서란다. 흔히 닭은 싸움할 때, 가장 먼저 상대의 볏을 부리로 쪼아대는 습성을 갖고 있다. 상대방의 기세 혹은 위엄을 꺾어 기선을 제압하려는 의도라 한다. 사람들은 오래전부터 수탉이나 장끼의 이마에 높이 돋아난 볏을 보면서 그런 상상을 하곤 했다. 사람도 관복 따위로 위엄을 갖추려할 때 이마 쪽에 화려한 장식을 한 사모(紗帽)를 얹곤 하지 않았던가.

사람들이 상상 속에서 갖고 있는 비늘에 대한 위엄의 이미지는 용에서 절정에 이른다. 용이 물고기인지 날짐승인지 뭍짐승인지 알 수 없지만, 예로부터 사람들은 용을 그릴 때 몸에 물고기처럼 촘촘하게 박힌 비늘을 낱낱이 새겨 넣었다. 승천하는 용이 제아무리 발톱을 날카롭게 세우고 구름을 일으켜봐야 몸에 비늘이 그려지지 않으면 위엄의 자태가 느껴지지 않았을 것이다. 비늘이 그려지지 않으면 아예 용의 이미지로 보이지 않을지도 모른다.

전장에서 장수의 생명을 지켜주는 갑옷미늘도 물고기 비늘에 착안해 만들어지지 않았을까? 물고기는 온몸에 비늘을 덮고 있지만 물속을 유연하게 헤엄친다. 만약 갑옷미늘이 물고기 비늘처럼 여러 개의 쇳조각들을 잇대는 방식으로 만들어지지 않았다면, 곧 하나의 넓은 철판으로만 만들어졌다면, 장수는 몸을 제 마음대로 놀릴 수 없었을 테다.

물고기 비늘은 사람들에게 반드시 위엄의 상징으로만 받아들여지는 것은 아니다. 아름다움의 자태로 느껴지기도 한다.

많은 물고기들은 산란시기에 일시적으로 혼인색을 띠며 비늘색깔을 바꾼다. 낚시꾼으로부터 많은 사랑을 받는 붕어는 혼인색을 잘 나타내지 않는다. 하지만 피라미나 송어나 연어 같이 물살이 센 곳에 사는 물고기는 대부분 번식시기에 비늘을 울긋불긋 물들인다. 당사자가 아니고서야 비늘색깔을 바꾸는 진정한 뜻을 알 수 없다. 하지만 사람들은 대개 그 변색을 암수 짝짓기를 위한 유혹의 뜻으로 풀이하곤 한다. 이성을 유혹하려면, 사람처럼, 몸단장을 할 것이라는 생각에서다.

또 붕어를 좋아하는 사람들은 그 비늘을 전통 기와지붕의 아름다움에 비유하기도 한다. 비늘 하나하나가 지닌 가장자리의 원만한 선, 여러 개의 비늘들이 서로 살짝 겹치면서 몸을 촘촘히 덮고 있는 모습, 비늘의 어지럽지 않은 간결한 색깔. 붕어비늘의 이런 자태가 기와지붕의 고풍스런 미를 떠올린다는 것이다.

물고기의 미적 감흥은 비늘 생김새로 결정된다고 해도 지나친 말은 아닐 듯하다. 대부분의 물고기들은 몸 전체를 비늘로 덮고 있기 때문이다. 낚시꾼들도 비늘로부터 물고기의 멋과 아름다움을 찾으려 한다. 비늘의 자태가 아름다우면 물고기도 곱게 느껴지게 마련이다. 그래서 사람들은 예로부터 비문의 탁본을 뜨듯 정성스레 어탁을 뜨는 물고기 감상법을 향유해왔다.

흔히 물고기 비늘은 나무의 나이테에 비유된다. 낚시꾼은 붕어를 맞이할 때 낱낱의 비늘 하나가 얼마나 넓고 두꺼운지에 따라 연륜을 가늠한다. 대개 나이를 많이 먹은 녀석일수록 비늘이 넓고 두껍다. 비늘에는 나무의 나이테나 지도의 등고선을 닮은 원만한 선이 굴곡을 이룬 채 일정한 간격으로 겹겹이 나 있다. 붕어가 봄, 여름, 가을에 성장하다가 겨울 한 철 성장을 멈춘 흔적이 비늘에 오롯이 새겨져 있는 것이다. 또 나이가 들수록 둥근 굴곡의 선이 개수가 많아진다. 그 선은 비늘가장자리 쪽으로 물결처럼 넓게 퍼져나가는, 움직이는 듯한 형상을 하고 있다. 나이가 들수록 비늘이 넓어지고 그 표면에 새겨진 나이테도 아름다워진다.

대개 비늘은 물속환경을 닮는다. 살아가는 환경에 따라 비늘은 저마다 빛깔과 생김새가 다르다.

붕어라면, 탁한 물에 사는 녀석은 대체로 어두운 갈색을 띠며, 투명한 물의 녀석은 밝은 은백색을 보인다. 만약 물이 탁한 곳의 붕어가 밝은 은백색을 띤다면, 천적에 쉽게 노출돼 제 수명을 다하기 어려울 것이다. 바위가 많거나 물살이 센 척박한 곳에 사는 붕어는, 수초가 많거나 물 흐름이 약한 곳의 붕어에 비해 비늘이 두껍고 단단한 편이다. 척박한 곳의 붕어는 비늘이 산뜻하지 않고 어두운 편이다. 또 그런 곳의 붕어는 깨알만한 작은 점들이 불규칙하게 몸 구석구석의 비늘에 박혀 있다. 깨알 점은 거친 환경에서 자신의 목숨을 지키고 자손을 퍼뜨리면서 당당하게 살아온 표상이며, 그 공로로 자연으로부터 선사받은 훈장이다.

낚시꾼은 물가에서 맞이한 물고기의 모습, 곧 비늘 생김새로부터 녀석의 환경에 대한 뛰어난 적응력을 음미하고 상상해볼 수 있다. 그 적응력은 먹고 먹히는 험한 물속세상에서 살아남으려고 오랜 세월 시행착오를 거듭하며 길러낸 것이리라.

비늘을 읽을 때는 비늘의 촘촘함만큼 꼼꼼한 태도가 필요하다. 비늘로부터 떠올릴 수 있는 느낌은 그 촘촘함만큼이나 다채롭다. 물고기의 예쁜 자태, 물고기의 생존방식과 생활사, 비늘의 곡선미 등 감상의 여러 주제들이 비늘에 올망졸망 몽땅 새겨져 있다. 사람은 멀리서 보면 아름다울지라도 가까이서 보면 허물이나 흉이 잡힐 수 있다. 그런데 눈앞의 물고기를 비늘로 보면 아름다운 것만 보인다.

비늘 읽기는 바로 눈앞의 물고기를 상대로 하는 최단거리 감상법이다. 그래서 대상의 미세한 움직임이나 굴곡까지 생생하게 포착해낼 수 있다. 어떤 낚시꾼은 비늘을 읽으면서 물고기의 심리상태까지 읽어낼 수 있다고 말한다. 용한 사람은 그림을 눈앞에 가까이 두고 보면, 붓질하던 화가의 심리를 읽어낼 수 있다지 않은가.

물고기를 맞아 소통하는 방식은 여러 가지다. 그 가운데 낚시꾼이 물가에서 비늘을 읽는 것이 생명의 신비함이나 생동감을 가장 진하게 즐길 수 있는 방식이다.

붕어 예찬

붕어는 우리나라 물고기 가운데 가장 많은 낚시 팬을 거느리고 있다. 호수에서든 강에서든 수많은 낚시꾼들을 달고 다닌다. 붕어를 보려는 낚시꾼들은 낮과 밤을 가리지 않는다. 붕어는, 인간의 무분별한 개발이나 물의 오염 탓으로 그 수가 날로 줄어들고 있지만, 아직은 가장 자주 볼 수 있는 물고기 가운데 하나다. 또 붕어낚시는 민물낚시를 대표한다할 만큼 낚시꾼들이 가장 즐기는 낚시다. 붕어는 왜 사람들에게 사랑을 많이 받을까?

붕어는 물살이 아주 센 여울이 아니라면 민물의 어디에서나 살 수 있다.

탁한 물에 견디는 내성이 강해, 살면서 수질을 별로 가리지 않는다. 낚시에 의해 물 밖으로 나와도 햇볕만 적당히 가려진다면 한 시간쯤은 숨을 잃지 않고 거뜬히 견디어낸다. 잡식성이라, 풀이든 벌레든 조류든 먹이를 가리지 않는다. 사람으로 치자면, 주변 여건이 좀 마음에 들지 않더라도 언제 어디서나 잘 먹고 잘 자는 습성을 지닌 셈이다. 그래서 질긴 생명력을 갖고 있다. 서민적인 물고기다. 몸 빛깔도 은백색의 배 부분을 제외하면 대체로 갈색으로, 현란하지 않고 수수하다.

특이하게도, 흐르는 강과 같이 물살이 센 곳의 바위틈에서 살아가는 붕어는 낚시꾼들 사이에서 '돌붕어'로 불린다. 작은 몸집에 비해 힘이 장사다. 아마 강한 물살에 견디고 적응해야 하는 험한 환경에서 살다보니 몸집은 별로 커지지 않고 그 대신 힘이 길러지게 됐나보다. 낚시꾼들 중에는 좀 더 진한 손맛과 생명력을 느껴보려고 이 돌붕어만 좇는 사람이 더러 있다.

붕어는 수많은 종류의 물고기 가운데 자연의 빛깔을 가장 많이 닮았다. 태어나 일생을 마칠 때까지 현란한 치장으로 뽐을 내는 법이 없다. 주위의 다른 물고기들이 산란 혹은 번식 시기를 맞아 울긋불긋 찬란한 혼인색으로 몸단장을 하더라도, 붕어는 늘 한결같이 자신의 본래 빛깔을 지킨다. 생명력 강하고, 현란한 색깔로 자신을 뽐내지 않고, 웬만큼 탁한 곳에서도 살 수 있으니, 인간의 탐욕만 끼어들지 않는다면 멸종에 이를 위험이 크지 않다. 사람이라면 명줄 길고, 검소하고, 성실하고, 듬직한 성품이다. 그런 이유로 사람들이 붕어를 좋아하나보다.

흔히 사람들은 붕어가 일본에서 늘어온 떡붕어와 생김새가 비슷하다고 말한다. 그래서 이 둘을 구분하기가 쉽지 않다고 하소연한다. 하지만 조금만 관심 있게 살펴보면 붕어는 떡붕어와는 확연히 다르다.

우선 떡붕어는 몸 색깔이 은백색으로 붕어에 비해 전체적으로 밝은 편이다. 붕어에 비해 비늘의 선이 뚜렷하지 않으며, 피부를 손으로 눌러봤을 때 단단하지 않고 탄력성이 떨어진다. 붕어는 몸의 윤곽이 전체적으로 완만한 곡선을 이룬다. 날씬한 유선형이다. 이에 비해 떡붕어는 가슴과 어깨 쪽의 체고가 높고 넓은 반면 꼬리 쪽은 매우 낮고 좁다. 꼬리 쪽으로 갈수록 몸이 급격히 가늘어지는 모습이다. '떡'이란 수식어가 붙은 이유는 가슴과 어깨 쪽의 몸이 마치 시루떡처럼 넓어, 날씬한 붕어와 구별되기 때문이다. 자라는 속도가 붕어보다 빠르고, 다 자란 성체의 몸집도 붕어보다 크다.

떡붕어는 큰 덩치에 비해 낚시꾼이 느끼는 손맛이 붕어에 뒤진다. 미끼를 입에 문 채 저항하는 힘이, 붕어와 달리, 오래 지속되지 않는다. 불과 몇 초 동안 힘을 쓰나싶더니 이내 저항을 포기한 채 순순히 끌려 나온다. 넓은 어깨를 가진 모양새로 봐서는 큰 힘을 쓸 것 같지만 지구력이 약하다. 게다가 입질할 때 찌를 길게, 높이 올리지 못해 낚시꾼의 시각을 만족시키지 못한다. 찌를 제대로 올리지 못함은 먹이를 취할 때 입이 짧아 께적거리는 습성이 있음을 뜻한다. 눈에 들지 않는 물고기라면 마음에도 들지 않을 것이다.

그런데도 사람들 사이에 떡붕어가 붕어인 양 잘못 여겨지는 사달이 심심찮게 벌어진다. 수년 전 서울의 어느 초등학교에서 선생님이 여름방학 숙제로 붕어를 관찰한 뒤 사진을 찍어오라 했더니 많은 학생들이 떡붕어 사진을 갖고 왔더란다. 붕어로서는 자신의 정체성을 올바르게 인정받지 못하는 억울함을 겪고 있는 셈이다.

낚시꾼이 붕어를 만났을 때 느끼는 반가움은 말로는 다 표현할 수 없다.

특히 월척(越尺, 어떤 국어사전에 '낚시에서, 잡은 물고기의 길이가 한 자 남짓함, 또는 그 물고기'로 풀이되어 있다)을 했을 때는 평생 잊을 수 없는 감격일 것이다. 대개 낚시꾼들 사이에서 월척이란 붕어에게만 해당되는 말이다. 붕어 이외의 물고기로는 아무리 몸집이 큰 녀석을 낚았다 해도 월척으로 치지 않는다. 월척 붕어라면 먹이사슬이라는 냉혹한 자연 질서를 견디고, 인간에 의한 물의 오염과 서식처 파괴를 이기고, 외래 물고기의 먹이사냥을 피해가며 얼추 십년 세월을 살아왔을 생명이 아닌가. 낚시꾼에게 월척은 단순히 '길이 한 자가 넘는 붕어 한 마리'로만 받아들여질 수 없다.

물속의 자연색을 그대로 빼닮은 빛깔, 흐트러지거나 빠짐없이 가지런하고 촘촘히 박힌 비늘, 원하는 곳이면 어디든지 빠르게 나아갈 수 있게 발달한 유선형의 몸매. 그리고 등과 가슴과 꼬리와 배에 매달린 채 물속에서 방향타 역할을 했을 부챗살 모양의 지느러미, 순진무구해 보이는 동그란 눈망울, 벌림과 오므림의 동작만 거듭하고 있어 거짓을 말할 줄 모를 듯한 입. 게다가 포식자들의 접근을 무수히 감지하면서 그때마다 위험신호를 뇌에게 전달했을 기다란 점선의 옆줄……. 낚시꾼의 손바닥에 놓인 붕어의 자태다. 어찌 사랑받지 않겠는가. 녀석이 물속으로 돌아갈 때는, 인간의 박해나 외래물고기의 등쌀에 굴하지 말고 자손을 많이 퍼뜨리라는 말을 낚시꾼으로부터 듣곤 한다.

미처 예상하지 못한, 일 년에 한번 있을까말까 하다는 월척의 행운과 감격을 누렸다면 낚시꾼은 자신도 모르게 마음을 비울 것이다. 낚시가방을 꾸릴 때까지 붕어를 더 이상 만나지 못하더라도, 그의 마음엔 단 한 점의 아쉬움노 남시 않으리라.

피라미, 구차하지 않은 강직함

낚시꾼이 물가에서 붕어에 못지않게 자주 만날 수 있는 물고기는 피라미일 것이다. 피라미는 붕어와 함께 우리나라 민물에서 개체수가 가장 많은 물고기 가운데 하나다. 흔한 탓인지는 몰라도, 피라미는 사람들 사이에서 보잘 것 없는 존재로 통한다. 그래서 '피라미 같은 녀석'이라면 상대방의 인격을 비하하는 심한 욕설이다. 피라미가 그런 이미지를 뒤집어쓴 채 살아가야 하는 현실이라면 그로서는 억울하지 싶다. 하지만 피라미의 속성을 제대로 아는 사람이라면 그런 욕설을 입에 담지 않을 것이다.

피라미는 붕어보다 몸집이 훨씬 작다. 다 자란 녀석도 길이가 대개 20센티미터를 넘지 않는다. 길이만 짧은 것이 아니라 너비도 좁다랗다. 몸의 빛깔은 붕어보다 화려하고 밝은 편이다. 등은 갈색을 띠고 있으면서 배와 옆구리는 눈이 부실 정도로 광채가 나는 환한 은백색이다. 또 산란을 하는 시기에는 화려한 혼인색을 띤다. 마치 붉은 색이나 청록색의 컬러 물감으로 곱게 분단장을 한 듯하다. 붕어보다 몸 색깔이 더 맑고 화려하다.

그래서인지 피라미는 버들치나 각시붕어나 갈겨니 등과 같이 몸단장을 잘 하는 녀석들과 곧잘 어울려 다닌다. 붕어보다는 좀 더 말끔한 물에서 살아간다. 붕어보다 물살이 조금 더 빠른 상류에, 물색이 조금 더 투명한 곳에서 무리 지어 살아간다. 피라미는 강이나 호수에서 붕어와 함께 살아가기도 하지만 붕어에 비하면 혼탁함에 견디는 힘이 좀 약한 편이다. 얕고 좁은 실개천이나 여울에서는 붕어는 볼 수 없어도, 머리를 상류를 향해 둔 채 은빛 광채를 번득이면서 헤엄치는 피라미 떼는 자주 볼 수 있다. 피라미는 하류의 물이 탁한 곳보다는 물 흐름이 빠른 상류의 투명한 곳을 좋아하기 때문이다. 아무 곳에나 함부로 몸을 의탁하지 않을 듯한 풍모가 피라미에서 느껴진다.

피라미는 성미가 까다롭고 급한 편이어서 외부의 자극에 민감하다. 낚시질에 의해 물 밖으로 나왔을 때, 붕어와는 달리, 몇 분 지나지 않아 곧 자신의 목숨을 버리고 만다. 그래서 피라미 앞에서는 낚시꾼들도 마음이 다급해질 수밖에 없다. 물가에서 피라미를 손님으로 맞았을 때는 그 자태를 감상할 충분한 여유가 없이 곧바로 물속으로 되돌려 보내야 한다. 개똥에 굴러도 저승보다는 이승이 더 낫다는 속담 속의 구차한 삶이나 적당한 타협이 피라미에게는 영 어울리지 않는다. 그런 태도로 볼 때, 피라미는 외모만큼이나 깨끗한 성품을 지닌 물고기다.

그렇다면, 피라미는 생명력이 약한 물고기로 여겨질 수도 있겠다. 하지만 실제로는 피라미는 이 땅의 민물에서 붕어에 못지않게 많은 개체수를 가진, 생명력이 강한 물고기다.

강한 생명력은 아마 강한 군집성이나 번식력 덕분일 것이다. 피라미는 여느 민물고기와는 달리 물속에서 늘 떼로 몰려다니며 집단생활을 한다. 무심코 시냇물에 밥풀 한 알을 던져 넣었을 때 곧바로 떼로 몰려드는 녀석들이 피라미다. 붕어 낚시꾼들도 낚시터에서 미끼를 향해 떼로 달려드는 피라미들의 성화를 자주 경험한다. 이들은 천적의 공격에도 공동 대응을 한다. 또 번식시기에는 암수가 함께 강바닥의 자갈이나 모래를 깊이 파헤쳐 산란자리를 마련한다. 알이나 새끼를 천적으로부터 보호하기 위한 의도다.

피라미는 단일 개체로서는 약해 보일지라도 종 전체로는 강한 생명력을

지녔다. 그래서 다른 물고기에 비하면 피라미는 세상에서 모조리 한꺼번에 사라질 위험이 덜한 편이다. 물론 인간의 횡포가 오래 계속된다면 피라미도 견디지 못해 사라질 수밖에 없겠지만.

　요즘 세상에 피라미의 이런 독특한 성미와 자태를 감상하려는 낚시꾼들이 예상 밖으로 참 많다. 붕어낚시 채비로도 피라미를 가끔 만나곤 한다. 하지만 피라미만 상대하기 위한 별도의 낚시채비가 있다. 피라미낚시꾼들은 피라미가 많이 사는 곳을 일부러 골라 찾아간다. 거기서 '털바늘 낚시'라는 기법을 쓰곤 한다. 이 낚시는 가늘고 짧은 털 뭉치 속에 감추어진 작은 바늘을 여울물에 흘려보내는 기법이다. 털바늘이 파리 같은 곤충을 닮았다. 피라미는 이 털바늘을 곤충 같은 먹이로 착각함으로써 그만 유혹당하고 만다.
　피라미낚시꾼은 붕어낚시꾼보다는 수가 많지 않다. 그들은 왜 피라미를 애써 찾아다니는 걸까? 아마도 혼탁한 물에서는, 사람에 의해 더럽혀진 환경에서는 숨을 쉬지 않겠다는 듯한 품성을 피라미로부터 느껴보려는 뜻이 아닐까. 또 낚시에 걸려들었을 때 이내 숨을 멈춰버리고 마는 피라미의 태도에서, 어지러운 세상과 함부로 타협하지 않겠다는 듯한 강한 고집을 느껴보려는 뜻이 아닐까. 마치 전장에서 적에게 생포되었을 때 구차하게 목숨을 이어가기보다는 차라리 죽음을 선택하겠다는 듯한 비장하고 강직한 태도가 피라미로부터 풍겨난다. 불행하게도, 사람세상에서는 굴종을 강요하거나, 굴종의 삶을 살아야 하는 이가 얼마나 많은가.
　피라미 꾼들에게는 어쩌면 피라미를 만난다는 것이 시대를 거슬러 올라 대쪽같은 선비를 만나는 듯한 설렘일 수도 있겠다. 대의명분을 위헤서라면 목숨마저 초개같이 버리려 했던 강직함이, 가치관의 혼란을 겪는 오늘날 새삼스레 더욱 소중하게 느껴질 수도 있겠다. 피라미 꾼들에게 피라미낚시는 현실에서는 충족하지 못하는 그리움을 찾아나서는 길일 수도 있겠다. 그러면서 피라미가, 어지럽고 시끄러운 세상이 싫어 틈만 나면 물가로 달려 나오는 자신을 닮았다고 생각하게 될지도 모를 일이다.

이젠 세상 어디에도 '피라미 같은 녀석'은 없다.

가물치와 쏘가리 사이

이 땅의 민물고기 가운데 먹이사슬에서 가장 높은 곳에 자리 잡은 녀석이 뭘까? 아마 가물치와 쏘가리라는데 토를 달 사람은 아무도 없을 것 같다.

가물치는 바닥이 진흙 따위의 감탕으로 된 늪이나 웅덩이에서 주로 살아간다. 물 흐름이 거의 없는 곳이다. 그래서 가물치가 사는 곳에는 마름이나 연이나 부들이 우거져 있게 마련이다. 물색이 투명한 곳보다는, 곱고 부드러운 흙 알갱이가 녹아 있어 탁하고 흐릿한 곳을 좋아한다. 오랜 세월에 걸쳐 강이 범람하면서 부드러운 흙을 쌓아놓은 벌판 습지에는 어김없이 가물치가 산다. 이를테면, 낙동강 하류의 퇴적지형인 경남 김해나 함안이나 의령이나 창녕의 너른 저습지에는 가물치가 많기로 유명하다.

이에 비해 쏘가리는 이른바 '일급수'라는 맑은 물에서 살아간다. 물살이 비교적 빠른 곳에서 바위나 돌 틈을 서식처로 삼는다. 호수라면 바닥이 감탕이 지지 않아 물색이 투명한 곳이 녀석들의 서식처다. 강이라면 물 흐름이 제법 빠른 상류에서 주로 살아간다. 한강이나 금강이나 섬진강의 상류 쪽이라면 쏘가리를 어렵지 않게 볼 수 있다.

가물치와 쏘가리는 살아가는 환경이 서로 확연히 달라 먹이나 서식처나 산란장소 등을 놓고 경쟁을 벌일 일이 없다. 서로 마주칠 일도 별로 없다. 이 둘은 사이좋게 제각기 서로 다른 물속세계를 나눠 가진 채, 물속 먹이사슬의 맨 꼭대기 포식자로 군림하고 있다.

사람들의 상상만으로는, 이들이 사이좋은 관계인 것처럼 보인다. 둘 다 같은 민물에 살면서도, 상대방의 영역을 침범하지 말고 각자의 생태계에서 왕초노릇을 하자고 마치 계약이라도 맺은 것처럼 보인다. 하지만 어쩌면 그들은 서로의 존재조차 모르는 채 지내는지도 모른다. 그만큼 살아가는 환경에 큰 차이가 난다. 우리나라 지도로 보건대, 가물치가 많이 사는 곳이 남서쪽의 강 하류 부근이라면 쏘가리는 중부나 동부의 내륙 상류 쪽이다. 이 두 물고기가 남한의 물속세계를 서로 분할 통치하고 있는 셈이다.

이들은 모두 육식성이라 살아 움직이는 것만 먹이로 취한다. 그래서 낚시꾼들은 이들을 상대할 때 붕어낚시의 찌낚시 기법을 쓰지 않는다. 얼레에 낚싯줄을 감은 릴낚싯대로 루어기법(개구리나 지렁이 같은 동물 모양을 본뜬 인조미끼를 줄에 매달아, 물고기가 있을 만한 곳에서 흔들어 움직임으로써 물고기가 물도록 유혹하는 낚시)을 즐겨 쓴다.

가물치를 낚으려면 튼튼한 낚싯대와 질긴 낚싯줄과 단단하고 굵은 바늘을 써야 한다. 가물치는 낚시에 걸렸을 때 저항하는 힘이 매우 강하기 때문이다. 그래서 시중에는 가물치를 상대하기 위한 릴낚시 장비가 따로 나와 있다. 가물치낚시를 하려는 이유는 다른 물고기에서는 경험할 수 없는 강력한 힘을 느껴보기 위힘일 것이다. 가물치는 다 자랄 경우 길이가 자그마치 70~90센티미터에 이를 정도로 민물고기 가운데 몸집이 가장 크고, 힘도 가장 세다. 그래서 가물치낚시는 붕어를 상대하는 찌낚시와는 다른 세계의 낚시다. '민물의 제왕'을 손님으로 맞이하는, 이 땅의 낚시 가운데 가장 힘찬 낚시다.

쏘가리도 찌가 매달려 있지 않은 루어낚시 장비로 낚아낸다. 낚시에서 저항하는 힘은 가물치보다는 강하지 않다. 하지만 대개 다 자라도 길이가 40~50센티미터인, 상대적으로 작은 체구에 비하면 결코 힘이 약하다할 수 없다. 그리고 성미가 매우 사납고 난폭하기로 낚시꾼들 사이에 소문나 '민물의 폭군'으로 통한다. 쏘가리낚시는 남한강 윗줄기인 단양이나 제천 근처에서, 또 북한강 윗줄기인 소양강의 양구 근처에서 널리 행해진다.

가물치는 큰 입과 함께 날카로운 이빨을 지녀 다른 물고기들을 공격하는 무기로 삼는다. 낚시꾼들도 낚시를 하면서 종종 가물치 이빨에 물려 손에 상처를 입곤 한다. 그러니 여느 물고기들이 가물치로부터 느끼는 무서움은 보통이 아닐 것이다.

가물치의 배속을 살펴보면 배스나 블루길 같은 외래물고기들이 소화되지 않은 채 들어있는 모습을 가끔 볼 수 있다. 가물치가 배스나 블루길을 공격해 먹잇감으로 삼는다는 증거다. 가물치는 물속에서만큼은 천적이 없는 셈이다. 다만 알이나 치어 상태에서는 다른 물고기의 먹잇감이 될 수 있다. 하지만 가물치는 산란철이 되면 수초나 나뭇가지를 한데 모아 보금자리를 만들고 그 속에다 알을 낳아 숨기면서 보호한다. 암컷과 수컷이 함께, 알이 깨어나고 새끼가 웬만큼 자랄 때까지 보금자리를 떠나지 않고 지켜준다.

가물치는 여느 물고기처럼 물속에서 아가미로 산소를 빨아들이는 호흡을 할 뿐 아니라, 물고기로는 드물게 물 밖에서도 인간처럼 공기로 숨을 쉰다.

그래서 강한 햇볕을 직접적으로 받지 않는다면 물 바깥에서도 수십 시간을 거뜬히 견디는 질긴 생명력을 갖고 있다.

가물치는 어쩌면 민물고기 가운데 진화의 역사에서 인간과 가장 가까운 생명일지 모른다. 사람으로 치면 폐에 해당하는 공기주머니를 달고 있어 공기로도 숨을 쉰다니 다른 물고기에 비해 많은 진화를 거친 셈이다. 또 자신과 겉모습이 닮은 뱀과도, 공기호흡을 한다는 점에서 공통점을 갖고 있다. 가물치와 뱀의 차이라면, 진화의 역사에서 뱀이 가물치보다 물에서 뭍으로 조금 더 일찍 나왔다고나 할까? 가물치는 뱀과 생김새에서, 그리고 숨쉬는 방법에서 많이 닮았다.

가물치가 살아가는 고인 물은 흐르는 물에 비해 수온이 높은데다 부영양화 등으로 부패가 빠르다. 그래서 산소가 늘 부족하다. 게다가 고인 물에서는 마름이나 연, 부들 등이 부패하는 늦가을부터 초봄까지 물속 산소가 더 심하게 줄어든다. 또 이 시기에는 으레 가뭄이 들어, 늪이나 못은 강보다 쉽게 바닥을 드러내곤 한다. 이런 여건이라면 가물치는 물 밖에서도 산소를 넉넉히 공급받아야 생명을 이어갈 수 있을 것이다. 그래서 가물치가 긴 진화과정에서 생존을 위해 생각해낸 것이 인간이나 뱀의 숨쉬기를 닮은 공기호흡법이 아닐까.

민물에서 몸집이 가장 크고 힘이 가장 세고 생명력이 가장 강한 물고기, 인간의 호흡법을 닮은 물고기, 자연생태계를 위협하는 외래물고기를 먹어치우는 토종 지킴이, 새끼를 극진히 보살피는 부모의 도리……. 사람으로 치자면 요즘 세상에 이만한 깜냥은 그리 흔치 않다.

경쟁력 있는 덕목을 골고루 갖춘 이 가물치는 사람들의 사랑을 별로 받지 못한다. 사람에 따라서는 가까이 하고 싶지 않은 혐오의 대상이 된다. 타고 난 생김새 탓이다. 체형과 체색이 뱀을 닮아 징그럽다는 것이 가물치를 멀리하는 이유다. 하긴 가물치는 영어로도 '뱀 머리'라는 뜻의 '스네이크 헤드(Snake Head)'로 불린다. 게다가 뱀이 사람들의 보신용으로 자주 수난을 겪듯이, 가물치도 뱀을 닮아 보신용으로 포획되고 시장에서 거래되기도 한다. 혐오스럽다면, 사람들로부터 멀어져 목숨을 늘 안전하게 부지해야 할 터인데, 이 녀석은 그럴 운명을 타고나지 못했다.

닮아도 왜 하필이면 뱀이었을까. 또 뱀에도 체색이 화사하고 고운 문양을 지닌 꽃뱀도 있는데, 하필이면 음침한 갈색의 구렁이를 닮고 말았다. 가물치는 억울하다 못해 참으로 불행한 운명을 타고난 물고기다.

쏘가리는 가물치에 비하면 행복한 물고기다. 쏘가리는 전체적으로 몸 색깔이 화려하다. 특히 표범처럼 온몸에 얼룩무늬가 선명하게 나 있어 강렬한 인상을 준다. 생김새가 귀공자 모습이어서, 서민적인 풍모의 붕어와는 정반대의 이미지로 사람들의 사랑을 듬뿍 받는 물고기다. 게다가 성질이 용맹스럽다고 여겨져 사람들의 관심을 많이 끄는 편이다.

쏘가리도 가물치처럼 눈앞에서 움직이는 것이라면 가리지 않고 공격해 포식하는 성질을 지녔다. 다만 가물치처럼 배스나 블루길을 먹이로 삼는지 여부는 아직 알려진 것이 없다. 하지만 쏘가리는 몸집이 작은 새끼가 아니라면 외래물고기의 먹잇감은 되지 않는 것으로 낚시꾼들 사이에 알려져 있다. 등에는, 날카로운 가시가 삐죽삐죽 여러 개 박힌 지느러미가 돋아나 있어 사람들의 마음에 용맹스러운 이미지를 더 깊이 새긴다. 쏘가리라는 이름은 사람들이 이 등지느러미의 가시에 쏘여 몹시 아팠던 경험에서 생겼을 것이다.

　예로부터 쏘가리는 화려하고 용맹스러워 보이는 자태 덕분에 그림이나 시문의 소재로 자주 등장하는 '영광'을 누렸다. 오래전부터 인간의 사랑을 받아온 것이다. 다만 다른 민물고기보다 비린내가 적다는 이유로 사람들에 의해 횟감이나 매운탕감이 되곤 했다. 하긴 사람들에 의해 요리거리로 자주 '애용'된다면 그것 또한 사랑을 받는 것이나 다름없다고 객쩍은 소리를 늘어놓는 사람도 간혹 있다.

　쏘가리는 산란철에는 금어기라 하여 낚시로든 그물로든 인간에 의한 포획이 법으로 금지되는 보호를 받는다. 게다가 오랜 과거의 어느 시기에 쏘가리가 돌연변이를 일으켜 생겨났다는 황쏘가리는 천연기념물로 정해져 있을 만큼 사람으로부터 아주 귀한 대접을 받는다. 예뻐 보이는데다 세상에 몇 안 되는 진귀한 존재여서, 사람들이 함부로 잡거나 사고팔아서는 안 된다고 실정법에 또렷이 씌어 있다. 황쏘가리는 몸이 온통 황금색이어서 원래의 이름자 앞에 '누를 황(黃)'자를 금배지처럼 자랑삼아 달고 다닌다.

　생명의 본질적인 가치는, 겉모습으로 차등이 질 수는 없다. 인간의 마음을 배제한 채 생명을 볼 수 있다면, 세상의 모든 생명들은 다 똑같이 소중하지 싶다. 겉모습이 뱀 무늬이든 황금색이든, 그것이 꼭 진정한 실체인 것만은 아닐 것이다. 가물치와 쏘가리가 겉모습이 서로 다르지만 생명의 가치에 차등이 있을 수 없음은 물론이다. 겉모습은, 어쩌면 대상을 똑바로 보려는 마음의 올곧은 의지를 방해하려는 허상이요 위장일 수도 있다.

　인간세상에서는 겉모습이라는 잣대에 의해 생명이 중요한 것과 덜 중요한 것으로 가치등급이 매겨지곤 한다. 그 잣대는 인간 이외의 다른 생명들

이 보기에는 요상한 허깨비기준일 수도 있다. 그것이 뭐 그리 대단한 기준이라고, 중요해서 살아남아야 할 것과 하찮아서 사라져야 할 것을 가를 수 있겠는가.

하긴 사람들은 생김새가 마음에 들지 않는다면서 이웃이나 동료마저 자의적으로 낮은 등급에 몰아넣고는 손가락질하거나 따돌리기 일쑤다. 자신이 낮은 등급에 든다고 생각되면 열등감을 비관하며 가끔 스스로 목숨을 버리기도 한다. 순전히 남과 다른 생김새 하나 때문에. 또 자신의 등급을 낮은 곳에서 높은 곳으로 올리려고 스스럼없이 수술대 위에 눕는 사람도 세상에는 적지 않다. 자신이 뭇사람들과 다르다는 것은 잘 지켜서 대대손손 물려주어야 할 가치이지 버려야 할 하찮음이 아니다. 미의 가치가 겉모습으로 획일화될 수는 없는 노릇이다.

모든 생명체는 세상에 단 하나뿐인 자신만의 유전자가 세상에 단 하나뿐인 모습으로 발현된 것이다. 그러니 생명을 가진 것이라면 저마다 소중하지 않은 것이 어디 있겠는가.

미끼와 유혹

낚시가 유혹이라면, 미끼가 있게 마련이다. 낚시질은, 사람이 물가에 앉아 미끼를 바늘에 꿰어 물속으로 던져 넣으면서 시작된다. 낚시질의 이 첫 단계는 절대로 생략될 수 없다. 인간이 낚시를 시작한 이후 지금까지 단 한 번도 빠뜨린 적이 없는 의식이다. 낚시가 유혹의 기술이라면, 물고기가 맛이나 향기에 끌려들만한 미끼를 달고 있기 때문일 것이다.

사람이 물고기를 직접 유혹할 수는 없다. 그래서 미끼라는 대리인을 내세운다. 물고기에게 사람이란 낯설고도 무서운 천적일 것이다. 사람은 작살이나 그물로, 곧 찌르거나 포박함으로써, 물고기를 억지로 끌어낼 수는 있지만 마음으로 홀릴 수는 없다. 대리인이 물고기의 마음에 쏙 들어야 유혹에 성공할 수 있다. 낚시에서 미끼가 물고기의 마음에 들지 않으면 바늘이나 봉돌이나 찌나 줄이나 대는 제 구실을 못한다.

그래서 사람들은 미끼가 물고기의 마음에 들도록 오랜 세월 머리를 싸맨 채 고민에 고민을 거듭해왔다. 결론은 늘 한 가지뿐이었다. 물고기에 가장 친숙한 미끼가 제일 좋은 미끼였다. 예나 지금이나, 낯선 미끼에 물고기가 혹할 리 없고 그래서 입질을 할 리도 없다. 사람의 음식과 입맛이야 세월에 진화한다지만 물고기의 그것은 변하지 않았다.

한때 사람들은 물고기의 입맛을 바꾸어 보려고 미끼에 다양한 실험을 한 적 있다. 사람들이 음식에 인공감미료나 화학조미료를 듬뿍 넣어먹을 시절이니 그리 오래전의 일이 아니다. 볶은 곡류를 빻아 만든 떡밥 미끼에, 사카린이라는 인공감미료를 첨가해 물속에 넣어보았다. 고소한 맛 하나만으로는 물고기를 유혹하기에 미덥지 않았던지 단맛을 보태려 한 것이다. 설탕도 단맛내기에 가세했다. 우유를 가공한 식품도 써보고, 심지어 사람의 후각을 자극하는 향수를 미끼에 뿌려보기도 했다. 하지만 효과를 보았다고 말하는 사람은 그때도 없었고 지금도 없다. 단맛은 사람 사이의 유혹에는 통했을지 몰라도, 물고기로부터는 반응을 얻지 못했다. 멀리 낯선 나라에서 가져온 코코아나 커피 가루를 곡류 미끼에 뿌려보기도 했지만 물고기는 시큰둥했다. 사람들은 자신의 미각이나 후각에 맞는 온갖 것들을 동원해봤지만 유혹강도를 높이지는 못했다.

　그런 시행착오를 거쳐 사람들이 내린 결론은 '역시 가장 좋은 미끼는 물고기에게 가장 친숙한 것'이었다. 지금 설탕은 사람들 사이에서도 음식 맛을 내는 데는 예전만큼 널리 쓰이지 않는다고 한다. 사카린 감미료는 몸에 해롭다고 제조가 법으로 금지되어 있다. 떡밥 미끼를 공장에서 상품으로 만드는 사람들은 부패를 막으려고 한때 방부제를 듬뿍 집어넣었다. 공장에서 만든 떡밥은, 아무리 오래 묵어도 벌레나 거미줄이 생기지 않았다. 지금은 떡밥에 방부제를 넣지 않는다. 물고기 유혹에도 사람들의 반성과 배려가 생겨난 셈이다.

　물고기에게 친숙한 미끼란 어떤 것일까? 물속에서 평소 자주 대하는 것들일 것이다. 붕어라면 미세한 플랑크톤, 곤충과 같은 작은 벌레, 새우나 참붕어 등일 것이다. 플랑크톤은 너무 작아 바늘에 꿸 수 없어 미끼로 쓸 수 없다. 벌레나 새우나 참붕어는 물가에서 채집할 수만 있다면 좋은 미끼가 된다. 그래서 낚시꾼들은 낚시현장에서 작은 그물로 이들을 채집해 미끼로 자주 쓰곤 한다.

　지렁이는 물속에 살지 않으면서도 물고기가 좋아하는 미끼다. 지렁이는 왜 친숙한 미끼일까? 비가 내려 호수에 물이 불어오를 때 물고기는 가장자리에서 먹이활동을 활발히 한다. 지렁이가 사는 호수주변 땅속이 물에 잠기면서 쉽게 먹잇감이 되기 때문이다. 으레 비가 오면 물고기들이 물 가장자리로 몰려나오는 것은 지렁이와 같은 여러 먹잇감을 쉽게 구할 수 있다는 사실을 오랜 세월 경험했기 때문일 것이다. 사람들도 물고기의 이런 머이활동 습성을 오랜 경험으로 알고 있어, 비가 오면 물 가장자리에다 지렁이 미

끼를 던져놓곤 한다.

친숙함이란 물고기에게도, 낚시꾼에게도 삶의 오랜 경험을 통해 대대손손 체득되어 마음속에 굳어진 것이다. 물고기에게 친숙한 미끼를 구해 물속에 담그는 것은 낚시의 기본이다. 찌가 솟아오를 때 느끼는 생명력이나, 낚싯대를 잡아챔으로써 경험하는 손맛은 물고기에 얼마나 친숙한 미끼를 쓰느냐에 달려 있다. 그런데 사람세상에서는 친숙한 미끼가 늘 효과적인 유혹 수단이 될 수 있는 것은 아닌 것 같다. 친숙한 것은 진부한 것으로 받아들여져 유혹효과를 떨어뜨릴 수도 있다.

사람들이 만들어내는 음식은 맛이 나날이 달라진다. 어제와 똑같은 맛으로는 오늘의 사람을 유혹할 수 없다. 음식이 입맛을 바꿔놓고, 입맛은 다시 음식의 변화를 요구한다. 또 어제와 똑같은 냄새를 가진 향수라면 오늘의 코를 자극하지 못한다. 말이나 글도 어제의 단어와 문장으로는 귀나 눈을 유혹하지 못한다. 옷이나 집도 새로운 것이 아니면 사람의 호기심이나 욕심을 채우지 못한다. 예술이나 문학도 늘 새로운 아름다움이나 표현법을 찾아내야 감성이나 마음을 끌어당길 수 있다.

사람세상의 변덕에는 끝이 없나보다. 그러다보니 한결같은 친숙함은 날로 줄어든다. 유혹에 가장 효과적인 수단은 더 이상 친숙함이 아니다. 사랑이나 진실이라는 가치가 친숙함의 의미로 받아들여지지 않는 일이 허다하다. 누군가를 유혹하면서 사람들은 겉으로는 사랑이나 진실을 말하지만 그 속에는 물욕이나 육체적 쾌락이나 진실을 가장한 음모 따위가 들어 있기 예사다.

물고기들은 자신의 입맛을 바꾸어보려는 사람들의 오랜 유혹에 흔들리지
않았다. 물고기들은 수천 년 동안 한결같은 친숙함을 유지해왔다. 그래서
낚시꾼들의 유혹 방법도 변할 이유가 없었다. 그들은 여전히 친숙함을 가장
효과적인 유혹수단으로 삼고 있다.

찌가 솟는 순간의 멋이나 낚싯대를 잡아챌 때의 손맛이 예나 지금이나 변
함없이 감동을 주는 것은, 물고기가 사람들의 입맛 바꾸기 유혹에 현혹되지
않았기 때문이다. 낚시는 언제나 한결같은 순진한 유혹이다.

애벌레와 어른벌레

물속 부들 숲 가장자리에서 잠자리애벌레가 참붕어를 사냥하고 있다. 몸
길이 2센티미터 남짓한 잠자리애벌레가 제 몸의 두세 배쯤 되어 보이는 참
붕어를 입에 물고 있다. 얼마 있다가 다른 잠자리애벌레들과 합세해 참붕어
를 물어뜯는다. 참붕어는 곧 지느러미와 뼈만 앙상하게 남는다. 잠자리애벌
레가 사라지자 물방개와 새우들이 달려들어 참붕어의 나머지 주검을 깨끗
이 먹어치운다.

이번에는 반딧불애벌레가 올챙이를 사냥한다. 제 몸의 두세 배쯤 되는 올
챙이를 입에 문 채 풀숲으로 끌고 간다. 올챙이는 버둥거려보지만 반딧불애
벌레의 강한 턱에 짓눌려 이내 숨이 끊어지고 만다.

물고기가 입질을 하지 않는 틈을 타 물속 세상을 구경하는 것도 낚시가
주는 즐거움 가운데 하나다.

생태계가 잘 보존된 낚시터라면 물이 맑아 바닥까지 보일 만큼 투명할 것이다. 그런 수면에 눈을 가까이 댄 채 물속을 가만히 들여다보고 있으면 온갖 것이 다 보인다. 여러 흥밋거리가 생겨난다. 낚시꾼 코앞의 얕은 물속에서는 움직이는 것들, 그 중에서도 곤충 애벌레들이 가장 자주 눈에 뜨인다. 애벌레 녀석들은 낚시꾼, 아니 뭇사람들의 상식을 깨뜨리는 행동을 곧잘 한다.

물속의 곤충 애벌레는 낚시꾼들에게 어떤 존재일까. 물고기를 낚기 위한 미끼로만 여겨지지 않았던가. 떡밥이나 지렁이 같은, 미리 준비해온 미끼가 다 떨어졌을 때 새로운 미끼로 쓰이곤 하는 것이 물속 애벌레다. 낚시터 물속의 돌 틈이나 풀숲 속을 뒤적이면 애벌레를 그리 어렵지 않게 찾아낼 수 있다. 애벌레는 냄새로 후각을 자극하면서 물고기를 유혹한다. 또 꿈틀거리는 움직임이 시각을 자극하면서 호기심까지 불러일으켜 물고기를 유혹한다. 그래서 애벌레는 낚시에서 훌륭한 미끼가 된다. 대개 애벌레는 낚시꾼들에게 낚시용 미끼 이상의 가치를 지니고 있지 않은 것으로 여겨지곤 한다. 그런데 애벌레가 제 몸보다 훨씬 큰 물고기를 사냥하다니, 예사롭지 않다. 더욱이 사람들은 생물 분류학이나 먹이사슬을 들먹이며, 곤충을 어류보다 하등한 것으로 생각해오지 않았던가.

사람들은 무슨 연유로 애벌레라는 이름을 붙였을까. 애벌레는 어린 벌레, 곧 유충(幼蟲)이다. 곤충은 대개 일생에서 몇 단계의 변태(몸 바꾸기)를 하는데, 알에서 깨어나 애벌레가 되고, 그 애벌레가 자라 어른벌레, 곧 성충(成蟲)이 된다. 잠자리나 반딧불 같은 곤충이 그런 변태과정을 거친다. 그런데 이들 곤충은 물속에서 애벌레로 지낼 때가 물 밖에서의 날개달린 성충일 때보다 훨씬 더 생명력이 강하고 힘이 세다.

잠자리는 성충이 되어 물속을 벗어나면 그리 오래 살지 못한다. 기껏 보름가량 하늘을 날아다니다가 물풀에 알을 낳은 뒤 일생을 마친다. 성충은 날개를 단 채 하늘을 자유롭게 날아다니지만 애벌레에 비해 먹이사냥이 시원찮다. 대개 얇은 풀잎이나 꽃잎을 뜯어먹거나 이슬방울을 마시는 것이 먹이활동의 전부다. 그런데 물속에서는 사람들의 생물분류법을 비웃으며, 애벌레라는 호칭에 어울리지 않게 물고기까지 사냥한다. 사냥감이 비록 어리고 작은 물고기이긴 하지만. 게다가 물속에서 지내는 기간이 물 밖에서 성충으로 지낼 때보다 훨씬 길다. 반딧불도 잠자리처럼, 날개 달린 성충이 되어 물 밖으로 나가면 고작 풀잎에 맺힌 이슬만 먹으면서 스무날 가량밖에 살지 못한. 반딧불도 물속 애벌레 시절이 가장 길고, 먹이활동도 가장 왕성하다.

그러고 보면, 매미도 애벌레인 굼벵이 시절이 가장 길고 먹이활동도 활발하다. 매미는 땅속에서 애벌레로 짧게는 3년, 길게는 무려 10년을 지내다가 날개달린 성충이 되어 밖으로 나가면 한달을 넘기지 못한 채 일생을 마감한다. 굼벵이로 지낼 때는 식물의 뿌리를 잘라먹지만, 성충이 되면 입이 퇴화하면서 고작 나무의 체액을 빨아먹으며 산다.

사람들은 곤충을 대하면서, 알에서 갓 깨어났다는 까닭으로 애벌레로 이름 지었을 것이다. 마치 알에서 갓 깨어난 어린 닭을 병아리로 부르듯이. 또 알을 낳을 수 있을 만큼 다 자랐다는 이유로 성충으로 부를 것이다. 하지만 실제로는 물속에서 자라는 곤충의 애벌레라면, 사람들의 호칭에서 풍겨나는 이미지와 달리 그다지 연약하지 않다. 비록 큰 물고기의 먹잇감이 되긴 하지만, 그래서 낚시용 미끼로 쓰이기도 하지만 성충일 때보다, 일생의 그 어느 시기보다 강한 생명력을 지니고 있다. 낚시터에서 잠자리애벌레나 반딧불애벌레의 사냥하는 모습을 가만히 지켜보면 왠지 탐욕스럽기까지 하다.

물속 곤충은 물 밖으로 나오면서 어른이 되어 비상한다. 날개를 단 우아한 자태로 하늘을 마음껏 날아다닌다. 물 밖으로 나와서는 애벌레 시절의 게걸스럽다싶은 식탐이나 욕심이 사라진 때문인지 낚시터에서 좀체로 보이지 않는다. 어쩌면 잠자리나 반딧불의 일생은, 성충의 어른스러움이야말로 탐욕을 버려야 비로소 갖출 수 있는 덕목이라는 교훈을 사람들에게 말하고 있는지도 모른다. 그들의 일생은, 성충의 우아함은 오랜 시간을 물속 애벌레로 지내며 참고 견뎌야 부릴 수 있는 멋이라는 메시지를 말하고 있는지 모른다. 애벌레 시절은 성숙한 멋을 내기 위한 통과의례인가보다.

사람은 일생에서 어른스럽고 우아한 멋을 내기 위해 얼마나 알뜰하게 준비하고 있을까.

겨울잠

열렬한 낚시꾼이라면 얼음낚시를 마다하지 않는다. 한겨울에도 얼음에 구멍을 내고 채비를 담근 채 찌를 바라보려 한다. 빙판에 나앉은 낚시꾼들의 열정은, 봄과 여름과 가을보다는 덜 하겠지만, 한겨울의 호수에서도 심심찮게 찾아볼 수 있다. 고성능 방한복, 방한용 텐트, 휴대용 난로 등이 세상에 나오면서, 이제 웬만한 추위쯤은 사람들의 나들이를 제한하지 못한다.

물고기는 겨울잠을 잘까? 입질이 없어 한가해지면 낚시꾼들 사이에 종종 벌어지곤 하는 입씨름이요 논쟁거리다. 겨울잠을 잔다면, 그 잠을 깨우는 것이 물고기에게 정녕 해로움을 주는 행위일까?

겨울이 오면 대체로 낚시는 긴 휴지기에 들어간다. 낚시꾼들은 낚시장비를 깨끗이 닦아 다락방 같이 눈에 잘 뜨이지 않는 곳에 넣어두곤 한다. 다음 해 봄이 올 때까지 서너 달쯤은 꺼낼 일이 없다. 물론 겨울에도 낚시하는 사람이 없지는 않지만.

수온이 한참 떨어지고 물이 얼면, 물고기도 움직임이 뜸해진다. 바위 밑이나 진흙탕 속에 들어가 지낸다. 먹이활동도 뜸해진다. 물고기에게는 그것이 겨울잠일 것이다. 그렇다 해서 사람의 잠과 달리, 움직임이 전혀 없거나 무의식 상태에 빠져드는 것은 아니다. 가끔 움직이거나 먹이활동을 할 때도 있다. 물고기의 겨울잠을, 사람의 잠에 비유해, 숨쉬기를 제외한 대부분의 신체활동이 멈춘 상태로 보려는 사람들에게는 그것이 잠이 아닐 수도 있겠다.

사실, 겨울잠을 자는 모든 동물들이 움직임이 전혀 없는 가사(假死) 상태에 빠지는 것은 아니다. 이를테면, 곰은 동굴에서 겨울잠을 자면서 암컷은 새끼를 낳거나 젖을 먹이곤 한다. 그렇다 해서 곰이 겨울잠을 자지 않는 동물이라고 말하는 사람은 아마 없을 것이다. 이에 비해, 개구리나 뱀이나 박쥐와 같은 동물은 사람의 밤잠처럼 겨울잠에 깊이 빠져든다고 한다.

물고기는, 적어도 이 땅의 낚시꾼들이 자주 상대하는 붕어 잉어 가물치 피라미 쏘가리 등은, 겨울잠을 잔다. 이들 물고기도 곰이나 오소리처럼 가을에 먹이활동을 왕성하게 한다. 이를테면 붕어낚시꾼들은 늦가을, 붕어가 겨울잠에 들어가기 직전에 붕어의 힘찬 입질을 자주 경험하곤 한다. 물론 그것은 붕어의 왕성한 먹이활동 때문이다. 겨울잠을 잘 동안에는 먹이활동을 멈추기 때문에 미리 많이 먹어두려는 뜻이다.

어쩌면 사람도 오래전에는 겨울잠을 잤을는지 모른다. 추위 속에서는 자신의 움직임이 둔해지고 사냥감도 귀했을 테니까. 그래서 찬바람을 막을 수 있는 동굴에 깊숙이 들어박혀서, 혹은 한낮에 양지쪽에서 가만히 볕쬐기를 하면서 혹독히 추운 겨울 한 철을 아무 탈 없이 넘기려 했지 싶다. 지금도 추위에 몸이 움츠러들거나 방안에만 머물려 하는 것은 사람도 오래전에는 겨울잠을 잤다는 흔적이 아닐는지. 겨울잠의 방식은 동물의 종류에 따라 다양하다.

겨울잠은, 먹잇감을 구할 수 없는 어려운 시기를 무사히 넘기기 위해 동물들이 생각해낸 생존 지혜가 아닐까. 먹잇감이 부족한 한겨울에는, 활발한 움직임이 되레 에너지만 낭비하는 셈이라는 것을 동물이라고 모를 리 없을 것이다. 그래서 동물들은 추위가 오기 전에 활발한 먹이활동으로 자신의 체중을 한껏 불려 몸에 에너지를 많이 저장했다가, 그 에너지를 조금씩 소비하면서 살아가는 지혜가 바로 겨울잠이다. 물고기의 겨울잠도, 한겨울이 오기 전에 미리 몸속에 저장해둔 기운으로 긴 추위의 시련을 견뎌내려는 지혜일 것이다.

어쩌면, 물고기는 여름잠도 자는 것 같다. 물론 겨울잠만큼 길지는 않겠

지만. 물고기는 무더위가 기승을 부리는 한낮에는 좀처럼 낚시꾼에게 입질
을 보내지 않는다. 먹이활동을 딱 그쳐버린다. 너무 더우면 입맛이 없어지
나 보다. 한여름에 입맛이 떨어지는 것이 물고기뿐이랴. 사람도 나른해지고
권태로워지면서 졸음이 쏟아지곤 하는데 입맛이 있을 리 없다. 다만 물고기
는 입맛이 없으면 먹기를 멈추는데 비해, 사람은 체력을 관리하겠다며 온갖
보양음식을 게걸스럽게 먹는 식탐 습관이 있다.

  낚시꾼들 사이의 겨울잠 논쟁은 물고기가 겨울잠을 자는지 여부에 그치
지 않는다. 겨울에 낚시를 하는 것이 바람직한지, 물고기에게 심한 스트레
스를 주는 것이 아닌지 하는 논쟁으로 이어지곤 한다. 생물을 대하는 태도
와 관련된 문제인데다 자존심이나 도덕성까지 살짝 결부되어 있다. 그래서
그들의 얘기는 뜨겁고 길어질 수밖에 없다.
  얼음을 깨거나 채비를 던져 넣는 겨울 낚시질이 소음과 진동을 일으켜 물
고기의 휴식을 방해할 것이라는 주장이 나오곤 한다. 물고기가 충분히 휴식
하지 못하면 운동량이 늘어나 가을에 몸속에 축적해둔 에너지를 과도하게
소비할 것이라는 추측을 낳는다. 나아가 물고기는 봄이 오기도 전에 몸의
기운을 모두 소진하고 말 것이라는 걱정을 낳는다. 결국 겨울 낚시는 마치
뭍에서 겨울잠을 자는 곰이나 오소리나 개구리나 뱀과 같은 동물을 억지로
깨우는 것이나 다름없다는 주장이다. 하긴 사람도 잠자는 동안 소음이나 진
동으로 자극을 받으면 몸과 마음에 동요가 일지 않을 수 없다.
  겨울 낚시가 물고기의 휴식을 빼앗을 것이라는 주장은 주로 겨울 낚시를
즐기지 않는 사람들로부터 나온다. 그들은 얼음낚시는 물고기를 사랑하는
점잖은 낚시꾼이라면 할 만한 것이 못된다고 말한다.

물고기가 휴식을 방해받는다면 물속의 다른 생명붙이들도 휴식을 방해받을 터. 많은 낚시꾼들이 겨울이 되면 낚시장비를 깊숙한 곳에 넣어둔 채 물가로 나가려 하지 않는 것은, 추위가 무섭거나 귀찮아서가 아니라 한다. 물고기를 비롯한 얼음장 밑의 여러 생명들이 겨울 한 철만이라도 편히 쉴 수 있도록 배려하려는 뜻이라 한다. 그럴듯하게 들린다.

가을보리는 봄보리와 달리 가을에 씨앗을 뿌려야 한다. 가을보리를 봄에 파종하면 여름에 이삭을 맺지 못한다. 줄기와 잎만 무성해 웃자랄 뿐 열매가 달리지 않는다. 겨울 기운을 쐬지 않았기 때문이다. 반드시 겨울을 거쳐야 이삭이 팬다. 가을에 딴 찔레의 씨앗을 겨울에 따뜻한 실내에 보관했다가 봄에 뿌려도 싹이 제대로 돋아나지 않는다. 겨울 추위를 맞지 않았기 때문이다. 네 계절이 뚜렷한 곳에서 자라는 식물에게 겨울 추위는 생장에 반드시 필요하다. 변태를 하면서 살아가는 곤충에게도 겨울나기는 꼭 필요하다. 번데기나 애벌레나 알의 상태로 겨울을 나지 않으면 봄에 날개를 달 수 없다. 나비나 잠자리가 겨울을 나지 않으면 날개를 달지 못해 날아오르지 못한다.

물고기에게도 겨울잠은 봄에 활력을 찾기 위한 필수조건이다. 네 계절이 뚜렷한 기후에서, 특히 겨울 추위가 심한 곳에서 살아가는 물고기에게 겨울잠은 건너뛰거나 생략될 수 없는 휴식이다. 겨울은 살아남아야 하는 시련의 시기이면서도 반드시 거쳐야 하는 과정이다. 겨울잠은 겨울을 온전하게 나기 위해 선택한 삶의 방식이다. 그래서 얼음낚시는 물고기의 겨울나기 휴식을 방해한다는 주장이 강한 설득력을 갖고 있다. 물고기가 겨울을 제대로 나지 못하면 봄과 여름과 가을에 낚시꾼에게 활기찬 생명력을 전하지 못할 것 같다. 활력이 없으면 번식력도 약해 멸종할 수도 있겠다.

얼음낚시를 즐기는 쪽으로부터 반박이 나오지 않을 리 없다. 그들도 겨울
잠의 중요성을 인정하지 않는 것은 아니다. 다만 현실적으로 얼음낚시는 붕
어뿐 아니라 빙어나 산천어 같은 여러 물고기들을 대상으로 널리 유행하는
낚시의 한 장르라고 말한다. 사실이다. 이미 오래전부터 엄연한 낚시문화의
하나로 탄탄하게 자리 잡았음은 아무도 부인할 수 없다.

나아가, 그들 중에는 겨울이라 해서 물고기가 곰이나 개구리나 뱀처럼 잠
을 잔다는 말에 동의할 수 없다고 맞서는 사람도 있다. 또, 겨울잠을 잔다 해
도 깊이 자지는 않을 것이라 말하기도 한다. 물고기가 겨울에도 미끼를 삼
켜 입질을 하는 것은, 겨울잠을 자지 않거나 자더라도 깊이 잠들지 않는 증
거다. 그렇다면 얼음낚시가 물고기의 휴식을 방해하지 않을 것이라는 상상
으로 이어진다.

더욱이, 오래 전부터 선조들이 겨울에도 낚시를 즐겼다는 역사적 사실까
지 내세운다. 좀 거창하긴 해도, 얼음낚시를 가볍게 대하는 태도는 유서 깊
은 전통문화를 함부로 대하는 것이나 마찬가지라 한다. 그래서 이들은 겨울
에도 물가로 나가기를 주저하지 않는다.

요즘은 겨울에도, 지구가 나날이 더워진다는 온난화현상 때문인지, 기온
이 수십 년 전과 달리 그다지 심하게 떨어지지 않는다. 남녘의 경남과 전남
지역에는 한겨울에도 아예 얼음이 얼지 않는 곳도 더러 있다. 충청지역은
말할 것도 없고, 서울이나 경기 지역의 물에도 얼음이 두껍게 얼어 있는 기
간이 나날이 짧아져간다.

날이 점차 따뜻해지는 것이 물고기에게 행운일까, 아니면 불행일까. 요즘 바다 물고기들 가운데, 한류성 어종인 대구가 예전에 비해 자주 잡히지 않는다. 대구가 많이 살던 동해의 물이 예전보다 따뜻해졌기 때문이다. 제주도 근해에서만 살던 난류성 어종인 자리돔은 요즘 동해에서도 자주 잡힌다. 그 역시 바닷물이 따뜻해졌기 때문이다. 바다에 사는 것들이야 높은 수온이 싫다면 추운 곳으로 옮겨가 살면 그만이다. 하지만 민물에 사는 것들은 높은 수온이 싫어도 어쩔 수 없이 꾹 참고 한 곳에 적응하며 살아야 한다.

이러다 세월이 한참 지나면 물고기는 겨울잠을 자지 않을 수도 있을 것 같다. 낚시꾼들에게는, 굳이 얼음에 구멍을 내지 않아도 겨울에 낚시를 마음껏 즐길 수 있는 날이 서서히 다가오고 있는 것 같다. 물고기가 겨울잠을 자지 않으면 낚시문화가 달라질 수밖에 없을 것이다.

진화일까 감옥일까

어느 봄날 오후, 낚시꾼은 대청호라는 큰 댐 호수의 가장자리에 홀로 앉아 있다. 붕어를 만나겠다고. 충북 옥천군 안남면이라는 곳으로, 이 호수의 위쪽 줄기에 닿아 있다.

대개 댐 호수는 물이 깊고 넓어, 봄이 와도 수온이 오르는 속도가 느리다. 중부지방 대청호에서 살아가는 붕어라면 4월말쯤에서야 활발하게 먹이활동을 한다. 워낙 큰 호수라, 중부지방의 여느 작은 호수들보다 붕어의 봄나들이가 적어도 보름쯤은 늦은 편이다.

그는 붕어가 긴 겨울잠에서 깨어나 왕성한 식욕을 보이리라 기대하면서,

야산 계곡의 물과 호수의 물이 만나는 곳에 찌 하나를 세워놓고 있다. 4월말은 옥천에서 햇살과 바람이 좋을 때다. 뒤쪽 야산에는 진달래꽃이 흐드러지게 피었다. 그 향기가, 계곡을 타고 흐르는 산바람에 실려 낚시꾼의 코끝까지 와 닿는다.

그는 이날 오전 일찌감치 도착해 자리를 잡은 지 다섯 시간째를 맞고 있지만 아직 붕어를 만나지 못하고 있다. 간간이 깜박거리는 찌의 움직임으로 보건대, 붕어가 겨울잠에서 깨어나기는 한 것 같다. 붕어가 미끼에 관심을 보이고 있는 듯하다. 하지만 미끼를 선뜻 삼키지는 않는다. 찌를 분명하게, 길게 쑥 올리지 않아 그의 애를 태운다.

붕어가 아직 식욕을 되찾지 못한 탓일까. 그는 손을 물에 담가본다. 그다지 차지 않아 물속에서는 겨울 기운이 완연히 달아난 것 같다. 5월 중순에는 붕어들이 산란을 할 테고, 그렇다면 지금쯤 봄나들이를 하면서 먹이사냥에 활발하게 나설 시기인데…….

미끼로 쓰고 있는 지렁이가 너무 커 한입에 삼키지 못하는 탓일까. 아니면 지렁이보다는 식물성 떡밥을 더 좋아하는 걸까. 그는 경험으로 판단컨대, 지금쯤이면 붕어는 이것저것 가리지 않고 먹을 수 있는 것이라면 아무 미끼에나 식탐을 보일 시기라고 생각한다. 물속 사정을 물 밖에서 어찌 알겠는가. 붕어가 아직 입질을 하지 않겠다는데 어쩌겠는가. 낚시는 낚시꾼 마음이 아니라 물고기 마음인 것을 어찌하겠는가.

어느새 해가 많이 기울어 산등성이에 걸리기까지 한 걸음쯤 남아 있다. 찌는 여전히 시원한 입질을 전하지 못하고 있다. 올해는 이 호수의 물고기들이 겨울옷을 벗는 시기가 늦나보다. 그는 가느다란 지렁이 한 마리를, 그것도 반 토막으로 끊어 바늘에 꿰어 던져본다. 붕어가 입으로 쉽게 빨아들일 수 있도록. 식탁에서 입 짧은 자식에게 밥 한 숟갈 더 먹이려는 부모의 심정이 아마 지금 낚시꾼의 마음일 것이다.

　찌가 한참 깜박이더니 갑자기 수면 밑으로 쏙 잠겨든다. 붕어 입질이라면 찌가 위로 솟을 텐데, 입질의 주인공이 붕어는 아닌 듯하다. 낚싯대를 천천히 들어 올려본다. 피라미 같은 작은 물고기가 온몸을 버둥거리면서 끌려나온다. 가만히 보니 피라미가 아닌 것 같다. 그는 깜짝 놀라고 만다. 이 녀석은 분명 은어다. 꼼꼼히 살펴본다.

　배가 은백색이고, 등은 갈색이다. 길이는 한 뼘에 조금 못 미치며, 주둥이 쪽이 뾰족하고 입 구멍이 넓은 편이다. 등지느러미와 꼬리 사이에 기름지느러미가 있는 것으로 보아 틀림없는 은어다. 호수에 웬 은어가 살고 있을까? 그는 다시 작은 지렁이를 바늘에 달아 던져본다. 찌가 다시 쏙 잠기면서 은어가 걸려나온다. 세 번, 네 번 계속 비슷한 입질에 세 마리, 네 마리 계속 은어가 나온다. 그가 찌를 세운 곳의 물속에는 은어가 떼로 몰려 있나보다. 그렇다면 붕어는 없을 것이다. 은어는 자신의 영역에 대한 배타성이 아주 강한 물고기니까.

　그는 낚싯대를 걷어 짐을 꾸린다. 밤을 새워 붕어낚시를 할 작정이었는데 그만둬야 할 것 같다. 이십 칠년 낚시경험에, 호수에서 은어를 낚기는 이번이 처음이다. 갇힌 물에 어떻게 은어가 살 수 있을까? 이 호수의 아래줄기는 수문으로 막혀 있어 은어가 들어올 수 없을 텐데. 그는 집으로 돌아오면서 내내 그 궁금증에 사로잡혀 있다. 그의 낚시 주특기인 붕어 밤낚시를 하지 못한 아쉬움이 없지는 않다. 하지만 댐 호수의 은어에 관한 호기심이 머릿속에서 떠나지 않는다.

다음날, 대청호에서 오랫동안 낚시를 해온 한 낚시친구의 말을 듣고서야 의문이 풀렸다. 대청호의 은어는 바다로 나가지 않는다고 한다. 넓은 호수에 눌러 살면서 번식을 할 때가 되면 윗줄기로 거슬러 오른다. 시냇물처럼 좁다랗게 흐르는 윗줄기의 모래나 자갈 속에 알을 낳아 부화를 한다. 이어 어미는 그곳에서 일생을 마치고, 새끼는 다시 넓은 아래쪽으로 내려간다. 새끼는 어른으로 자라나 이듬해 가을에 윗줄기로 다시 이동한다. 제 어미가 일년 전에 그랬던 것처럼 알을 낳아 부화를 함으로써 일생을 마친다. 대청호 은어는 호수의 넓고 깊은 아래쪽을 바다로 삼아, 좁고 얕은 위쪽을 강물로 삼아 살아가는 셈이다.

친구의 얘기로는, 대청호에서 은어가 낚인 것은 2004년 무렵부터였다고 한다. 근래에는 대청호에서 은어만 낚는 낚시꾼도 제법 많이 생겼다고 한다.

의문이 풀리나 싶었는데 또 다른 의문이 꼬리를 문다. 강에서 태어나, 바다로 나갔다가, 번식시기에 다시 강으로 돌아와 일생을 마치는 것이 은어의 기본적인 생활사다. 그런 생활사를 갑자기 내버린 채 어떻게 살아갈 수 있을까, 하는 의문이다. 오랜 세월에 걸쳐 해마다 되풀이해왔을 삶의 기본 방식을 어떻게 하루아침에 쉽게 바꿀 수 있을까? 또는, 그렇게 쉽게 바꿀 수 있을 바에야 왜 오랫동안 강과 바다를 오가는 번거로움을 반복하면서 살아왔을까, 하는 궁금힘도 생긴다.

긴 금강 줄기를 따라 내려가다 보면, 대청호보다 아래쪽에 금강 유원지라는 곳이 있다. 경부고속도로 금강휴게소가 있는 충북 영동 부근이다. 그곳에 길고도 높은 물막이 보가 만들어져 있다. 해마다 봄만 되면 은어들은 그 보를 넘기 위해 뛰어오르지만 번번이 실패한다. 바다에서 강으로 거슬러 오르면서 은어 떼들은 안간힘을 다해 그 보를 뛰어넘으려 한다. 하지만 넘기에 성공하는 녀석들은 거의 없다. 사람들은 우산을 펼쳐 거꾸로 든 채, 보를 향해 뛰어올랐다가 실패해 곤두박질치는 은어들을 주워 담곤 한다.

금강에는 그런 장애물이 하도 많아 바다에서 강으로, 강에서 바다로 오가며 살아가기란 불가능하다. 결국 은어는 인간이 만든 장애물 탓에 한 곳에 머물러 살기로 작정한 것 같다. 대청호라는 넓고 깊은 댐 호수를 바다처럼 여기며 살아가기로 마음먹은 모양이다. 살아남기 위한 어쩔 수 없는 선택이었을 것이다. 그 선택은 지혜나 진화일까, 아니면 감옥에 갇혀 지내야 하는 답답함일까.

'육봉(陸封)형 물고기'라는 말이 있다. 바다와 강을 오가면서 살던 물고기가 바다로 나가기를 포기한 채 뭍에 갇혀 살아가는 물고기를 이르는 말이다. 산천어가 이런 물고기의 원조에 해당한다. 강에서 태어나 바다로 나가 살면 송어가 되고, 강에서 그대로 눌러 살면 산천어가 된다. 언제부터인지는 알 수 없지만, 아주 오래전부터 그렇게 두 종류의 삶을 살아오고 있다.

송어는 다 자라면 대개 몸길이가 60센티미터가 넘지만 산천어는 기껏 40센티미터를 넘지 않는다. 겉으로는 좀 달라 보이지만, 산천어와 송어는 암수가 서로 번식을 할 수 있어 같은 종이다. 이를테면, 바다로부터 돌아온 송어 암컷이 강에서 알을 낳을 때 산천어 수컷이 곁에서 정자를 쏟아냄으로써

                                                    3. 상상

번식에 가담하기도 한다. 그렇게 나뉘어 떨어져 살면서도 송어와 산천어는 자기네들이 한 무리라는 동류의식을 버리지 않고 있는 것이다.

지금 대청호의 은어가 다름 아닌 육봉형 물고기로 되어가고 있는 것 같다. 세월이 더 지나면 바다로 나가는 녀석과 민물에 남은 녀석 사이에 몸집도 뚜렷하게 차이가 생기지 않을까? 경남과 전남을 가르는 섬진강이나, 경북 울진의 왕피천이나, 강원 삼척의 오십천과 양양의 남대천 등에서 살아가는 은어는 아직도 바다를 오간다. 세월이 한참 더 지나면 이들은 대청호 은어에 비해 몸집이 더 커질까?

민물과 바다를 오가며 살아가는 물고기로는 송어와 은어 말고 빙어나 뱀장어도 있다. 물고기는 아니지만 참게도 민물과 바다를 오간다.

한반도에서 빙어가 바다로 나가지 않은 시기는 1920년대쯤이라 한다. 일제시대 강에 큰 댐이나 보가 놓이기 시작하면서부터다. 지금 소양호나 의암호 같은 댐 호수의 빙어들은 바다로 나가지 않는다. 아니, 나갈 수 없다. 댐이 그들에게는 이동의 장애물이기 때문이다. 혹시 뱀장어도 바다의 삶을 포기했을까? 요즘 뱀장어낚시가 가장 성행하는 곳은 충주호인데, 충주호의 뱀장어는 민물 한 곳에만 정착해 살기로 한 것일까? 또 참게는? 임진강 참게는 아직까지는 바다와 민물을 자유롭게 오가는 편이다. 임진강에는 댐이나 둑 같은 큰 장애물이 없어 참게낚시가 성행하고 있다. 하지만 금강과 같이, 보나 댐이나 둑으로 막혀 있는 민물에서는 바다를 자유롭게 오가지 못해 참게를 보기가 쉽지 않다. 참게 가운데서도 민물에서만 살기로 작정한 녀석이 있을까?

분명한 것은, 이들의 생활사 바꾸기가 자신들의 자유로운 선택에 따른 것은 아니라는 사실이다. 물고기로서는 살아남기 위해 어쩔 수 없이 걸어야만 하는 길이었을 테다. 그들의 생활사 바꾸기에서 질긴 생명력이 느껴지기도 한다. 하지만 그 질긴 생명력은 모진 환경 탓에 길러진 것이다. 물론 그 모진 환경은 인간이 만들어낸 것이다. 아마 물고기가 생각하기에 인간이란 동물은 참으로 무섭고 성가신 존재일 것이다.

물풀을 보면서

물에서 자라는 풀은 종류가 여러 가지다. 하지만 이들의 공통점은 물살이 너무 센 곳이나 물이 너무 깊은 곳에서는 자라지 않는다는 사실이다. 물살이 센 곳에서는 씨앗이 싹을 틔우기 어렵다. 급한 물살은 씨앗을 한곳에 머물게 하지 않을 뿐 아니라 부드러운 흙과 그 속의 영양분을 휩쓸어 가버린다. 또 깊은 물에서는 햇빛이 적어 광합성을 하기가 쉽지 않다.

호수는 갇힌 물이라 그곳에는 물살이 거의 없다. 그래서 호수에서라면 수심이 얕은 곳에서는 어김없이 물풀이 자란다. 강처럼 흐르는 물이라면 물풀은 물살이 약하고 수심이 얕은 가장자리에서 자란다. 낚시꾼들이 가장 자주 만나는 물풀은 마름, 연, 개구리밥, 물수세미, 생이가래, 부들이 대표적이다. 이들은 대개 같은 종끼리 군락을 지어 빽빽하게 숲을 이루며 자란다.

물풀 숲에 찌를 세우고 싶다면, 낚시꾼은 대개 수심 1미터 이내의 물 흐름이 약한 쪽을 보면서 낚시자리를 잡는다. 낚시꾼의 채비는 물풀 숲 사이를 헤집으면서 물속으로 잠겨든다.

물풀 숲 속에는 다양한 물고기들이 몰려 산다. 물풀 숲은 물고기들의 보금자리다. 낚시꾼이 물고기를 자주 만나려는 뜻이 없지 않다면 물풀 숲과 동떨어진 횅한 곳에 채비를 던져 찌를 세울 리 없다. 그래서 찌는 대개 물풀과 한데 어우러져 자리를 잡게 마련이다. 늦은 봄이나 여름이라면, 낚시꾼은 자신의 눈앞에 무성하게 자라난 초록빛 물풀을 감상하는 즐거움을 누릴 수 있다.

물고기들이 물풀 숲에 모여 사는 이유로 낚시꾼들 사이에 알려진 것이 여럿 있다. 우선, 천적의 공격으로부터 자신의 몸을 숨길 수 있다. 냉정한 자연 생태계에서 살아남는 것만큼 중요한 것이 또 있을까. 풀숲에서는 자신의 알이나 새끼를 천적으로부터 보호할 수도 있다. 게다가 풀숲에서는 작은 벌레 같은 먹잇감을 쉽게 구할 수 있다. 물고기의 호흡에 필요한 산소도 풀이 무성한 곳일수록 풍부하다. 풀은 호흡을 할 때 이산화탄소를 빨아들이고 산소를 내뿜기 때문이다. 또 기온이 갑작스레 떨어지면 풀숲은 물고기들에게 보온 역할도 해준다.

결국 물풀이 물고기를 불러 모으고, 물고기가 낚시꾼을 부르는 셈이다. 그렇다면 물풀이 낚시꾼을 물가로 불러내는 것이나 다름없다.

물풀은 낚시에서 소중한 역할을 한다. 하지만 물풀은 낚시꾼으로부터 자주 수난을 겪곤 한다. 낚시꾼이 낚싯대를 잡아챌 때 물풀이 채비에 걸리는 바람에 물고기를 놓치는 일이 심심찮게 벌어지기 때문이다. 그래서 채비를 던지기 전에 미리 물풀을 갈고리로 걸어 내거나 낫으로 베어 내는 낚시꾼이 적지 않다. 물풀을 둥글게 제거한 다음 그 자리에다 채비를 던져 찌를 세우려는 의도다. 사실 물풀을 미리 제거하면 잡아채기만 수월한 것이 아니라 입질도 쉽게 파악할 수 있다.

물풀을 일부러 제거하는 것은 낚시꾼으로서 올바른 태도가 아니라고 주장하는 낚시꾼들이 적지 않다. 그들은, 낚시를 시작하기 전에 미리 물풀을 제거하는 행위를 두고 쓴 소리를 곧잘 한다.

그들은 물고기를 많이 잡기 위한 것이 목적이 아니라면 낚시에는 마땅히 지켜야 할 도리가 있다고 주장한다. 물고기 잡이로 생계를 이어야 하는 어부라면 물풀을 제거해서, 심지어 그물이나 어군탐지기를 동원해서라도, 물고기를 많이 잡으려 하는 태도는 흠이 될 수 없다. 하지만 물가로 휴식을 나온 낚시꾼이라면 법도를 갖추어야 한단다. 그 법도는 딱히 정해져 있는 것은 아니지만 대체로 물속 생태계를 함부로 훼손해서는 안 된다는 생각을 담고 있다.

물풀도 물고기와 함께 물속 생태계를 이루는 한 식구다. 물고기의 보금자리일 뿐 아니라 물을 정화하는 역할도 한다. 낚아낸 물고기야 낚시를 마치면서 물속으로 도로 놓아주면 별 탈 없이 살아간다. 하지만 물풀을 제거하면 생태계라는 물속의 근본 질서가 훼손된다. 낚은 물고기는 도로 놓아주면서 물풀은 제거해도 괜찮다는 생각을 갖고 있다면, 하나만 알고 둘은 모르는 어설픈 낚시꾼이란다.

그들은 물풀을 낚시의 장애물로 생각하지 말고 물처럼 낚시터의 필수 구성요소로 생각하라고 말한다. 챔질할 때 채비가 물풀에 걸려 물고기를 놓치게 되더라도 어쩔 수 없다는 것이다. 그래서 물고기를 놓치더라도 아쉬워하지 말라고 한다. 헛챔질을 몇 차례 하다보면 물풀이 채비에 걸려나오면서

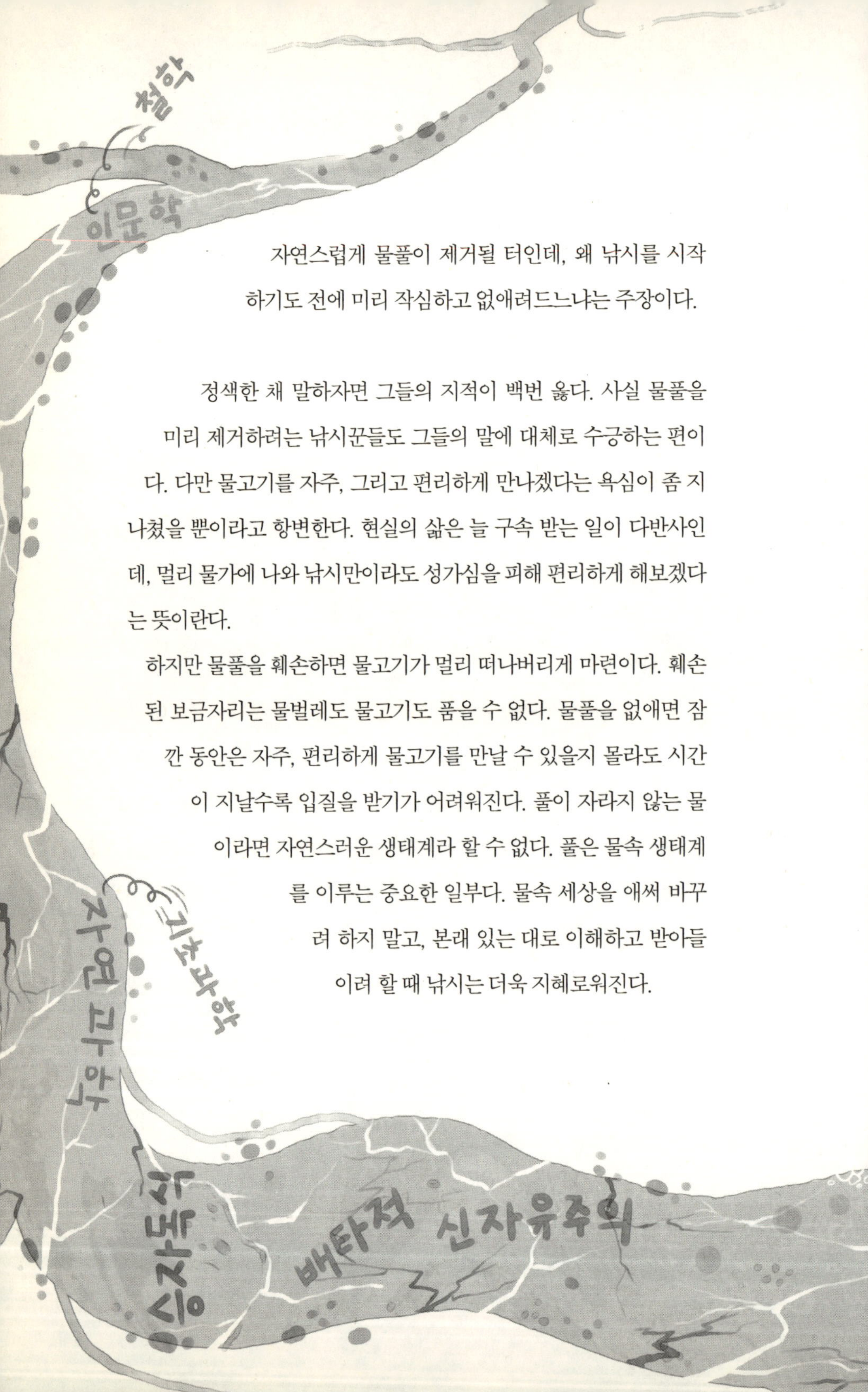

자연스럽게 물풀이 제거될 터인데, 왜 낚시를 시작하기도 전에 미리 작심하고 없애려드느냐는 주장이다.

정색한 채 말하자면 그들의 지적이 백번 옳다. 사실 물풀을 미리 제거하려는 낚시꾼들도 그들의 말에 대체로 수긍하는 편이다. 다만 물고기를 자주, 그리고 편리하게 만나겠다는 욕심이 좀 지나쳤을 뿐이라고 항변한다. 현실의 삶은 늘 구속 받는 일이 다반사인데, 멀리 물가에 나와 낚시만이라도 성가심을 피해 편리하게 해보겠다는 뜻이란다.

하지만 물풀을 훼손하면 물고기가 멀리 떠나버리게 마련이다. 훼손된 보금자리는 물벌레도 물고기도 품을 수 없다. 물풀을 없애면 잠깐 동안은 자주, 편리하게 물고기를 만날 수 있을지 몰라도 시간이 지날수록 입질을 받기가 어려워진다. 풀이 자라지 않는 물이라면 자연스러운 생태계라 할 수 없다. 풀은 물속 생태계를 이루는 중요한 일부다. 물속 세상을 애써 바꾸려 하지 말고, 본래 있는 대로 이해하고 받아들이려 할 때 낚시는 더욱 지혜로워진다.

물고기를 많이, 편리하게 낚아내려는 욕심에 사로잡히면 낚시
가 우스꽝스러워진다. 그런 사람의 낚시는 물고기를 유혹하기에
효과적인 기술을 습득하거나 부리는 데에만 집착할 것이다. 그
는 조과(釣果)에 지나치게 관심을 가지면서 스스로를 세속의 번
잡함 속에 가두는 어리석음을 범한다. 스스로를 마치 공인 자격
증을 가진 낚시기술자 쯤으로 한정한다. 그의 눈으로는 오직 물
고기만 보일 뿐 넓은 물속 생태계가 들어오지 않는다.

　욕심과 기술에 집착하는 낚시기술자들의 낚시질은 단지 물풀
을 없애는 행동에 그치지 않는다. 물 가장자리의 바깥에 자라는
버드나무나 갈대나 억새 등을 꺾거나 베어 내곤 한다. 챔질할 때
뿐 아니라, 채비를 수면으로 던질 때 시야를 가리거나 채비에 걸
린다는 이유에서다. 또 낚시를 시작하기 전에 미리 밑밥을 한껏
뿌려두곤 한다. 멀리 있는 물고기들을 자신의 낚시자리 쪽으로 불
러 모으기 위해서다. 밑밥을 많이 쓰면 물을 더럽히게 마련이다.

엄밀히 말하면 그런 행동을 낚시기술이라 할 수 없다. 낚시터를 훼손하고 물을 더럽히고 물속 생명붙이들의 보금자리를 어지럽히는 행동을 과연 낚시기술이라 할 수 있을까. 배고픔을 달래려는 뜻이 아니라면, 생계를 이으려는 뜻이 아니라면, 물고기를 많이 잡아 어디에다 쓰려는 걸까.

낚시기술자로서는, 자신이 기대한 만큼 많은 물고기를 낚아내지 못했을 때 낚시는 마음의 병을 주는 힘겨운 노동에 지나지 않을 것이다. 현실 생활에서 감당해야 하는 힘겨운 삶의 무게를 덜기는커녕 낚시터에서 더 무거운 심신의 부담만 안은 채 돌아올 뿐이다. 그 부담은 삶터에서 가족에게나 직장 동료에게 종종 떠맡겨지기도 한다.

조과에 연연하지 않는 낚시꾼이라 해서 숙련된 낚시기술을 갖지 말라는 법은 없다. 하지만 그들의 기술은 자연생태계를 훼손하지 않는다. 그들의 기술은 들판의 것들을 함부로 대하지 않는다.

물론 오랜 조력(釣歷)을 지닌 낚시꾼일수록 대체로 세련된 낚시기술을 갖고 있다. 오랜 세월에 걸쳐 낚시의 나이테가 한 겹 두 겹 확장되다 보면 저절로 기술에 숙련되게 마련이다. 또 기술을 연마하기 위해 평소에 물고기의 생활 습성이나 수중 생태계를 공부하고 그에 알맞은 기법을 터득하려는 낚시꾼의 자세는 성실하고 아름다워 보인다. 다만 조과에 집착하지 않을 때, 그 기술은 더욱 기품이 있어 보인다. 낚시기술이 기품 있어 보이는 것은 자연생태계가 허락하지 않는 무리한 기술을 쓰지 않기 때문이다.

건강한 물풀은 깨끗한 물과 함께 낚시질의 토대를 이룬다. 토대가 허약한 낚시는 근본이 허약한 낚시다. 이 토대가 무너지는 곳이라면 물고기도, 낚시꾼도 물을 찾지 않을 것이다. 사람세상도 이와 마찬가지가 아닐까.

철학이 빈곤한 인문학, 기초과학이 경시되는 자연과학, 윤리가 없이 돈만 좇는 경제활동, 사랑이 빈약한 이웃관계, 일등만 살아남을 수 있는 승자독식의 시장만능 풍토, 소통과 공존을 인정하지 않는 배타적인 신자유주의 질서 혹은 세계화 풍조……. 유감스럽게도 사람세상이 점차 그렇게 토대가 허약한 방향으로 급속히 나아가고 있다. 사람세상이 나날이 팍팍해져간다.

그런 세태를 낚시로 말하자면, 물풀 없이도 물고기만 많이 잡으면 최고라는 식의 태도가 아닐까. 낚시질도 세상살이도 본데가 있어야 즐겁다.

물고기의 기억력, 3초

흔히 지능이 나쁜 사람을 향해 물고기 머리 같다고 놀리곤 한다. 물고기는 기억력이 몹시 나빠 겨우 삼 초 만에 자신이 한 행동을 잊어버린다고 한다. 그것이 정말일까?

낚시꾼들 사이에서도 물고기는 기억력이 무척 나쁘기로 소문 나 있다. 낚싯바늘에 꿰인 미끼를 먹었다가 낚인 물고기를 물속으로 돌려보냈더니 잠시 후 그 녀석이 다시 낚이더라는 말이 떠돌아다닌다. 그 소문이 정말일까?

낚시꾼이 가끔 홀로 찾는 물웅덩이가 있다. 충북 내륙의 산속에 있는 이백 평쯤 되는 작은 둠벙 못이다. 주로 탁 트인 곳에 있는 큰 호수나 강을 찾아다니다가, 어쩌다 산으로 빙 둘러싸인 이 아담한 둠벙에 찌를 세워놓고 앉아 있으면 색다른 감흥이 생겨난다. 아늑한 안방 같은 느낌이다.

어느 겨울날 낚시꾼은 이 둠벙에 앉아 있다. 산으로 둘러싸여 있어 바람은 타지 않는다. 하지만 해가 중천에 떠 있어도 날이 너무 춥다. 그는 두꺼운 방한복 차림에 휴대용 난로를 켜놓았다.

신기하게도, 이 둠벙은 물이 바깥으로부터 들어오지 않고, 바깥으로 흘러나가지도 않는다. 땅속에서 물이 샘솟아 잠시 머물다가 다시 땅속으로 빠져나가는 것이다. 물길이 지하에 숨어 있다. 더욱 신기하게도, 이 물은 한겨울에도 얼음이 얼지 않는다. 땅속에서 솟는 물이 따뜻하기 때문이다. 아마 누군가가 이 물을 알게 되면 온천을 만들려는 욕심을 낼 법도 하다. 기온이 심하게 떨어지면서 물이 얼어붙어 낚시할 곳이 마땅치 않아, 그는 이곳을 찾아왔다.

낚시꾼은 이곳에서 좀 엉뚱하다싶은 실험을 하고 있다. 물고기는 기억력이 정말 나쁜 것일까? 나쁘다면 얼마만큼 나쁠까?

해가 저물 무렵 찌가 솟아올라 붕어 한 마리를 낚아냈다. 등지느러미에다 무명실 한 토막을 매달아 물속으로 돌려보낸다. 다시 찌가 솟아 또 붕어 한 마리. 역시 등지느러미에다 실을 매달아 놓아준다. 붕어뿐 아니라 피라미와 동자개와 가물치도 낚여 나온다. 이들도 실을 매달아 물속으로 돌려보낸다. 실을 매다는 이유는 한 번 낚인 물고기가 나중에 다시 낚이는지 확인하기 위해서다. 만약 등지느러미에 실을 매단 녀석이 낚인다면, 놓아준 녀석이 다시 입질을 했기 때문임이 분명하다.

이 둠벙은 그다지 넓지 않기 때문에 여느 큰 호수에 비하면 물고기의 서식밀도가 높을 것이다. 또 이곳의 물고기는 호수가 좁다보니 채비가 가라앉은 곳을 중심으로 활동범위도 좁을 수밖에 없다. 게다가 낚시꾼들이 자주 찾는 곳이 아니어서 물고기는 인기척에 대한 경계심이 별로 없을 것이다. 그래서 이 둠벙에서는 한 녀석이 두 번 이상 자주 입질을 할 가능성이 높다.

그는 미끼로는 지렁이 한 가지만 쓰고 있다. 낚시꾼들은 초봄이나 겨울에는 떡밥 같은 곡식가루 미끼보다는 지렁이 같은 동물성 미끼를 자주 쓴다. 곡식가루를 미끼로 쓰는 것은 고소한 냄새로 물고기를 유인하는 효과를 보기 위함인데, 대개 초봄이나 겨울에는 수온이 낮아 냄새가 강하지 않고 멀리 퍼지지도 않는다. 그래서 곡식가루 미끼는 물고기를 후각으로 유혹하는 데 한계가 있다는 것을 낚시꾼들은 경험으로 알고 있다.

해가 지고 어둠이 깃들자 입질이 더욱 잦아졌다. 물고기를 낚아낼 때마다 실을 매단 녀석인지 손전등으로 확인하고서야 물속으로 돌려보낸다. 밤이 깊어지자 추위가 심해진다. 낚시꾼은 추위를 더 이상 견딜 수 없겠다싶어 짐을 꾸린다. 자정 무렵까지 실을 매단 녀석을 아홉 마리 낚았다. 붕어가 세 마리, 피라미와 동자개가 각각 두 마리, 가물치와 메기가 각각 한 마리다. 이 가운데 붕어 한 마리와 동자개 한 마리는 실을 두 개씩이나 매달고 있었다.

얼추 일곱 시간 동안 두 번, 심지어 세 번이나 낚였으니 물고기는 기억력이 좋지 않다는 속설이 사실로 확인된 셈이다.

물고기는 입에, 특히 위턱에 고통을 느끼는 신경기관인 통점이 없다는 말이 낚시꾼들 사이에 널리 퍼져 있다. 그렇다면 혹시 입이 바늘에 찔려도 아픔을 느끼지 못했기 때문에, 아예 아픔 자체가 없기 때문에 두 번, 세 번 입질을 한 것이 아닐까? 두 번씩이나 입이 바늘에 찔렸다면, 사람의 상식으로는 입이 너무 아파 더 이상 미끼를 빨아들이기 어려울 것 같다. 하지만 두 녀석은 세 번씩이나 입질을 했다. 물고기는 입, 특히 위턱에는 통점이 없다는

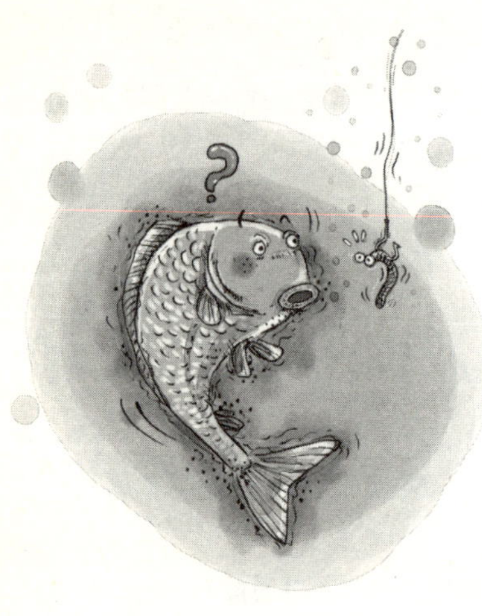

통설이 틀린 말이 아닌 듯하다. 그렇다면 이번 실험으로, 물고기는 기억력이 좋지 않다는 속설이 사실로 확인됐다고 단언할 수는 없지 않은가? 단언해도 괜찮을 듯하다.

설령 입으로 아픔을 느끼지 못했다 해도, 몸의 다른 부위로는 아픔을 느꼈을 것이다. 아마 낚시에 끌려 물 밖으로 나왔을 때 호흡곤란을 겪었을 것이다. 물고기는 아가미로 물속의 산소만 들이마실 뿐 공기 속의 산소로는 숨을 쉬지 못하기 때문이다. 아픔을 입으로 느끼지 못했다면, 호흡기로는 느꼈을 것이란 얘기다. 지렁이를 삼켰더니 호흡곤란을 겪게 되더라, 라는 고통의 경험을 그리 오랫동안 기억하지는 못하는 것이다.

물고기가 쉽게 잊는 것은 고통의 경험만이 아닐 것이다. 지렁이를 삼켰더니 행동의 자유를 잃어 마음먹은 방향대로 나아갈 수 없게 되더라, 라는 속박의 경험도 쉽게 잊어버리나보다. 지렁이를 삼켰더니 물속으로 끌려나오자마자 강력한 힘(사람의 손이 쥐고 누르는 힘)에 의해 몸이 압박을 받게 되더라,

라는 불쾌한 경험도 쉽게 잊어버리나보다.

　다만, 그런 경험을 기억하는 시간이 정말 삼 초밖에 안 되는지는 낚시꾼은 확인하지 못했다.

　물고기의 기억력이 정말로 '지속시간 삼 초'라면, 단순히 기억력이 좋지 않다는 표현만으로는 부족하다. 사람으로 치면 치매, 혹은 기억상실증 환자다. 삼 초는 물고기에게 긴 시간일지 몰라도 사람에게는 한 순간에 지나지 않는다. 물고기는 과거를 기억하지 못한다고 해도 지나친 말이 아닐 것 같다.

　물고기의 기억 지속시간 삼 초는 어쩌면 사람들에 의해 지나치게 축소된 시간일지도 모른다. 하지만 기억 지속시간을 좀 더 늘려 삼십 분, 세 시간, 심지어 삼 일이라 해도 물고기는 기억력이 아주 나쁜 동물이라는 사람들의 확신에 별다른 영향을 미칠 게 없다. 실험대로라면, 물고기는 자신의 과거를 기억할 수 있는 시간이 길게 잡아도 서너 시간일 정도로 아주 짧다는 것만은 사실임에 분명해 보인다.

　과거의 일을 기억 못하면 불행해질까. 붕어는 기억력이 나빠 불행한 동물일까. 낚시꾼은 물고기의 형편없는 기억력에 관해 그렇게 자문해본다. 붕어 당사자가 아니고서야 정답을 구할 수 없어, 어리석은 물음인 듯하다. 다만, 물고기가 지금보다 기억력이 더 좋았더라면 그리 쉽게 사람의 낚시꺼리 신세가 되지는 않았을 것이다. 물고기가 기억력이 더 좋았더라면 사람은 낚시 대상으로 다른 동물을 찾아야 했거나, 낚시 기법을 더 향상시켜야 했을 테다.

　인간이 붕어보다 기억력이 좋은 것은 틀림없다. 그렇기로서니 붕어보다 반드시 행복하기까지야 할까. 인간은 월등히 뛰어난 기억력만큼 붕어보다

월등히 행복할까.

인간은 좋은 기억력 덕분에 지능을 발달시킬 수 있어, 야생의 냉엄한 약육강식 질서로부터는 멀리 벗어나 있다. 사실 들판의 뭇 생명들은 종(種) 사이의 먹이사슬로부터 한시라도 마음 푹 놓고 지내기가 쉽지 않을지 모른다. 약한 자는 먹히지 않으려고, 강한 자는 조금이라도 더 많은 먹이를 구하려고 늘 걱정하며 살고 있을지 모른다. 인간은 긴 진화의 세월을 거치며 지능을 키운 덕분에 그런 불안에서 상대적으로 자유로워질 수 있었을 것이다.

인간이 여러 생명체들 가운데 유일무이한 독보적 존재로 살고 있다는 인식, 그런 자의식은 스스로 부담이 되기도 하는 것 같다. 뛰어난 지능에 걸맞은 삶을 살아야 한다는 인간의 자의식은 다른 동식물을 희생시키지 않고서는 유지하기 쉽지 않은 배타적 우월감이다. 사실, 유일무이한 종으로서 자존심을 지켜나가려면 끊임없이 다른 종을 길들이고 학대하고 살생해야 할 것이다. 인간의 그런 심리적 부담은 이제 타성으로 변해 같은 종끼리도 학대나 살생을 낳고 있는 것 같다. 민족 간에, 인종 간에, 종교 간에, 이념 간에, 지역 간에, 그리고 탐욕이나 어리석음 탓에 서로 미워하거나 빼앗거나 죽이거나 하는 짓은 그런 심리적 부담에 기원을 둔 것이 아닐까?

생명체의 무수한 종 가운데 가장 뛰어난 동물로 살아가는 것에 그런 부담이 따른다면 삶이 행복하다고 할 수 있겠는가. 인간은 붕어보다 기억력이나 지능이 뛰어난 것은 분명하지만 반드시 행복하다고 자신 있게 말하기란 쉽지 않을 것 같다. 인간에게 지능의 발달이란 다른 종에 기생하거나, 다른 생명체들을 부려먹거나, 자기네들끼리 미워할 수 있는 힘을 길러온 과정에 다름 아닌 것 같다.

인간만의 세상에서는 기억력이 나쁠수록 불행해질 가능성이 높을 것 같다. 기억력이 나쁘면 경험이나 학습을 통해 세상의 질서나 이치를 깨우치기가 쉽지 않기 때문이다. 하기야 인간이 스스로 자랑하는 문명이니 문화니 하는 것도 기억력이 좋지 않았다면 생겨나지 않았을 것이다.

사람은 붕어보다, 아니 그 어떤 동물보다도 훨씬 뛰어난 기억력을 지녔다. 그래서 아름답지 못한 과거는 미래에도 아름답지 못한 기억으로 남을 수밖에 없다. 곧, 사람은 아름다운 과거를 자주 경험했을수록 미래가 더욱 행복해질 것이다. 현재는 한시도 한곳에 머물러 있지 않는다. 현재는 한 순간에 곧바로 과거가 되어버린다. 현재의 시간에 아름다운 과거를 많이 만들수록 삶이 더욱 행복해지지 않겠는가.

물고기는 바다를 돌아보지 않는다

바람을 등지면 길 걷기가 수월해진다. 바람에 맞서면 걸음걸이가 힘겨워진다. 물에서도 마찬가지다. 물 흐름을 등져야 항해가 순탄해진다. 배는 물이 나아오는 쪽에서 나아가는 방향으로 나아가야 순항할 수 있다. 뭍에서든 물에서든 흐름에 역행하면 삶이 힘겨워지게 마련이다. 그런데 물고기들은 그런 이치를 아는지 모르는지 물 흐름에 역행하며 살아간다.

물고기들은 평소 머리를 물이 흘러오는 상류 쪽으로 둔다. 물이 흘러가는 하류 쪽을 내려다보지 않으려는 습성을 갖고 있다. 그들은 하류 쪽으로 나아갈 때도 머리를 상류 쪽으로 둔 채 뒷걸음치듯 움직이곤 한다. 물론 하류 쪽에 있는 호수로 이동할 때도 머리를 호수 쪽으로 두지 않는다. 이를테면, 얕은 시냇물에서 자주 볼 수 있는 피라미나 송사리들은 늘 수십, 수백 마리씩 떼 지어 몰려다니지만, 모두 하나같이 머리를 물이 흘러오는 쪽으로 둔다.

낚시꾼이라면 물고기들의 이런 습성을 잘 알고 있을 것이다. 피라미나 산천어나 끄리나 누치 등을 상대로 루어낚시를 하는 사람들은 대개 하류에서 상류 쪽으로 거슬러 오르면서 채비를 던진다. 이들과 정면으로 마주치기보다는 뒤꽁무니를 살며시 따라가려는 뜻이다. 그래야 녀석들의 경계심을 자극하지 않을 것이다.

물고기들은 왜 상류 쪽만 쳐다보며 살아갈까? 자신의 몸을 물 흐름에 자연스럽게 내맡기면 삶이 더욱 편할 텐데 왜 물의 흐름에 맞서면서 살아갈까? 왜 하류의 깊고 넓은 세상보다, 좁고 얕은 쪽을 지향하는 걸까? 흐르는 물에 늘 머리를 부딪치면서 살다보면 두통도 심할 텐데.

물론 낚시꾼들이 강에서 자주 만나는 붕어나 잉어도 물줄기의 위쪽을 바라보며 살아간다. 물고기들의 상류 지향성은 낚시꾼들에게 언제나 신비롭고 매력적이다. 그래서 상상력을 끊임없이 자극하곤 한다.

민물고기의 상류 지향성은 기나긴 진화의 과정에서 삶의 방식을 바다에서 강으로 옮긴 흔적이 아닐까. 민물고기는 원래는 바다에서 살았다고 한다. 아득히 먼 옛날 민물고기들은 무슨 이유에서인지 넓고 깊은 바다를 떠나 민물로 거슬러 올라왔다. 바다는 살기에 너무 황량해서인지, 몸집이 큰 바닷고기들이 무서워서인지, 바다의 소금기가 싫어서인지, 얕은 민물에서 햇볕과 햇빛을 많이 받기 위함인지 까닭은 몰라도 하여튼 그들은 바다를 버리고 강을 선택했다. 강으로 거슬러 오르면서 취했던 앞으로나란히의 방향을 뒤로 돌리지 않은 채, 옆으로도 틀지 않은 채 지금까지 그대로 유지한 채 살아오고 있는 셈이다. 바다와는 언제나 정반대 방향으로 시선을 두어왔다. 뒤를 돌아보지 않으려는 태도! 참으로 대단한 고집이다.

호수에 머무는 물고기들은 머리를 두는 방향이 일정하지 않다. 호수는 물 흐름이 없거나 미약하기 때문이다. 아마 오래전 이들이 바다에서 살았을 때도 지향 방향이, 호수에서처럼, 일정하지 않았을 것 같다. 물줄기가 강으로 이어진 호수라면, 이들은 강에 머물 때만큼은 머리를 상류 쪽으로 향한다. 또 호수에 머무는 물고기를 붙잡아다가 물 흐름이 일정한 강으로 옮겨놓으면, 그 물고기는 이내 머리를 상류 쪽으로 돌린다.

물고기가 진화해온 긴 역사로 보면 바다와 강과 뭍은 서로 경계가 모호하다. 오랜 시간 속에서라면 물고기들은 딱히 정처가 없는 셈이다.

이를테면, 고래는 원래 뭍에서 살다가 바다로 나아갔다고 한다. 고래는 아가미 호흡을 할 수 없어 숨을 쉬려면 수면 위로 떠올라야 한다는 사실이 뭍에서 살았던 증거라 한다. 고래는 폐로 숨을 쉬려고 떠올랐다가 포경선의 화포와 작살을 맞아 목숨을 잃곤 한다. 고래는 호흡법을 바꾸지 않은 채 성급하게 바다로 나갔다가 수난을 겪고 있는 셈이다. 고래는 머리를 두는 쪽이 상류인지 하류인지 구분이 없어 지향의 정처가 없다.

연어나 송어나 은어는 강에서 태어나 바다로 나갔다가 번식을 위해 다시 강으로 돌아온다. 이들은 아직 바다와 민물 가운데 한곳을 삶터로 확실하게 정하지 못했나보다. 이들은 강에서 살 때만큼은 머리를 상류 쪽으로 둔다.

숭어나 황어나 망둑어 같은 녀석들은 바닷물과 민물이 교차하는 하구 생태계에서 살아간다. 이들은 민물고기도 아니면서 바닷고기도 아닌 셈이다. 이들도 세월이 더 지나면 민물 아니면 바다, 둘 중 어느 한 곳을 선택하지 않

바다
강

을까? 물론 민물을 선택하면 머리를 강 쪽으로 둘 것이다.

각설하고, 민물고기가 강에서 상류 쪽만 바라보면서 살아가는 것은 다시는 바다로 나가지 않겠다는 뜻이 아닐까. 두 번 다시 바다를 쳐다보지 않겠다는 단단한 결심, 혹은 각오 같은 것. 물결에 몸을 그냥 내맡기다보면 자칫 바다로 흘러들어갈지도 모른다는 강박관념이 그들의 상류 지향성에 배어 있는 듯하다. 한시라도 긴장을 늦추지 않으려고 시선을 상류 쪽으로 두나보다. 민물고기들은 번식마저 상류의 얕은 곳에서 한다. 하류 쪽에서 산란을 하면 새끼들이 물살에 휩쓸려 바다로 떠내려갈까, 염려하기 때문이 아닐까.

그들은 민물로 나오기 이전, 바다에서 무슨 끔찍한 일을 겪었기에 그토록 오랜 세월이 흐르도록 하류 쪽으로 얼굴조차 돌리려 하지 않는 걸까? 바다에 대한 외면이 무서우리만큼 철저하다. 곁눈질 한번 하지 않는 그 일관된 배반에서 우직한 신의가 풍겨난다. 사람세상에서는 그리워하는 대상이 너무 자주 바뀌면 신의가 없게 느껴지게 마련이다.

민물고기에게는 그리움의 정서가 없나보다. 하긴 기억력이 삼 초밖에 안된다면 바다를 향한 그리움이 남아 있을 리 없다. 바다를 떠난 지 너무 오래되었기 때문일까. 바다를 떠날 당시의 그들의 조상들은 아쉬움이나 미련이 남아 바다 쪽으로 자주 뒤돌아보곤 했을까.

물을 거슬러 오르는 민물고기의 움직임은 엉뚱한 곳, 사람세상에서 그리움을 낳았다. 사람들은 그들 자신의 세상에서 그리움을 차츰 잃어간다. 세상에서 기억력이 가장 좋다는 동물, 사람은 자기네끼리는 그리움의 정서를 잊어간다. 그 대신 먼 물속세상을 향해 그리움을 나타내려 한다. 틈만 나면 물가로 나가려 하는 낚시꾼들의 태도도 바로 그리움 때문이다. 잃어버린 순수한 생동감을 되찾으려는 몸부림이다. 그것은 계산된 행동이 아니라 순전히 본능이다.

사람들은 역행으로부터 강한 생동감을 경험하곤 한다. 위에서 아래로 자연스럽게 떨어지는 빗방울보다는 중력을 거스르면서 치솟는 분수에서 더 큰 생동감을 느낀다. 강물에서라면 물결에 몸을 맡긴 채 떠내려가는 지푸라기나 나뭇가지에서는 활기나 기력이 느껴지지 않는다. 사람들은 물결에 맞서는 물고기의 자세와 동작을 보면서 자신의 마음속에다 강한 생동감을 만들어 내곤 한다. 사람세상에서는 날로 생동감이 사라지면서 외로움이 그 자리를 차지해가고 있다. 첨단의 정확함이 지배하는 기계문명이나 전자문명에서 생동감이 솟아날 리 없다.

물고기들의 정직한 역행에는 순진한 생동감이 담겨 있다. 낚시꾼들은 순수한 역행이 선사하는 생동감을 잊지 못해 늘 물을 그리워한다. 천 리 먼 길의 물을 마다하지 않고 찾아가거나, 높고 험준한 비탈길을 단숨에 오르거나, 어둡고 긴 밤을 홀로 지새우거나, 허기나 추위나 무더위를 참아낼 수 있는 밑천은 순전히 그리움의 힘이다. 낚시의 동력은 그리움이다.

4. 들판 여행 - 그리움을 찾아서

현대인이 다니는 길에는 가파른 언덕이 없다. 예전의 가파른 언덕길이 모조리 불도저에 깎이거나 폭약에 구멍이 나면서 지금은 평탄해졌다. 평탄한 길만 가는 사람은 가진 것을 내놓거나 쉬어갈 줄 모른다. 오르막을 오를 때는 가진 것을 조금이라도 버려야, 고갯마루에서는 잠시라도 쉬어야 숨이 덜 차다. 현대인은 그런 이치를 몰라서인지 날로 욕심이 늘어나고 쉬어가는 여유는 사라져간다.

현대인의 본거지 서울에는 대치동, 대현동, 애오개, 무악재, 박석고개 등의 고갯길이 이름으로만 남아 있다. 들판으로 나가보면 아직 명실이 상부하는 고갯길이 남아 있고, 그 길을 걷다보면 욕심이 사라지고 쉬어가는 여유는 늘어난다.

바람기 달래기

낚시꾼이라면 누구나 바람기를 갖고 있다. 바람을 쐬려고만 한다면 집 대문을 나서기만 하면 되겠지만, 바람기를 달래려 한다면 좀 멀리 나가야 한다. 긴 겨울 내내 좁은 방안에서, 사무실에서 움츠려 있던 바람기를 넉넉하게 달래려면 이른 봄에 도시를 벗어나 서쪽으로 가는 것이 좋다. 바람기를 달래주지 않고 참으려고만 한다면 병이 나기 쉽다.

바람맞이에는 서풍이 제격이다. 네 가지 방향의 바람 가운데 서풍이 가장 강하기 때문이다. 힘에서나 지속성에서나, 서쪽으로부터 불어오는 바람이 가장 세다.

이 한반도는, 좀 유감스러울지라도, 바람이 고르지 않다. 바람은 늘 서풍이 지배한다. 때와 곳에 따라 조금씩 차이가 나지만, 서풍은 다른 바람을 크기나 지속성에서 압도한다. 다른 방향으로부터도 바람이 불어오지만 서풍에 비해 일시적이거나 약하다. 겨울에 살을 에는 듯한 차가운 북서풍도 북쪽으로 조금 치우쳐 불어오는 바람이지만 크게 보면 서풍의 변종이다. 깊은 산이나 들판에서 바람이 홀로 생겨나기도 하지만 수명이 길지 않다. 여름과 가을의 태풍은 강한 힘을 지녔지만 한 순간 스쳐가는 바람일 뿐이다. 태풍은 대개 남쪽에서 올라오다가 한반도 근처에서 동쪽으로 진로를 틀곤 하는데, 그것은 서풍의 강한 힘에 막히기 때문이다.

전라, 충남, 경기, 인천의 서쪽에는 늘 바람이 많다. 바람이 강하게 자주 분다. 그곳은 사시사철 강한 서풍에 거침없이 맞닥뜨리기 때문이다. 그래서 바람의 세기로 치자면 서쪽 해안지방이 언제나 가장 강하다. 이른 봄에 황사먼지를 가장 먼저, 많이 뒤집어쓰는 곳도 서쪽 하고도 서해안이다. 강원, 경북의 동쪽보다 전라, 충남, 경기, 인천의 서쪽에 황토가 많은 것은 오랜 세월 황사가 서풍을 타고 날아와 차곡차곡 쌓였기 때문이라 한다. 지금은 중국 대륙 쪽의 공기가 지저분해지면서 황사가 고약한 물질까지 묻혀온다지만 예전에는 그냥 순진한 바람에 실려 온 순수한 흙 알갱이였을 것이다.

서해안에는 들이 넓고, 들녘 사이로 좁은 물길이 많이 나 있다. 높거나 긴 산맥이 별로 없고, 사람들이 오래전부터 바다를 메워 논을 넓게 만들어놓았다. 그곳은 사방이 온통 휑하니 트여 있어 바람을 피할 길이 없다. 인천의 강화, 경기의 화성, 충남의 서산 태안 당진 서천, 전북의 김제 부안 고창, 전남의 함평 해남 등 서해안쪽 들녘은 바람기를 달래려는 낚시꾼들로 자주 붐빈다.

서쪽은 바람도 많지만 봄도 동쪽보다 일찍 온다. 봄기운은, 위도로 볼 때 적도와 가까운 남녘으로 먼저 오지만 서해안으로도 그리 늦지 않게 찾아오는 편이다. 서해안의 봄은, 서풍이 낮은 고도를 타고 불어올 때 함께 묻어온다.

겨우내 답답하게 갇혀 있던 바람기는 하루라도 일찍 달래주는 편이 건강에 이롭다. 그래서 들이 넓어 물길이 많고, 봄이 서녘바람에 일찍 묻어오는 서해안쪽으로 가는 것이 좋다.

어느 주말, 낚시꾼은 충남 태안의 신두리저수지 가장자리에 홀로 앉아 있다. 이곳은 서해안의 태안해상국립공원과 맞닿은 봄맞이 최전선이다. 달력은 양력을 기준으로 삼아, 이월 말이니 아직 봄이 아니라고 말한다. 하지만 그의 마음은 벌써 봄이 왔다고 한다. 이 호수는, 사람들이 오래전 바다 한쪽을 메워 넓은 논을 만들면서 그 논에 댈 물을 가둬놓은 곳이다. 호수에 물이 가득 차 있어 이곳 들녘은 올봄에 가뭄걱정은 안 해도 될 것 같다.

그는 호수둔덕을 덮고 있는 지푸라기를 손으로 헤집어 걷어낸다. 이어 두 눈을 흙 가까이 갖다대어 본다. 쑥으로 보이는 어린 새싹들이 파릇파릇 움트고 있다. 그렇다면 누가 뭐래도 이곳은 봄이다. 며칠만 지나면 새싹들은 지푸라기 틈새로 얼굴을 내밀 것이다. 먼 남쪽 해남으로 낚시를 떠난 친구는 논두렁이 온통 쑥으로 파랗게 물들었다고 엊그제 낚시꾼에게 봄소식을 전해주었다.

호수에는 오후 들어 바람이 강하게 분다. 물결이 넘실넘실 높게 인다. 오전에는 바람이 약해 물결이 잔잔했는데. 찌도 물결에 휩쓸려 춤을 춘다. 찌가 춤을 추니 물고기가 입질을 하는지 알아내기가 쉽지 않다. 하긴 저 찌도 긴 겨울동안 낚시가방 속에 갇혀 얼마나 답답했을까. 찌도 제 몸을 흔들면서 바람기를 달래려나보다. 낚시꾼은 흔들리는 찌를 오랫동안 바라보고 있으니 눈이 침침해진다. 머리가 아파오면서 어지럽기까지 하다. 바람은 점점 더 강해진다.

어쩔 수 없이 텐트 속으로 기어들어가 누웠다. 텐트도 바람에 사정없이 흔들린다. 입구 쪽의 얇은 문풍지가 바람에 펄럭이면서 윙윙 하고 울어댄다. 이런 날씨에서는 아무래도 낚시를 할 수 없다. 그는 바람이 잦아들기를 기다리면서 서둘러 저녁밥을 짓는다.

눈을 떠보니 어둡다. 강한 바람을 오래 맞아 두통기가 있는데다 식곤증까지 겹쳐 잠이 들었나보다. 해는 이미 떨어졌다. 반갑게도 바람이 잦아들었다. 호수도 잔잔해졌을 것이다. 낚시꾼은 두꺼운 방한복을 걸친 채 밖으로 나가 다시 낚시자리에 앉았다. 찌에 발광체를 달고 미끼를 갈아 꿰어 채비를 수면을 향해 던진다.

그의 경험으로 큰 붕어는 늘 밤중에 만났다. 일년에 한두 번꼴로 하는 월척도 대부분 밤낚시에서 했다. 어둠 속에서 찌가 빛의 모습으로 중후하게 솟아오르는 모습을 머릿속으로 가만히 그려본다. 그는 올해 처음으로 나선 낚시여서인지 내심 월척욕심을 낸다. 하지만 찌는 오래토록 꼼짝도 하지 않는다. 자정이 훨씬 지났을 텐데. 하긴, 찌가 어디 시간 따라 움직이던가. 시간은 오직 사람에게만 있는 초조함일 뿐이다. 붕어는 늘 느긋해 시간이 없다. 조급해하는 쪽은 언제나 낚시꾼이다. 아무리 기다려도 붕어가 입질을 안 한다고 투덜대면서.

새벽 무렵에 찌가 조금씩 움직인다. 하지만 찌의 동작으로 보건대 물고기 입질 때문이 아니라 바람의 심술 때문이다. 바람이 다시 불기 시작하려는 모양이다. 날이 새자 어제 오후에 불었던 세기만큼 바람이 세차게 분다. 그는 다시 텐트 속으로 들어간다. 어쩌랴, 봄바람인 것을.

바람은 틈을 어떻게 찾아냈는지 텐트 속으로 파고든다. 두꺼운 방한복 속으로도 틈을 찾아 스며들어온다. 봄바람은 눈이나 더듬이를 가졌나보다. 바람 없이 기온만 낮은 추위라면, 텐트에 방한복이면 견딜 만 할 텐데. 이럴 줄 알았으면 담요라도 한 장 갖고 올 것을. 기온은 그다지 낮지 않은데 바람이 횡포를 부리는 바람에 체감기온이 너무 낮다.

충치를 앓는 왼쪽 어금니가 바람을 많이 맞은 탓인지 뿌리째 아파온다. 겨우내 아무런 통증이 없었는데. 이어 왼쪽 볼이 볼록 부풀어 오른다. 두통에다 현기증까지 생겼다. 몸에 한기가 느껴지니 몸살까지 왔나보다. 어쩔 수 없이 주섬주섬 짐을 꾸린다. 월척은커녕 입질조차 단 한 번도 보지 못했다. 절기상으로는 벌써 입춘도 우수도 지났으니 봄이긴 한데……. 바람을 심하게 맞은 탓인지 봄이 왔다는 그의 확신이 갑자기 흔들리기 시작한다. 뼈 속 깊이 스며드는 듯한 서해안 봄바람은 너무 잔인해 무섭다.

낚시꾼은 집으로 돌아오자마자 치과에 들러 충치를 빼냈다. 안방에서 이불을 뒤집어쓴 채 드러누웠다. 아내는, 처자식을 버려둔 채 혼자 나가더니 쌤통이라면서 봄바람만큼이나 무섭게 한마디 쏘아붙인다. 마음속에 오래 묵었던 바람기를 올해 첫 낚시에서 충분히 빼낸 셈이다. 하지만 바람기는 빠지자마자 곧바로 다시 생겨나게 마련이다. 오는 주말에는 서해안 어디를 찾아가 바람기를 빼낼지, 이불속에서 곰곰이 생각해본다.

낚시꾼에게 봄은 해마다 그렇게 찾아왔다. 올 때마다 몸살로 다가왔다. 끙끙대면서 들판의 바람과 한두 번 맞서다보면 봄은 어느새 서해안을 지나 내륙까지 깊숙이 들어와 있었다.

석모도 소금밭

서해안의 섬, 강화도에 딸린 또 하나의 섬, 석모도. 이 외딴 작은 섬에도 붕어가 살아간다. 아주 많이 산다. 사람은 대략 2,500명밖에 살지 않는다지만 붕어는 사람보다 훨씬 더 많다. 붕어가 살면 아무리 외진 곳이라 해도 낚시꾼이 벌처럼 나비처럼 찾아든다.

석모도 붕어는 모두 소금기에 절어 산다. 석모도 들녘이 모두 갯벌로 통하기 때문이다. 석모도 들녘의 논은 대부분 오래전부터 갯벌을 메워 만들어진 것이다. 하지만 논은 갯벌과 단절되지 않은 채 늘 소통한다. 논 사이사이로 좁은 물길이 실핏줄처럼 흐르면서 갯벌로 이어지기 때문이다. 만조 때는 바닷물이 물길을 타고 거꾸로 치오른다. 붕어는 어쩔 수 없이 소금기를 견디어야 한다. 붕어는 언제 어디서나 참을성이 강해 생명력이 강한 물고기다.

어느 늦가을 날 오후, 낚시꾼은 석모도 어류정 갯벌로 이어지는 논 사이의 좁은 물길, 그 가장자리에 앉아 있다. 이날 오전 여객선 배편으로 섬에 도착할 때부터 코끝으로 전해오던 바다냄새가 아직도 향긋하다. 가을에는 젓갈이 제철이라 바다냄새가 더 진하게 풍긴다. 아마 가까운 어류정 항구에는 새우와 밴댕이가 소금에 흐물흐물 절여진 젓갈시장이 질펀하게 섰을 것이다.

그의 발아래 물속에는 손바닥만한 붕어 다섯 마리가 살림그물에 담겨 있다. 낚싯대를 펴고 한 시간도 안 돼 다섯 마리를 낚았으니 이 물길 속에는 붕어가 참 많은가보다. 가을햇살과 가을바람에 영그는 벼이삭을 닮아선지, 붕어는 토실토실하게 살이 올라 있다. 소금기에 절어 살면서도 피부가 탱글탱글하다. 석모도 붕어가 소금기를 견딜 수 있는 것은 햇살과 바람 덕분인가보다.

낚시꾼의 시선이 물길을 따라 내려간다. 물길은 이삼백 보쯤 흘러가다가 갯벌과 만난다. 썰물 때인지 물길은 그리 깊지 않다. 밀물 때라면 바닷물이 밀려들면서 물이 깊어질 것이다. 물에 소금기가 많아질 것이다. 이 물은 민물인가, 바닷물인가. 육지에 딸린 물길인가, 바다에 딸린 물길인가.

그는 살림그물에 담긴 붕어를 다시 한번 내려다본다. 이 녀석들은 민물고

    4. 들판 여행 - 그리움을 찾아서

기인가, 바닷고기인가. 찐 옥수수낱알에 유혹되어 낚였으니 분명 민물고기
인데……. 한 녀석을 꺼내어 코에 갖다댄 채 냄새를 맡아본다. 갈치나 고등
어 같이 비릿하지는 않아도 바다냄새가 조금 나기는 난다. 그 냄새가 붕어
몸에서 나는 것인지, 몸에 묻은 물에서 나는 것인지는 알 수 없다. 물길 속의
물을 손가락으로 찍어 맛을 본다. 짭조름하다. 밀물 때는 짠맛이 더 강해질
것이다. 짠물 속의 붕어라면, 소금기와 하나가 되지 않고서는 살 수 없을 것
이다.

　해가 기울어 붕어를 모두 물로 돌려보내고 낚싯대를 걷는다. 석모도 선착
장에서 강화도로 가는 여객선의 마지막배 시각에 대려면 좀 서둘러야 한다.
가는 길에 매음리에 들러 염전도 구경할 작정이다. 그는 석모도에 낚시를
올 때마다 매음리 염전을 구경하곤 했다.

　염전은, 말 그대로 소금밭이다. 천일염을 만드는 밭이다. 바닷물을 퍼 올
려 평평하게 넓은 밭에 가둔 다음, 수분을 증발시키고 남는 결정체가 소금
이다. 바닷물 속의 물기를 빼내려면 바람과 햇볕이 넉넉해야 한다. 동해안
이나 남해안에는 바닷물이 가까이 있어도 염전이 없다. 무엇보다, 그곳은
바람과 햇볕이 충분하게 들지 않기 때문이다.

　서해안에는 바람과 햇볕이 많다. 그래서 서해안은 천일염을 만들기에 더
없이 좋다. 햇볕과 바람은 소금을 뽀송뽀송하게 말려줄 자연 속 가마솥이고
선풍기다. 햇볕이 부지런히 수분을 공중으로 높이 띄워 올리면, 바람은 곧
바로 그 수분을 멀리 날려 보낸다.

　서해안에는 힘상궂도록 높이 솟아오른 산이 별로 없다. 그래서 서해안 바
람은 멀리 바다건너로부터 서풍으로 직통으로 불어온다. 중간에 산맥 같은

장애물에 부딪힐 일이 없다. 그래서 바람은 늘 강하다. 햇볕은, 쉼 없이 내리 쬐는 직사광선이 품질을 보증하는 따가운 열기다. 높은 산이 많으면 해가 가려지는 탓에, 볕이 쬐는 세기가 약하고 볕이 드는 시간도 짧을 터. 서해안 천일염은 바람과 햇볕의 합작품인 셈이다.

천일염은 자연의 힘으로 만들어낸다. 짧은 시간에 생산할 수 있는 것이 아니다. 제아무리 자동화된 첨단의 기계를 염전으로 가져와도 공장상품과는 달리, 짧은 시간에 대량생산을 해낼 수 없다. 그래서 소금은 들녘의 곡식 이삭과 같다. 염전은 농부의 논밭이다.

염부는 부지런히 가래질을 해가며 염전에서 바닷물을 말리고 있었다. 온종일 쏟아지는 가을햇살을 가리려고 챙이 넓은 모자를 깊숙이 눌러쓴 채. 가래로 염전바닥의 짠물을 쭉쭉 밀면서 왔다 갔다 하기를 하루 종일 끝없이 반복했다. 그 모습은 마치 농부가 벼를 가을햇살에 말리려고 마당에 펴놓은 채 가래질하는 모습을 떠오르게 했다. 언젠가 가까운 곳에서 본 염부의 얼굴은 볕에 새까맣게 그을려 있었다. 그의 볕에 탄 얼굴도 들녘의 농부 얼굴을 연상케 했다.

염전 한쪽에서는 동력을 단 수차가 쉼 없이 돌아가며 바닷물을 퍼 올리고 있었다. 수차는 지금은 전기 힘으로 돌아간다지만 예전에는 오직 염부의 힘만으로 돌았다. 또 다른 한 염부는 염전바닥에 수북이 쌓인 소금을 삽으로 인력거에 퍼 담아, 근처에 있는 창고로 쉴 새 없이 날라 옮겼다.

염전 주변에는 흔히 함초로 불리는 퉁퉁마디 같이, 소금기를 머금은 흙에서만 자라는 풀들을 여럿 볼 수 있다. 퉁퉁마디는 무릎관절염을 앓고 있는 것처럼 줄기와 가지의 마디들이 퉁퉁 부어오른 모양을 하고 있다. 또 근처

4. 들판 여행 - 그리움을 찾아서

의 갯벌에는 농게나 칠게 녀석들이 작은 구멍을 여러 개 파놓고, 뭐가 그리 바쁜지 부지런히 왕복운동을 하고 있다. 이들을 먹잇감으로 노리는 갈매기나 도요새 무리가 종종걸음을 치며 부리로 무언가를 열심히 쪼아대고 있다.

어느 해 햇볕과 바람이 좋은 가을날, 낚시꾼이 석모도 매음리 염전에서 본 풍경이다. 그런 모습을 머릿속에 떠올리며 그는 매음리 쪽으로 종종걸음을 친다.

아, 이런! 염전에 물이 한 방울도 없다. 염부도 보이지 않는다. 수차도 없다. 염전바닥은 곳곳이 파헤쳐진 채 흙이 벌겋게 드러나 있다. 염전바닥에는 소금이 한 톨도 보이지 않는다. 바닥에 납작하게 깔려 있던 사금파리들은 뜯겨진 채 공원묘지의 묏등처럼 군데군데 수북이 쌓여 있다. 소금창고는 출입구 문짝이 뜯겨나갔고 지붕과 벽의 함석판에는 온통 녹이 슬어 있다. 함석조각들은 바람이 불 때마다 서로 부딪히면서 덜거덕거리는 소리를 낸다. 마치 귀신이라도 나올 듯한 음산한 흉가의 모습이다.

지나가는 사람들의 말이 올해부터 이 염전은 소금을 만들지 않는단다. 머잖아 이 곳에 골프장과 온천이 들어설 예정이란다. 땅이 평평하게 넓어 골프장을, 바닷물과 가까워 해수온천을 짓기에 적당하단다. 그래서 염전의 땅값도 몇 해만에 엄청나게 많이 올랐단다.

요즘 중국으로부터 값싼 소금이 들어오면서 천일염을 찾는 사람이 급격히 줄었다고 한다. 하루 종일 땡볕에서 일을 해봤자 인건비를 빼고 나면, 염전일로 남는 것이 별로 없단다. 이젠 염전일도 농사일처럼 별로 남을 것이 없는 천덕꾸러기 신세가 되어버린 모양이다. 한때 남한에서 가장 큰 염전이었던, 이곳에서 그리 멀지 않은 소래염전도 벌써 문을 닫았다. 서해안은 바람도 햇볕도 예전 그대로인데, 사람세상만 모질게 변해간다.

그는 강화도로 떠나는 마지막 배를 놓치고 말았다. 폐허로 변한 염전을 둘러보다 그만 배 시간을 깜박 잊어버렸다. 다시 물가로 가서 밤낚시를 하며 밤을 새울까, 생각해보지만 바람추위를 막을 텐트도, 방한복도 준비해오지 않았다.

어쩔 수 없이 민박집이나 여관에서 하룻밤을 묵어야 할 것 같다. 이 작은 섬에서 추위를 피할 곳을 찾으려면 어디로 가야하나. 염전의 변해버린 모습이 자꾸만 눈앞에 어른거려 잠이 올 것 같지 않다.

청양 둠벙

한적한 들녘에 숨어 있는 작은 둠벙 하나. 언제 파놓은 못인지 몰라도, 농부는 그 물로 자신의 논에 물을 대며 벼농사를 지어 왔다. 농부는 그 물로 자식을 공부시키며 가족을 키워왔다. 더 일찍이, 농부의 할아버지들도 아버지도 그 둠벙에 기대어 살아왔다.

둠벙은 벼와 농부네만 키우는 것이 아니다. 수많은 곤충들과, 그들을 먹이로 삼는 붕어나 메기나 미꾸라지 같은 물고기들을 키운다. 백로나 두루미 같은 새들도 먹이와 물을 얻으러 그 작은 못을 틈틈이 다녀가곤 한다. 낚시꾼도 가끔씩 찾아오곤 한다.

낚시꾼이 아무도 모르라고 살짝 숨겨놓은 둠벙. 너른 호수들이 사람들로 북적대면서 소란스러워지면, 어느 해인가 점찍어 둔 이 웅덩이를 홀로 다녀가곤 한다. 그가 알기로 이 물을 찾아올 사람은 농부네 가족 말고는 그 자신뿐이다.

　충남 청양의 들녘에는 둠벙이 꽤 많다. 오랜 옛날, 사람들이 논에 댈 물을 가두어두려고 만들었던 못이다. 근래에 바다갯벌을 메우고 방조제를 쌓아 만든, 너른 간척지의 들녘에는 둠벙을 찾아보기 어렵다. 그런 곳에는 대개 큰 인공 호수가 만들어져 둠벙을 대신한다. 갯벌을 메우고, 바닷물과 강물의 소통을 끊어, 수많은 생명을 앗아가며 만들어진 호수는 원죄 탓인지 생명을 활기차게 키우지 못한다.
　둠벙은 굳이 청양이 아니라도 우리나라 들녘 전역에 드문드문 흩어져 있다. 넓이가 대개 이백 평도 안 될 만큼 아담한 웅덩이다. 둠벙은 물고기가 살기엔 너무 비좁고 얕다고 생각해선지 낚시꾼들이 즐겨 찾지 않는다. 하지만 작은 호수는 작은 대로 정취가 있다.
　가을걷이가 끝나갈 무렵 낚시꾼은 청양의 한 들녘, 그 둠벙가에 홀로 앉았다. 농부네 가족과 낚시꾼만 살짝 알고 있는 콧구멍만한 둠벙! 더없이 호젓하다. 번잡함을 피해 하룻밤을 새우면서 찌를 보기에 더없이 좋은 곳이다. 그가 이곳을 찾은 것도 좁고 얕은 물속세상이 주는 아기자기한 분위기에 젖어보려는 마음에서다.

　어디로부터 오는지, 가느다란 물줄기가 둠벙으로 흘러들었다가 다시 빠져나간다. 물은 이 못에 마냥 고여 있다기보다는 잠시 머물러 쉬었다가 곧 세 갈 길로 산다. 그러니 물이 더러워질 리 없다. 또 위쪽 물줄기가 끊어지지 않는 한 마를 날도 없다.

넓이가 백 평 남짓한 수면에는 마름과 개구리밥이 촘촘히 떠 있다. 가장 자리에는 갈대가 숲으로 우거져 있다. 마름도 개구리밥도 갈대도 한창때가 지나서인지 때깔이 우중충하고 칙칙하다. 둥글게 움푹 꺼진 둠벙을 품은 논에는 벼가 아직 누렇게 서 있다. 주위의 다른 논들은 가을걷이가 벌써 끝났는데. 벼이삭들은 추수행렬에서 자신들만 낙오된 것이 창피하다는 듯 모두 고개를 푹 숙였다. 논임자를 잘못 만났나보다.

해가 뉘엿뉘엇 기울어 낚시꾼은 둠벙 복판에 찌 하나를 세웠다. 미끼는 지렁이 통째로 한 마리. 찌는 서자마자 위아래로 동서남북으로 아무렇게나 자발없이 춤을 춘다. 어떤 녀석인지 몰라도 둠벙 속에 든 물고기라면 모두 한번씩 꼼지락거리는 미끼를 툭툭 건드리나보다. 입질이 심상찮다. 찌가 자리를 잡기가 무섭게 저리도 몸살을 앓으니. 수많은 물고기들이 못 안에 득실거리나보다.

어둠이 짙어지자 찌의 몸살이 멈췄다. 이제 잔챙이들이 모두 물러갔나보다. 곧 큰 녀석들이 다가오겠지. 발광체를 매단 찌가 처음으로 폼 나게 쑤욱 치솟는다. 낚시꾼은 낚싯대를 날렵하게 잡아챈다. 마수걸이로 제법 묵직한 붕어를 낚아냈다. 어두워 체색은 분간할 수 없지만 크기는 족히 한 뼘쯤 된다. 미끼를 던져 넣는 대로 지체 없이 찌가 솟곤 한다. 물릴 줄 모르는 찌 놀이에 밤이 정신없이 깊어간다.

이렇게 자주 입질을 해주다니, 이 웅덩이에 사는 물고기들은 순진한가보다. 낚시의 유혹에 길들여지지 않았나보다. 지렁이 미끼도 생전 처음 보나보다. 하긴 이곳을 찾는 낚시꾼은 오직 한 사람밖에 없을 테니까. 그것도 일 년에 고작 한두 번 찾아오는 낚시꾼 아닌가. 이렇게 입질을 받는 족족 낚아내다가는 좁은 못에 물고기가 한 마리도 남지 않겠다. 잇단 챔질에 팔과 어깨가 뻐근해진다. 그는 낚싯대를 걷는다. 의자 등받이를 뒤로 젖힌 채 잠을 청한다.

눈부심과 한기가 잠을 깨웠다. 동이 트고 있다. 낚시꾼이 밤새 지붕삼아 깃들었던 파라솔 위에는 이슬이 촉촉이 내려앉았다. 간밤에 추위가 만만치 않았으니 머잖아 서리가 내릴 것이다. 간밤에 낚아낸 물고기를 넣어둔 살림 그물이 가장자리 물속에 잠겨 있다. 들어올려 본다. 한 손으로 들기에는 꽤 무겁다.

붕어, 동자개, 피라미, 미꾸라지, 메기, 장어. 이렇게 여섯 종류가 낚였다. 붕어와 동자개와 피라미가 각각 십여 마리로 가장 많다. 미꾸라지는 달랑 한 마리. 메기와 뱀장어는 각각 한 마리와 두 마리로 모두 작은 새끼들이다. 뱀장어가 낚인 것으로 보아, 둠벙 바닥은 질펀질펀한 감탕인가보다. 그는 간밤에 자신과 함께 놀아준 동무들을 모두 물속으로 돌려보낸다. 내년에 또 만나자고 혼잣말로 중얼거리면서.

아침에 일찌감치 짐을 꾸리는데 좀 늙수그레한 농부가 둠벙을 찾아왔다. 마침 벼를 베는 날이란다. 주위의 논 주인들보다 늦게 벼를 베는 게으른 농부? 지난해 가을 이 둠벙에서 낚시하다가 만난 적 있어, 반갑게 인사를 한다. 농부도 낚시꾼을 알아본다.

농부는 벼 베는 날은 둠벙에서 물을 퍼내는 날이기도 한데 그 일을 거들어달란다. 둠벙에서 물을 퍼내고 물고기를 건져 매운탕을 끓이겠단다. 매운탕이란 말에 군침이 돌면서, 낚시꾼의 귀가 솔깃해진다. 거들어주겠다고 두

말없이 받아들인다.

　콤바인으로 천여 평의 벼를 거둬들이는데 고작 한 시간 남짓 걸렸다. 낚시꾼이 어렸을 적 고향에서 추수할 때는 낫으로 일일이 한 포기씩 베어냈다. 그래서 천 평의 논이라면 온 가족이 매달려도 하루가 꼬박 걸리게 마련이었다. 농촌이 많이 달라졌음을 실감한다.

　낚시꾼은, 수확한 벼를 트럭에 실은 채 귀가하는 농부를 따라갔다. 농부는 자신의 아내와 낚시꾼에게 주둥이가 확 트인 양은냄비를 하나씩 안기더니 다시 둠벙으로 가잔다. 물을 냄비로 푸겠다는 말이다. 마치 우물에서 두레박질하듯 냄비에 담아 밖으로 떠내겠단다.

　세상에! 추수는 고성능 기계로 겨우 한 시간 만에 해치우더니 물은 원시 장비로 푸겠단다. 어딘가 좀 모자라는 사람 같다. 농부네 집은 자동 양수기가 없나보다. 없단다. 그럼 이웃집에서 빌려오면 되지? 좀 곤란하단다. 양수기 빌리러갔다가 물고기를 잡은 게 밖으로 알려지면 난처해진단다. 이웃들과 물고기를 나눠야할 텐데, 얼마 되지도 않을 것을 누구 코에 갖다 붙이냐고 농부는 툴툴댄다. 주고도 좋은 소리 못 듣는단다. 하는 수 없다. 손으로 푸는 수밖에.

　농부는 먼저 둠벙으로 흘러드는 높은 쪽의 좁은 물도랑을 흙더미로 막는다. 물이 더 이상 둠벙 안으로 들어오지 않게 하려는 의도다. 그러자 앞길이 막혀버린 물은 도랑을 넘어 논바닥으로 흥건히 흘러나간다. 걱정 안 해도 된단다. 이날 오전에 이미 벼 수확을 끝낸 터라 벼가 물에 잠길 염려가 없단다. 아, 벼 베는 날을 둠벙 푸는 날로 정해놓은 이유가 따로 있었구나!

　　　　　　　　　　　　　　　　　4. 들판 여행 - 그리움을 찾아서

셋이서 허리를 구부린 채 냄비로 물을 퍼내기 시작한다. 농부는 퍼낸 물을 아무 곳에나 함부로 쏟지 말고 둠벙의 아래쪽 도랑에다 부으라고 낚시꾼에게 일러준다. 둠벙물을 퍼내면 아래쪽 물줄기가 끊어질 터. 둠벙을 푸더라도 물줄기가 마르지 않도록 냄비 물을 도랑에 일부러 흘려주자는 생각이다. 둠벙속 물고기는 매운탕으로 먹더라도, 도랑속 생명들까지 빼앗아서야 되겠느냐 한다. 미물을 대하는 농부의 마음 씀씀이에 낚시꾼은 속으로 놀란다. 이제 보니 농부의 지혜가 예사롭지 않다. 농부는 할아버지 때부터 이런 방식으로 둠벙물을 펐다고 한다.

농부와 아내는 둠벙물 푸기가 연례행사여서인지 힘든 기색이 하나도 없다. 오랜 농사일에 심신이 단련되어 있기 때문이라고 부부는 말한다. 내내 허리를 굽힌 채 팔과 어깨를 쉴 새 없이 놀리면서도, 땀 한 방울 흘리지 않는다. 낚시꾼은 허리통증이 심해 허리가 끊어질 것만 같다. 어깨와 팔은 빠져버릴 것 같다. 역시 농사일은 아무나 할 수 있는 것이 아닌가보다.

그는 노동의 힘겨움을 애써 감추려 한다. 하지만 온몸이 땀으로 흠뻑 젖는 바람에 힘겨움이 들통 나고 만다. 농부는 다 알고 있다는 듯 쉬엄쉬엄 하라고 마음을 써준다. 좀 망신스럽다. 농부보다 나이가 스무 살쯤 적을 것 같은데. 괜찮다. 조금만 참으면 맛있는 매운탕을 먹을 수 있으니.

얼추 세 시간이 걸려 물을 다 퍼냈다. 질퍽한 감탕바닥이 드러나고 거기엔 온갖 동물이 다 들어 있다. 겨우 백 평 남짓한 작은 못이 이렇게 다양한 생명들을 품고 있다니.

물고기로는, 간밤에 낚시꾼이 낚시질로 낚은 종류 말고도 새끼 잉어와 새끼 가물치가 몇 마리 눈에 띈다. 수가 적은 잉어와 가물치를 빼면, 낚시꾼의 간밤 낚시질에서 낚일 만한 종류는 다 낚인 셈이다. 물고기들은 줄어든 바닥에 뒤섞인 채 퍼덕거리거나, 꼼지락거리거나, 감탕 속으로 파고든다. 물을 달라는 몸부림이다. 다른 동물로는 거머리, 우렁이, 다슬기, 조개, 새우, 물방개 등이 보인다. 요즘 보기가 드물다는 자라도 한두 마리 보인다. 아직 겨울잠을 잘 때가 멀었는지 개구리도 눈에 뜨인다. 여름이라면 동물들이 더 많았을 것이다. 잠자리애벌레 같은 것들은 이미 날개를 단 성충이 되어 물밖으로 나갔을 테다.

바닥을 훤히 드러낸 둠벙이 낚시꾼의 마음에 좀 안쓰럽다. 깊이를 모를 때는, 속에 무엇이 들었는지 모를 때는, 신비감 같은 것을 갖고 있었는데. 지금 둠벙은 속에 깊숙이 감춰둔 것들을 모조리 다 드러냈다. 무척 부끄럽겠다.

농부는 눈대중으로 큰 녀석들만 골라, 물을 퍼내는데 썼던 냄비에 담는다. 작은 녀석들은 더 자라야 한단다. 큰 것들만 주워 담다보니 냄비 하나가 다 차지 않는다. 양수기로 물을 펐다면 기름값도 나오지 않았겠다. 겨우 이만큼 건져내겠다고 셋이서 세 시간을 고생했나? 낚시꾼이 잠깐 딴생각을 하자, 갑자기 허리통증이 심해지면서 그를 따끔히 나무란다. 작은 물고기는 냄비에 담지 말아야 한다는 농부의 생각이 백번 옳다고 통증이 허리를 쿡쿡 찔러댄다.

해마다 물을 퍼내다보니 큰 물고기가 많이 잡히지 않는다고 농부는 말한다. 큰 녀석들은 대부분 물줄기를 타고 밖에서 흘러들어온 것들이란다. 낚시꾼이 간밤에 낚시로 만났던 물고기들 가운데 몇 마리는 아마 농부의 냄비 속에 있을 것이다. 어쩌나, 녀석들을 물속으로 돌려보내면서 내년에 또 보

  4. 들판 여행 - 그리움을 찾아서

자고 작별인사까지 했는데.

자리를 뜨면서, 농부는 막았던 도랑을 다시 텄다. 물줄기는 다시 둠벙을 향해 흘러들어 머물렀다가 다시 빠져나갈 것이다. 아무런 일 없었다는 듯이. 둠벙은 물이 차오르면서 잃은 자존심을 되찾을 것이다.

그날 저녁 낚시꾼은 농부네 가족과 함께 매운탕을 맛있게 먹었다. 농부의 기억 밖인 오래전부터 해마다 쌀과 매운탕거리를 선물해준 둠벙. 몇 해 전 환갑을 맞았다는 농부는 머잖아 둠벙이 자신의 가족 곁을 떠날지도 모른다고 한다. 아니, 가족이 둠벙을 떠날 것 같단다. 자식들이 고향에서 농사지을 마음이 영 없기 때문이란다.

낚시꾼은 귀가길 내내 농부의 둠벙을 생각해본다. 우리나라 들녘의 둠벙은 개발 바람에 물이 마르거나 흙으로 메워지거나 해서 하나둘 사라져간다. 둠벙은 수많은 생명들의 보금자리요 쉼터다. 농부의 그 둠벙만은 주인이 바뀌더라도 오래오래 남았으면, 하고 바라면서 내년에 이곳을 다시 찾기로 한다.

동진강 들녘

낚시꾼 일행을 태운 오토바이가 전북 정읍시내를 벗어나 동진강가에 닿았다. 오토바이는 두 사람의 몸무게가 힘겨운지 부르르 몸을 떤다. 시내를 벗어난 지 이십여 분만에 이평면 하송리라는 동진강어귀에 두 사람을 내려놓았다.

오토바이 운전수는, 정읍시내에 사는 낚시꾼의 오랜 낚시친구다. 정읍 외곽의 들녘에서 벼농사를 오천 평쯤 짓는 농부다. 낚시꾼이 하룻밤 강 낚시를 함께하자고 보름 전부터 졸라댔더니 이곳 동진강으로 데려왔다. 오랜만에 강에서 하룻밤을 새우게 돼 그의 마음이 들뜬다.

호남평야를 적시는 동진강은 물을 넉넉히 담고 있다. 가을걷이가 한창이다. 봄이라면 논에 물을 나누어 주느라 강물은 졸아들어 있었을 것이다. 들녘을 흐르는 강이라, 넓은 강폭에 비하면 깊이는 얼마 되지 않는다. 강물은 이곳에서 칠십 리쯤 더 자유롭게 흘러가다가 새만금 방조제에서 그만 멈춰서야 할 것이다.

이 강은 일년에 한두 번은, 주로 장마철이나 태풍이 올 때, 범람한다고 한다. 넘칠 때마다 세찬 물살로 강과 맞닿은 논바닥을 휩쓸어 가버린다고 한다. 그래서 논은 한 귀퉁이의 제 살을 뚝 떼어내 강에게 내어주지 않고는 배길 수 없단다. 농부들도 부지런함 하나만으로 오랜 세월 강물에 맞서왔다. 물살이 약해지는 틈을 타, 강에 편입된 논을 되찾아온다. 언젠가 다시 휩쓸려갈지라도.

강은 제법 빠르게 흐른다. 찌를 세우자마자 아래쪽으로 흘러간다. 아무리 애를 써도 찌를 붙잡아둘 수 없다. 이래서는 물고기 입질을 제대로 읽어낼 수 없을 텐데, 어떡한다? 이곳으로 낚시꾼을 데려온 옆자리의 친구를 살짝 흘겨본다. 신기하게도 그의 찌는 흐르지 않고 한곳에 박혀 있다. 비결은? 간단하다고 한다. 호수낚시를 할 때보다 좀 더 무거운 봉돌을 매달았단다. 그렇다면 물고기가 찌를 제대로 올릴 수 있겠느냐는 물음에, 이곳의 물고기는 힘이 좋으니 걱정 말란다. 아무래도 그의 말에 믿음이 가지 않는다. 낚시를 십여 년이나 함께했는데도. 강줄기를 이리저리 훑어봐도 물 흐름이 약해지는 곳이 보이지 않는다. 물이 빠르게 흐르는 곳에는 붕어가 많지 않을 텐데…….

그의 말로는, 이곳엔 붕어가 많지 않단다. 메기나 동자개나 잉어가 많이 낚인단다. 붕어낚시를 좋아하는 낚시꾼으로서는 좀 실망스럽다. 찌를 힘차게 올려주는 붕어를 만나기를 기대했는데. 하는 수 없이 찌를 달지 않은 채 맥낚시를 하기로 한다.

맥낚시는 물고기가 미끼를 먹을 때 낚싯대 끝으로 입질을 읽어내는 기법. 이 낚시방법은 물이 빠르게 흐르는 곳에서 흔히 쓴다. 물고기가 입질을 하면, 입질이 낚싯줄을 타고 낚싯대 끝으로 전해진다. 이어 회초리같이 부드러운 낚싯대 끝, 곧 초릿대가 한쪽으로 휘어진다. 밤에는 발광체를 초릿대 끝에 매달아 입질을 읽어낸다. 낚시꾼은 강에서 낚시할 때는 으레 맥낚시를 자주 하곤 했다. 친구는 그냥 찌낚시를 하겠단다. 그러면서 다음날 아침까지 어떤 낚시방법이 더 많은 물고기를 만날 수 있게 하는지 겨루어보잔다.

해가 질려면 서너 시간은 더 기다려야 한다. 오토바이를 세워둔 곳에 만석보 기념비가 세워져 있었는데, 낚시꾼은 혼자 산보삼아 그곳까지 한바퀴 돌아보기로 한다.

비문은, 낚시꾼 일행이 낚시터로 삼아 앉았던 바로 그 자리가 만석보가 있던 곳이라 전한다. 만석보라. 동학농민혁명의 도화선이었다는 물막이 보가 아닌가. 보는 지금은 흔적도 남아 있지 않다. 지금 이곳 강물은 거칠 것 하나 없이 쌩쌩 내달리고 있다.

조선 고종 때 조병갑이라는 사람이 고부군수로 부임해오더니 농민들을 동원해 만석보를 쌓았다고 한다. 무려 일만 개의 돌을 날라다 크게 만들었다고 해서, 자랑삼아 만석보라 이름 지었다 한다. 군수는 농민들에게 보를 쌓게 해놓고는 품삯을 주지 않았다. 이어 품삯은커녕, 보의 물을 끌어다 벼농사를 지은 농민들에게 너무 많은 물세를 물렸다. 그래서 농민들이 들고일어나 만석보를 허물어버리고 고부관아까지 습격했다.

한반도 전역을 뒤흔든 동학농민혁명은 그렇게 시작됐다. 탐관오리가 물을 이용해 돈벌려다가 혁명전쟁까지 부른 셈이다. 그 전쟁은 탐관오리가 부른 인재(人災)인가, 물이 내린 천재(天災)인가?

기념비가 세워진 곳은 기다란 방죽이다. 그 위로는 꽤 넓은 길이 나 있어 사람들과 차들이 간간이 다닌다. 아무리 봐도 끝이 보이지 않는 까마득히 긴 제방이다. 동진강 양안을 따라 두 줄기로 길게 뻗어 있다. 높이 15미터쯤 되는, 흙으로 쌓은 높고 긴 언덕이다. 경사면에는 잔디며 억새며 갈대며 쑥이며 돼지감자 같은 풀들이 아직 푸른빛을 잃지 않았다.

해마다 여름이면 동진강이 넘쳐 들녘이 물에 잠기자 조선시대와 일제시대를 거치면서 조금씩 제방을 쌓아올렸다고 한다. 그렇게 차츰차츰 쌓았다는 방죽이 길이가 자그마치 사십 리에 이른다. 이곳 농민들은 오래전부터 미운 정 고운 정으로 강과 더불어 살아온 것이다. 강은 농민들에게 농사지을 물을 나누어주면서도 논과 마을에 물난리를 일으키기도 했다. 방죽은 그 아득한 길이만큼이나 오랜 세월 이곳 사람들이 강과 깊은 인연을 맺고 있음을 말해준다.

강 상류로 수백 미터 거슬러 올라가니 나이 일흔쯤 되어 보이는 노인이

혼자 낚시를 하고 있다. 가까운 마을에 사는 농부란다. 가을걷이로 바쁠 텐
데 낚시할 여유가 있느냐는 물음에, 농사가 얼마 안 돼 바쁠 게 없단다. 진작
벼 베기와 말리기를 끝내놓고, 노느니 염불한다고 적적해서 강가로 나왔단
다. 농부의 자전거 뒷자리에는 묵직한 늙은 호박 한 덩어리가 실려 있다. 강
가로 나오면서 자신의 텃밭에서 땄단다. 호박이 밭 가장자리의 길가로 삐져
나왔기에, 혹시 지나는 자동차바퀴에 깔려 문드러질까봐 미처 다 익기도 전
에 따냈단다.

　놀랍게도, 노인의 낚싯대는 대나무다. 공장의 것이 아니라, 마을근처 대
밭에서 손수 쪄내어 가지를 친 뒤 햇볕에 말린 것이다. 어렸을 적엔 낚시꾼
도 마을근처 개울에서 대나무로 가끔 낚시를 하곤 했다. 또 마을어른들이
대나무로 낚시하는 모습을 종종 본 적 있다. 노인은 이 대나무낚싯대로 1미
터짜리 힘센 잉어를 낚아낸 적 있다고 자랑삼아 말한다. 세상에! 공장 낚싯
대라면 두 동강이나 세 동강쯤 났을 테다. 부드러우면서도 탄력이 좋아 가
물치나 잉어 같은 큰 물고기가 걸려도 잘 부러지지 않는다고 노인은 또 자
랑한다.

　요즘은 대나무낚싯대를 보기가 쉽지 않으니 귀한 구경을 한 셈이다. 그
옛날 이곳 농민들이 혁명전쟁을 일으켜 황토현에서 관군을 물리칠 때 죽창,
곧 대나무 창을 썼다지 않은가. 대나무는 부드러운 탄력으로 잘 휘어지면서
도, 쉽사리 부러지지 않는 강한 힘을 지녔다.

　낚시꾼은 만석보와 제방과 대나무를 생각하며 해가 질 무렵에서야 낚시
터로 돌아왔다. 친구는 벌써 살림그물을 물속에 담가놓고 있다. 동자개며,
피라미며, 납자루며, 마자며, 새끼 누치 같이 몸집이 작은 물고기 수십 마리

를 살림그물 속에 넣어놓았다. 강에 사는 물고기들이 종류별로 죄다 낚인 것 같다. 붕어는 보이지 않는다. 친구는 밤에는 붕어가 낚일 것이라고 자신 있게 말한다.

낚시꾼도 자리에 앉았다. 작은 바늘에 떡밥을 콩알만 한 크기로 매달았다. 물속으로 던져 넣기가 무섭게 초릿대 끝이 낭창낭창 휘어진다. 손맛은 별로 없지만, 고만고만하게 앙증맞은 것들을 낚아내는 잔재미가 쏠쏠하다. 친구는, 밤엔 뱀장어나 메기나 잉어나 붕어 같은 힘센 녀석들이 달려들 테니 낚싯대가 강물로 딸려가지 않도록 조심하란다. 낚시꾼은 날이 어두워지자 발광체를 초릿대 끝에 매단다. 친구는 여전히 찌낚시를 하고 있다.

낚시꾼은 낚싯대를 하나 더 편다. 뱀장어나 메기 같이 힘세고 덩치 큰 녀석을 만나겠다는 마음에, 두 바늘 채비에다 각각 지렁이와 새우를 달았다. 친구는 자신은 한 대만 폈는데 두 대를 쓰는 것은 반칙이라고 나무란다. 아, 그리고 보니 누가 많이 낚는지 겨루어보자 했었지! 친구는 낚싯대를 한 대밖에 가져오지 않았다며 볼멘소리를 한다.

초릿대 끝의 불빛이 연거푸 왼쪽으로 휘어지면서 낚시꾼은 자주 물고기를 낚아낸다. 한동안 붕어낚시만 하면서 찌가 위로 솟는 모습만 보아왔다. 옆으로 움직이는 입질은 오랜만의 경험이지만 색다른 재미가 있다. 친구의 찌는 위로 솟으면서 입질을 전하고 있다. 과연 이곳의 물고기들은 힘이 센 가보다. 무거운 봉돌을 달았는데도 찌를 올려주다니.

새벽 두시나 됐을까, 갑자기 졸린다. 자잘한 물고기가 자주 달려들지만 시간이 지날수록 재미가 줄어든다. 붕어를 만나지 못해서인가보다. 친구는 낚시꾼의 졸림을 쫓아내어주려는지 오토바이로 가더니 막소주를 한 병 갖고 온다. 이어 살림그물에서 피라미를 몇 마리 꺼내더니, 칼로 비늘을 털어내고 배속에 든 것들도 끄집어낸다. 능숙한 칼질로 토막토막 썰어 초고추장에 버무린다. 물가에서 술안주로는 이만한 것이 없단다. 낚시꾼은 민물고기를 날 것으로 먹기가 망설여진다. 잠시 주뼛거리다가, 친구의 부추김을 마다하지 못해 한입 한다. 좀 비릿한 냄새가 입안에 돌지만 소주와 함께 먹으니 그런대로 먹을 만하다.

친구는 취기가 올라서인지 세상살이를 푸념한다. 오천여 평의 논에서 벼를 거두어봐야 도시에 사는 번듯한 봉급생활자의 넉 달 봉급에도 미치지 않는다고 한다. 그나마 콤바인과 경운기의 기름값에다, 자신과 아내가 들인 노동비용이라는 품삯까지 제하면 수입은 훨씬 더 줄어들 것이란다. 자식들을 학원에도 보낼 형편이 못된다고 한다. 또 머잖아 쌀 시장이 외국에 완전히 열리면 입에 풀칠하기도 버거울 것이라 한다. 만석보를 허문 분노는 백년세월이 더 흘렀지만 아직 가라앉지 않았다고 말한다. 그는 방죽을 고갯짓으로 가리킨다. 농민들이 오랜 세월 저 길고 높은 흙더미를 쌓을 때는 오늘같은 힘든 삶을 바라지는 않았을 텐데, 하는 생각이 든단다.

농부로 살아가기가 너무 힘에 부친다고 한다. 자신의 할아버지와 아버지가 그랬던 것처럼. 두 자식은 자신처럼 힘들게 살지 않게 하려고, 하숙을 시켜가며 멀리 대처학교로 보냈다.

취기가 돌자 낚시꾼의 졸림은 더욱 심해진다. 갑자기 풍당 하는 소리에 놀란다. 정신을 차려 손전등을 비춰보니 눈앞의 낚싯대 하나가 수면위에 떠다닌다. 이이 물 흐름을 따라 아래쪽으로 둥둥 떠내려간다. 남은 낚싯대 하나를 들고 강둑을 따라 정신없이 뛰어간다. 20여 미터를 달려가, 손에 든 낚싯대로 물속의 낚싯대를 걸었다. 손에 든 낚싯대의 바늘이 물속 낚싯대에 매달린 줄을 붙잡은 것이다. 물속의 대는 쉽게 밖으로 나오지 않으려한다. 뭔가 힘센 물고기가 걸렸나보다. 대를 끄집어내고 보니 50센티미터쯤 되는 커다란 메기가 바늘을 물고 있다. 낚시꾼이 술 마시는 틈을 노려 입질했나보다.

더 이상 입질이 오지 않는다. 메기와 한바탕 난리법석을 떠는 통에 물고기들이 모두 놀라 도망을 갔나보다. 날이 밝자 살림그물에 든 것들을 물속으로 돌려보낸다. 붕어는 끝내 한 마리도 보지 못했다. 낚싯대를 낚아챘던 그 메기도 죄를 묻지 않고 돌려보낸다. 오토바이도 다시 두 사람을 태운 채 털털거리며 정읍시내로 돌아간다.

낚시꾼은 하루전날 호남평야의 누른 들녘을 보며 풍요롭다는 감상에 젖었다. 누른 빛깔은 그냥 눈속임이었던가. 육신의 눈을 너무 믿었나보다. 왜 사람들은 벼가 익을 무렵의 들녘을 향해, 그냥 바라보기만 해도 배가 절로 불러온다고 말하곤 했을까?

그는 농부로 살아가기 힘들다는 친구의 말에 자신이 아직 철부지임을 새삼 느껴야했다. 철이 언제쯤에나 들려나. 오토바이 뒷자리에서 농부의 등짝에 갖다댄 그의 한쪽 뺨이 어제보다 더 시리다.

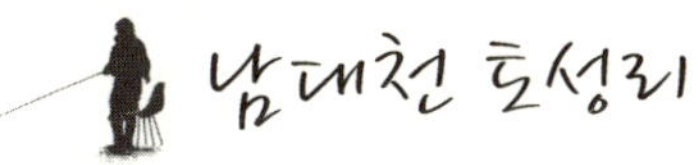
남대천 도성리

사람들은 늘 물을 따라 살아왔다. 까마득한 옛날부터 자신들이 살다간 흔

  4. 들판 여행 - 그리움을 찾아서

적들을 물가에 남겨놓았다. 흔적들은 세월에 닳거나 풍상에 삭거나 개발에 훼손되거나 해서 대부분 사라졌다. 하지만 몇몇은 지금까지 어렴풋하게나마 남아 있다.

왜 사람들은 삶의 흔적을 물가에다 남겼을까? 물로부터 먹고 입고 자고 할 것들을 구하려 했기 때문일 것이다. 물가에 삶터를 마련해놓고 산에다 빙 둘러 성을 쌓았다. 영역을 표시해 삶터를 지키겠다는 뜻이었다.

우리나라에서도 삶의 터전은 오래전부터 물을 끼고 생겨났다. 마을 같이 조그마한 터전은 말할 것도 없고, 서울이나 부산 같은 큰 터전도 마찬가지다. 그런데 큰 삶터에서는 오랜 삶의 흔적들이 지워졌다. 막무가내 개발 탓이다. 그런 곳에서는 사람들이 오늘을 살기 위해 어제 이전에 살았던 흔적을 모두 지워버리기 예사다.

흔히 남대천 하면, 먼 바다로 나간 연어가 돌아오기로 유명한 강원 양양의 것이 머릿속에 먼저 떠오른다. 그 물줄기는 동해로 흐른다. 서해 쪽으로 흐르는 남대천도 있다. 강원 철원의 남대천이 그렇다. 하긴 우리나라 물줄기에는 남대천이란 이름을 가진 것이 적지 않다. 남대천이란 이름은 남쪽에 있는 큰 개울이란 뜻이다. 마을은 으레 북으로 산을 등지고 남으로는 강을 바라보는 곳에 생겨나, 이런 이름이 자주 쓰였을 것이다.

어느 봄날 오후, 낚시꾼은 철원군 갈말읍 토성리 마을 앞을 흐르는 남대천변에 앉았다. 토성리마을과 이백 보쯤 되는 물줄기에 낚싯대를 드리웠다. 남대천은 낚시꾼이 앉은 곳에서는 폭이 백보쯤 될 만큼 꽤 넓다. 멀리 보이는 협곡이나 절벽을 지나면서 폭이 오십 보쯤으로 좁아지기도 한다. 남대천은 휴전선 이북으로부터 흘러와 김화읍을 거쳐 토성리에 이른다. 이어 한탄

강과 몸을 섞어 다시 임진강과 합쳐진 채 서해에 다다른다. 남대천은 임진강 줄기인 한탄강에 딸린 또 다른 작은 줄기다.

낚시꾼은 야트막한 버들 숲 가장자리에 앉아, 부들 풀숲 한 귀퉁이에 찌를 세웠다. 붕어를 낚으려고, 떡밥미끼를 달아 던져놓았다. 부들 숲 물깊이는 대략 1미터. 지금은 초봄이라 물이 얕은 편이다. 여름에 큰물이 지면, 부들도 버들도 물에 푹 잠길 게 뻔하다.

그가 앉은 곳에는 나지막한 콘크리트 보(洑)가 만들어져 있다. 그래서 다른 곳보다 물이 깊고 흐름이 느리다. 남대천은 대체로 물 흐름이 빠르지만, 그가 앉은 곳만큼은 보가 있어 마치 호수처럼 물이 멈춰 있는 것 같다. 그래서 찌의 움직임을 잘 살필 수 있고 고즈넉한 분위기를 즐길 수도 있다. 다만 물이 차다. 물속은 아직 봄기운이 녹아들지 않아 손이 시리다. 물 온도가 낮으면, 물고기는 자주 안 움직이고 입질도 안 할 텐데. 예상대로 시간이 꽤 지나도록 찌는 움직임 없이 수면에 말뚝처럼 꽉 박혀 있다.

좀 심심하다. 그는 자리에서 일어나 강 주변을 운동 삼아 빙 둘러보기로 한다. 낮에는 입질이 없을 것 같아, 해가 지면 돌아올 작정이다. 어차피 밤낚시를 할 요량이었다.

토성리는 가구 수가 백 호가 더 되어 보이는, 요즘마을 치고는 꽤 큰 마을이다. 여느 농촌마을에서 흔히 볼 수 있는 빈집은 이 마을에서는 눈에 띄지 않는다. 마을사람들은 살기 좋은 곳이라 마을을 떠나는 사람이 별로 없다고 한다. 그러고 보니 마을은 너른 들판을 갖고 있다. 들은 마을을 먹이고도 남을 만큼 많은 벼를 키워낼 만하다. 들이 넓어 오래전부터 마을에 많은 사람이 살았다고 한다.

　마을 한가운데 거대한 돌덩어리가 누워 있다. 바로 곁에 서 있는 안내판은 이 돌이 고인돌이라 한다. 고인돌은 여러 가정집 건물에 바로 이웃해 있다. 아득히 먼 청동기시대 지배층의 무덤이다. 넓적한 굄돌[支石] 두 개가 60센티미터쯤의 간격으로 서 있고, 그 위에 서너 평의 널따란 덮개돌이 얹힌 모습이다. 고인돌을 만든 사람들은 두 굄돌 사이에 주검을 안치하고 돌칼과 돌창과 돌화살촉 등을 함께 넣었다. 이어 두 굄돌 사이의 앞과 뒤를 각각 두 개의 돌로 마저 막아, 시신이 안치된 공간을 네 방향으로 모두 닫았다.

　다만 지금은 유골, 돌칼과 돌창과 돌화살촉 등 껴묻을 거리, 앞뒤 쪽의 돌 두 개는 남아 있지 않다. 오랜 세월에 덮개돌 밑의 무덤 방이 열리면서, 방에 안장되어 있던 시신과 여러 부장품들이 사라진 것이다. 그래도 이곳 고인돌은 다른 지역에 비하면 원래모습대로 잘 보존된 편이라고 안내판은 말한다.

　그 당시 사람들은 이 거대한 돌을 어디로부터 무슨 힘으로 옮겨왔을까? 덮개돌 무게는 어른 마흔 명쯤의 몸무게는 너끈히 되어 보인다. 수십 년 전 토성리에서는 남대천변을 따라 고인돌이 잇달아 여럿 발견됐다. 그때는 대략 열 개쯤 되었는데 지금은 두 개만 마을 안에 남았다.

　고인돌은 선사시대부터 남대천 주변에 사람이 많이 모여 살았음을 말해주는 흔적이다. 수천 년 전과 오늘날의 긴 세월 간극을 고인돌이 메워주고 있다. 그래서인지 토성리 사람들은 마을 한가운데 놓인 이 돌무덤을 신성하고 소중하게 여긴다. 고인돌은 마을이 살기 좋고, 유서 깊은 곳임을 나타내는 증표인 셈이다. 한때는 꼬마들이 그 평평한 덮개돌 위에 올라가 뛰어놀았을 만큼 친근하게 여겨지기도 했단다. 한때는 어른들도 덮개돌을 탁자삼아 막걸리를 마시기도 했단다. 여름에는 더위를 쫓으려 드러누운 채 낮잠을 즐기기도 했단다.

고인돌시대를 살았던 토성리 사람들은 행복했을까? 낚시꾼은 고인돌을 보며 그런 의문에 빠져든다. 그들은 남대천에서 낚시나 그물로 물고기를 잡았을 것이다. 돌창이나 돌화살촉으로 동물을 사냥했을 테다. 남대천변 너른 들에서 농사도 지었을 것이다. 그렇다면 배고픔은 없었겠다. 물이 풍족하고 들이 넓어 살기에 적당했을 것 같다. 또 육중한 고인돌무덤을 여럿 만들만큼 무거운 돌을 옮기거나 다루는 기술을 갖고 있었으리라. 고인돌은 만드는 데 많은 노동력이 필요했을 테고, 그렇다면 이곳에 많은 사람들이 모여 살았을 것이다.

혹시 고인돌을 만들기 위해 많은 사람들이 강제로 동원되지는 않았을까? 고인돌은 지배계층의 무덤이라는데, 지배를 받는 계층의 도움 없이 만들어졌을까? 도움이 있었다면 자발적이었을까, 아니면 강제노역이었을까?

이어 낚시꾼은 마을과 남대천 사이에 펼쳐진 너른 들녘으로 향한다. 들에는 드문드문 모가 자라고 있었다. 곧 모내기가 시작되면 마을은 분주해지고 들은 온통 푸르게 바뀔 것이다. 들이 하도 넓어 벼농사를 지으려면 한꺼번에 많은 물이 필요하지 싶다. 아! 그래서 마을사람들은 남대천에 나지막한 보를 만들어 물을 붙잡아 세워두려 했었구나.

들녘 한가운데 길이가 백보쯤 되는 꽤 기다란 언덕이 있어 그의 눈길을 붙잡아 끈다. 멀리서 봐도 예사롭지 않아 절로 생긴 것은 아닌 것 같다. 남대천 범람을 막으려고 쌓은 둑이라면 길이가 너무 짧다. 가까이 가보니 언덕

    4. 들판 여행 - 그리움을 찾아서

전체에 토종 잔디가 입혀져 있다. 잔디 말고는 다른 풀이 자라지 않는 것으로 보아, 사람들의 관리를 받는 듯하다. 마침 안내판이 서 있다.

　본래 토성(土城), 곧 점토를 꽉꽉 다져 쌓은 성이다. 긴 언덕은 성벽인 셈이다. 마을 이름도 이 토성에서 유래했다. 한때 성벽은 길이가 1,000미터, 높이가 10미터, 폭이 아래 10미터 위 4미터 가량이었다. 웅장했던 그 모습이, 사람들이 성의 흙을 파내어 논을 고르는데 쓰는 바람에 초라해졌다. 지금은 겨우 길이 80미터, 높이 5미터만 남았다.

　성은 대개 높은 곳에 쌓은 산성(山城)이지 않은가. 또 흙보다는 돌로 쌓은 성이 더 흔하다. 낮고 평평한 들판에 흙으로 쌓은 성이라니, 점점 호기심을 세게 자극한다.

　원래 이 성벽은 들판 한가운데 원을 그리며 둥글게 서 있었다. 성벽 안의 넓이는 자그마치 일만 팔천구백여 평이었다고 한다. 성터 안쪽에서는 '무늬 없는 토기(무문토기)' 같은 선사시대 것으로 보이는 유물들이 여러 개 발견된 적 있다. 오래전 이 성에 사람이 모여 살았다는 흔적이다. 또 성은, 당시 사람들 사이에 전쟁이나 약탈이 잦았다는 증거일 수도 있겠다. 다만 언제, 어떤 사람이 쌓았는지 정확히 아는 사람은 없었다.

　안내판 옆에 철원군수 이름으로 '향토를 수호하려는 선인들의 얼이 깃든……'이란 표석이 있다. 그 내용은 한마디로 외적 방어용이란 뜻이다. 세상에, 외적을 방어하지 않으려고 쌓은 성도 있던가! 그냥 잘 모르겠다는 뜻으로 받아들이면 될 성싶다. 토성에 관해 요즘사람들이 잘 모르고 있다는 것도 정보로서 가치가 있다.

해거름 무렵 낚시꾼은 낚시터로 돌아왔다. 낭패다. 낚싯대가 안 보인다. 멀리 부들 사이에서 이리저리 떠다닌다. 물고기가 낚싯대를 끌고 들어갔음에 틀림없다. 난감하다. 물이 차고 한낮이라, 입질이 없을 줄 알고 대를 걷지 않은 채 자리를 뜬 게 화근이다. 하는 수 없이 속옷 바람에 물속으로 들어가 건져낸다. 하도 추워 턱이 덜덜 떨리고 온몸에 소름이 돋는다. 바늘에는 아무 것도 달려 있지 않다. 어떤 녀석이기에 이렇게 생고생을 시킨담. 붕어였을까?

이곳 물고기들은 참 영리한가보다. 낚시꾼이 자리를 지킬 때는 입질을 안 하다가 겨우 두 시간쯤 자리를 비운 틈을 타 미끼를 먹었다. 붕어였다면 찌가 높이 솟아올랐을 텐데. 찌 오름과 손맛을 보지 못한 게 아쉽다.

녀석들이 정말 영리한지, 이제부터는 자리를 뜨지 않고 밤을 새워 확인해 보리라. 졸지도 않겠다고 마음을 다잡는다. 밤 추위를 막을 요량으로 방한복까지 겨입는다. 날이 어둑어둑해져 찌에 발광체를 매달고, 밤낚시에 들어간다.

밤이 꽤 깊었는데도 찌에 입질이 전해지지 않는다. 찌는 바람결에 횡으로만 도리질을 치면서 박자 없이 한들거릴 뿐이다. 입질이 없어서일까, 낮에 본 고인돌과 토성이 머릿속에 자꾸 아른거린다.

낚시꾼은 언젠가 전북 고창의 상갑리라는 곳에서도 고인돌무덤을 본 적 있다. 그곳의 고인돌은 수 백가 한곳에 몰려 있었다. 한마디로 떼무덤이었다. 또 그곳 고인돌은 낮은 들판이 아니라 대부분 야산 언덕의 좀 높은 비탈에 자리 잡고 있었다. 그곳은 유네스코 세계문화유산으로 등록되어 있다.

토성리 고인돌은 그곳에 비하면 초라하다. 하지만 남대천이라는 강을 곁

　　　　　　　　　　　　　　　　　　　　4. 들판 여행 - 그리움을 찾아서

에 끼고 있어 낚시하러 왔다가 둘러보기에는 더없이 좋다. 호젓한 분위기에서 시간흐름을 아득히 거슬러가며 상상 속에 빠져들기에 참 좋다.

토성리 옛사람들은 왜 토성을 그토록 휑한 들판에 쌓았을까? 성을 쌓으려면 방어에 유리한 입지조건이 있어야 할 텐데. 토성 근처에는 작은 야산도 언덕도 없었다. 사방이 훤하게 뚫린 낮고 평평한 들판에다 무엇을 믿었기에 성을 쌓아올렸을까?

어쩌면 남대천을 토성 방어에 이용하려 했을지도 모르겠다. 그러고 보니, 성터는 남대천변과 거의 맞닿아 있었다. 적이 강을 건너올 때 무릅써야 하는 기동력의 불리함을 방어에 이용하려 했던 게 아닐까? 이를테면 풍납토성이나 몽촌토성도 한강변에 쌓은 성이 아니던가. 토성리 옛사람들은 남대천을 토성 방어를 위한 장애물 해자(垓字)로 삼았지 싶다.

어느새 남대천 건너편 산등성이 위로 동이 터온다. 역시 남대천 물고기는 영리한가보다. 낚시꾼은 밤새도록 자리를 지켰지만 입질 한번 보지 못했다. 낚싯대를 그만 걷고 만다. 입질을 보지 못한 아쉬움을 고인돌과 토성이 달래준다. 물고기는 보지 못했지만 토성리 옛사람들의 삶과 지혜를 만났다.

 ## 도피안사의 피안

낚시꾼은 강원 철원군 동송읍 근처에 있는 한 저수지에서 새벽을 맞고 있다. 추적추적 내리던 지루한 장맛비가 이제야 멈췄다. 곧 붕어가 입질을 하려나. 낚시꾼은 의자 등받이를 일으켜 세우더니 곧추 앉는다. 어둠 속을 더듬어

싱싱한 미끼를 갈아 끼운 뒤, 수면에서 찌가 내는 빛을 가만히 주시한다. 붕어가 다가와 미끼를 살짝 건드리는지 찌의 빛이 잔잔하게 깜박거린다.

낚시꾼이 앉아 있는 이 저수지는 일제시대에 만들어져 철원평야의 너른 들녘을 적셔온 십만여 평의 꽤 널찍한 호수다. 낚시꾼들이 자주 찾는 곳이다. 가장자리에 앉기보다는 주로 수면 가운데 섬처럼 듬성듬성 떠 있는 깔판에 앉은 채 밤낚시를 하는 곳이다. 몇몇 낚시꾼들이 지붕이 달린 깔판에 앉아 있다. 하지만 그는 깔판 대신 가장자리의 연안에 홀로 앉아 있다. 가장자리 쪽에 앉게 된 것은 전날 아침부터 내리기 시작한 장맛비 때문이다.

대개 장맛비는 쉽게 그치지 않는다. 잠시 그쳤다가도 다시 내리곤 한다. 그의 경험으로 보건대, 장마철에 호수에 물이 조금씩 불어나면 물고기는 수면 가운데 쪽보다는 가장자리에서 입질을 더 활발히 한다. 그래서 전날 정오쯤 호수에 도착해 찌를 세운 곳은 빽빽한 부들 숲. 물이 불면서 부들 숲이 잠기면 물속에는 물고기들이 좋아하는 먹잇감이 많아질 것이다. 물고기들은 이런 먹잇감을 좇아 부들 숲 가장자리로 몰려들지 않을까?

그런데 물이 천천히 불어나도 찌는 꼼짝도 하지 않았다. 어둠이 찾아올 때까지 입질이 단 한번도 없었다. 밤이 깊어 빗방울이 차츰 굵어지면서 물이 불어 오르는 속도가 빨라졌다. 부들이 잎만 남기고 줄기가 모두 잠기도록 입질은 없었다. 역시 물속은, 깊이가 한 길에 모자라도, 사람이 알 수 없는 세상인가보다.

어둠 속의 깜박거림. 얼마 만에 보는 입질 신호인가. 새벽에 비가 그치면서 처음으로 입질이 왔다. 낚시꾼은 손을 낚싯대 뿌리에 가만히 갖다댄다.

저 빛이 길게 솟아오르면 낚싯대를 휙 잡아챌 것이다. 야속하게도 그의 간절한 기대와 어긋나게 찌 빛은 좀처럼 솟아주지 않는다. 찌는 내내 미약한 깜박거림으로 낚시꾼의 애만 태울 뿐이다. 비가 많이 내리는 바람에 물 온도가 한꺼번에 큰 폭으로 떨어진 탓일까?

어느새 새날이 밝아온다. 잔뜩 찌푸린 날씨 때문에 햇살은 그리 훤하지 않지만 분명히 어둠이 걷히고 있다.

댕 댕 댕……. 이건 분명히 종소리다. 어디서 들려오는 걸까? 호수 건너편 도피안사(到彼岸寺)라는 절인 것 같다. 뜻밖의 새벽종소리에, 입질을 보지 못한 서운함이 싹 달아나는 듯하다. 피곤함도 저절로 달아난다. 절 이름대로, 낚시꾼을 피안으로 이르게 하려는 소리일까? 종이 한 차례씩 울릴 때마다 수면의 물안개 알갱이들이 잔잔하게 흩어졌다가 다시 모여든다. 종소리는 십 초쯤의 박자 간격으로 삼 분여동안 계속 들려왔다.

종소리가 그치기를 기다렸다는 듯 이번엔 꼬끼오 하는 닭울음소리가 들려온다. 근처마을에서 들려오는 소리다. 긴 목 줄기를 더욱 기다랗게 쭉 빼내면서 늘어지게 긴 울음소리를 내는 장끼. 새벽에 듣기로는 참 오랜만이다. 한 녀석의 선창에 다른 녀석들도 여기저기서 잇달아 울어댄다.

그리 멀지 않은 곳으로부터 나팔소리도 들려온다. 이 한적한 곳에 새벽부터 웬 나팔소리일까? 귀에 익은, 힘차고 경쾌한 곡조다. 오래전 군대생활 할 때 자주 들었던 소리가 아닌가. 기상 나팔소리다. 곧 이어, 여럿이 함께 만들어내는 군가와 함성 소리가 새벽공기를 가른다. 군사분계선에서 그리 멀지 않은 곳이니, 근처에 군부대가 있나보다. 세상이 많이 달라져 군대도 뒤따라 바뀌었다는데, 이곳의 기상과 아침운동 방식은 수십 년 전 그대로인가보다.

지루한 장마에 푹 젖어 있던 호숫가에 생기가 돈다. 종소리에, 닭울음소

리에, 기상 나팔소리에 물고기도 어서 활력을 찾아 입질을 해줬으면 좋으련
만. 날이 완연히 밝도록 끝내 찌는 한 차례도 솟아주지 않았다.

　낚시꾼은 낚시가방을 챙겨든 채 호수 북쪽 건너편에 있는 도피안사로 향
한다. 도피안사는 야트막한 개화산 기슭에 자리 잡고 있었다. 호수는 이 절
을 곁에 두고 있어 더욱 호젓해 보였나보다.
　경내에 들어서자 건물배치가 한눈에 들어올 만큼 작고 아담한 절이다. 경
내의 안내판은 도피안사가 통일신라 9세기 무렵에 도선 국사에 의해 처음
세워졌다고 전한다. 이토록 유서 깊은 절이 조선말기에 한 차례, 한국전쟁
때 한 차례 큰불이 나는 바람에 건물이 몽땅 타버린 적도 있다고 한다.
　그나마 이 절은 6·25전쟁 이후 오랫동안 민간인통제선 안에 답답하게
갇혀 있었다. 1992년 민통선이 좀더 북쪽으로 올라가면서부터 일반인들이
자유롭게 드나들 수 있게 되었다.

　사천왕문을 지나면 연못이 있고 그 언덕 위로 아담한 범종누각이 서 있
다. 새벽에 호수까지 울려 퍼졌던 그 싱그러운 종소리의 발원이다. 종루는
일반사람들이 마루까지 들어갈 수 있도록 문이 활짝 열려 있다. 범종을 지
나 오른쪽에 대웅전이 있다. 여느 절의 그것에 비해 건물이 작고 낮아 단출
하다.
　이 절에서 유난히 낚시꾼의 관심을 끈 것은, 대웅전인 대적광전에 모셔진
본존불. 특이하게도, 나무도 아니고 돌도 아니고, 철로 만들어진 불상이다.
몸체와 받침틀이 모두 철이다. 게다가 높이가 겨우 91센티미터다. 여느 절
에서 흔히 볼 수 있는 예배용에 비하면 아주 왜소해 보인다. 이 절이 창건되

　　　　　　　　　　　　　　　　　　　4. 들판 여행 - 그리움을 찾아서

면서 함께 주조되었다니 1,200년쯤 묵었다.

불상의 얼굴에는 근엄함이나 화사함이나 온화함 같은 것이 느껴지지 않는다. 여느 절의 법당에 모셔진 부처의 얼굴표정과는 사뭇 다르다. 기쁘면 웃고, 슬프면 울고, 고통스러우면 찡그리는 보통사람의 얼굴이다. 시장상인의 열심히 살아가는 얼굴이고, 이웃집아저씨의 친숙한 표정이다. "부처는 네 마음속에 있고, 바로 너 자신이다"라고, 이 불상은 중생을 향해 가르쳐주고 있는 듯하다.

법당 앞마당에는 철불 만큼이나 많은 나이를 먹었다는 삼층석탑이 단아하게 서 있다. 높이 4.1미터로 여느 삼층석탑에 비하면 낮고 아담한 편이다. 이단 받침돌 위에 삼층 탑신을 쌓아올렸다. 대개, 기단이라 불리는 받침돌은 사각형으로 조각되는데 이 석탑은 특이하게도 팔각형이다.

이 탑은 받침돌에만 연꽃무늬가 새겨져 있을 뿐, 몸돌과 머릿돌에 아무런 무늬나 장식을 달고 있지 않다. 탑 표면에는 긴 세월의 무게를 이기지 못해 곳곳에 검버섯이 피어 있다. 오히려 이 검버섯이 석공이 공들여 새긴 장식 문양인 양 느껴진다. 탑 앞에 놓인 불전함 속에는 왠지 불전이 들어 있을 것 같지 않다.

이 절에서 가장 높고 우람한 것은 석탑 바로 옆에서 자라는 아름드리 느티나무다. 그 기세가 석탑을 높이에서 너비에서 압도한다. 세 그루가 키가 큰 순서로 나란히 서 있는데, 가장 큰 것은 자그마치 550년쯤이나 묵어 높이 26미터에 둘레 3미터33센티미터란다.

도피안사에 있는 것들은 키다리 느티나무를 제외하면 모두 자그만하고 아담하고 수수하다. 철불은 국보로, 삼층석탑은 보물로 지정되어 귀한 대접을 받고 있다지만, 이들은 겉으로 뽐냄이 없고 귀티를 내지도 않는다. 또 절은 동송읍 시가지에서 그리 멀지 않고, 깊은 산속에 숨어 있지도 않음에도 사람들로 붐비지 않아 한적하다. 아마 피안은 소박하고 한적한 곳이면서도, 사람세상과는 그다지 멀지 않은 곳에 있나보다.

탄금호 임석

호수면서 강인 곳, 또 강이면서 호수인 곳. 그곳이 충북 충주시가지를 감싸고도는 탄금호다. 한강에는 흐르는 물을 붙잡아 가두는 큰 댐이 여럿 있다. 북한강에 일곱 개가, 남한강에 두 개가 있다. 탄금호는 충주댐과 함께 남한강에 있다.

탄금호는 '조정지댐'이라고도 불린다. 상류의 충주댐이 물을 흘려보내면 그 물을 받아 품고 있다가, 다시 하류 쪽으로 흘려보낸다. 충주댐이 물을 한꺼번에 많이 흘려보내면 자칫 큰 물난리가 날 수도 있어 남한강 물의 양을 조절하는 것이다. 크기로 보나 역할로 보나 충주댐의 아우뻘쯤 된다.

탄금호는 충주댐의 물만 받아내는 것이 아니다. 괴산군 속리산 쪽에서 내려오는 맑은 달천(혹은 달래강)의 물도 함께 품어준다. 그러다가 물이 제 그릇을 차올라 넘칠 것 같으면 수문을 연다. 하루에도 몇 번씩 물이 나가고 들어오기를 반복한다. 그래서 호수처럼 잔잔하다가도 갑자기 강물이 되어 빠르게 흘러가곤 한다.

탄금호 서쪽 한 귀퉁이에 입석(立石)이라는 작은 마을이 있다. 탄금호 수문이 만들어지기 전까지만 해도, 남한강줄기를 따라 시끌벅적했던 목계장터로 통하던 강가 마을이다. 탄금호 물은, 가야금을 타며 놀았다는 악사 우륵의, 왜병에 배수진으로 맞서다 분패해 몸을 던졌다는 신립 장군의 탄금대를 지나, 입석마을 초입까지 닿아 있다. 어느 초여름 날 오후, 낚시꾼은 입석마을과 탄금호의 경계쯤 되는 곳에 앉아 낚싯대를 드리웠다.

어느새 수문을 열었는지, 수위가 갑자기 내려가면서 물이 황급히 빠져나간다. 찌도 물을 따라 동동 떠다닌다. 물을 얼마나 많이 빼내는지 찌가 몸통까지 금세 훤히 드러난다. 이래서야 어디 낚시를 할 수 있겠나 싶다. 어쩔 수 없이 물이 다시 차오를 때까지 남한강줄기를 따라 산보를 하기로 한다. 산보도 빼놓을 수 없는 낚시의 즐거움이다. 때마침 물이 흐르기 시작했으니, 탄금호는 이제 막 호수에서 강으로 변했다.

낚시자리 뒤편으로 백 보쯤 걸어가니 입석마을과 중원고구려비가 있는 곳을 알리는 이정표가 나온다. 이정표에서 마을 쪽으로 오십 보쯤 걸어 고구려비에 닿았다. 국보라 귀한 것이어서 물샐 틈 없는 보호를 받고 있다. 위로는 전각이 푹 씌워져 있고 둘레로는 쇠창살이 빽빽이 꽂혀 있다. 한쪽 곁에는 직사각형의 안내판이 서 있다.

높이 203센티미터에 폭 55센티미터다. 삼국시대 고구려가 한강너머의 백제 수도인 한성을 점령하고 세운 돌기둥 기념비다. 고구려의 영역이 한강 서쪽까지 미쳤음을 알려주는 비석이다. 한강줄기를 놓고 고구려와 백제가 심하게 자주 싸웠고 마침내 고구려가 이김으로써 세운 승전기념비인 셈이다. 백제는 고구려에게 한강유역을 빼앗겨 수도를 금강유역의 웅진(지금의 공주)으로 옮겨야 했다니, 이 비석은 백제에게는 치욕과 통한의 돌덩이였을 것이다. 물줄기는 예나 지금이나 죽도록 싸워서라도 빼앗을 만한 가치가 있나 보다. 외적 방어를 위해, 그리고 식량을 얻기 위해. 비석은 고구려 장수왕 때, 곧 5세기 무렵에 세워진 것으로 추정되는데 그 모양이 멀리 만주에 있는 광개토대왕비를 닮았다.

그러고 보면 입석이라는 마을이름이 예사롭지 않아 보인다. 선돌, 곧 서 있는 돌이다. 입석이란 지명은 이 고구려 비석에서 유래한 것이 아닐까? 돌이 우뚝 서 있는 곳이 하도 상서로워 오래전부터 사람들이 그 주위에 마을을 이루어 살지 않았을까? 대개 입석이란 지명은 우리나라 곳곳에서 심심찮게 볼 수 있는데, 그곳에 오래전부터 선돌이 있었기 때문일 것이다.

이 비석은 제자리를 찾지 못한 채 언제부턴가 아주 오랫동안 이리저리 떠돌아다녔다고 한다. 1979년 발견될 당시만 해도, 사람들은 평평하고 길쭉한 이 돌을 빨래터의 개울 가장자리에 비스듬히 받쳐놓고 빨래판으로 썼다고 한다. 이 돌기둥은 네 개의 면에 수많은 한문글자가 음각으로 새겨져 있었는데 대부분 지워졌다. 지금은 앞면과 왼쪽 옆구리 면의 일부만 해독할 수 있고 나머지 글자는 모두 없어졌다. 긴 세월의 풍화 때문이기도 하지만, 무엇보다도 글자가 빨랫감에 비벼지면서 반들반들 닳아버린 탓이 클 것이다.

하긴 비석의 글자로 패인 굴곡들이, 마치 빨래판의 요철처럼, 때를 빼내는 데 효과적이었을 것 같다. 그것도 한 개 면이 아니라 네 개 면에 굴곡이 촘촘하게 패어 있었다니, 역사적 가치를 잘 모르는 사람이라면 빨래터에다 갖다놓고 싶은 생각이 들만도 하겠다.

비석의 수난은 그것뿐이 아니다. 빨래판 구실을 하다가, 폭우로 개울에

4. 들판 여행 - 그리움을 찾아서

큰물이 지면 하류 쪽으로 휩쓸려가곤 했다. 사람들은 진흙탕 속에 파묻혀 있던 이 돌을 건져 올려 빨래터에 되가져다놓곤 했다.

낚시꾼은 다시 물길을 따라 돌면서 이십여 분을 걸어 탑평리라는 곳에 닿았다. 흔히 '중앙탑'으로 불리는 탑평리 칠층석탑이다. 이 탑은 신라가 삼국을 통일한 이후 세운 것이라고 그 곁의 안내판이 전한다. 이르면 7세기말, 늦으면 8세기쯤 세워졌을 것이다. 중앙탑은 크기에서 고구려비를 압도한다. 무려 14.5미터의 높이로 우뚝 선 채, 지금까지 1,200여 년의 세월동안 남한강의 흐름을 지켜보아 왔다.

고구려비와는 직선거리로 고작 500미터쯤 되는 아주 가까운 곳에 있다. 고구려비는 한강의 지배권이 백제에서 고구려로, 중앙탑은 그 지배권이 다시 고구려에서 신라로 넘어갔음을 말해준다. 200여년의 시차를 두고 한강 지배권이 잇달아 바뀌었음을 두 개의 돌 조형물이 말해준다. 낚시꾼은 이 탑을 대하면서 좀 야릇한 상상에 빠져든다.

이 탑이 세워질 때, 만일 그 고구려비가 그대로 서 있었다면, 신라사람들은 고구려비를 그대로 내버려두었을까. 고구려비는 세력이 미치는 영역의 경계를 표시할 목적으로 세워졌다는데, 한반도를 평정한 신라가 더 이상 존재가치가 없다는 이유로 고구려비를 훼손하거나 철거하지 않았을까. 어쩌면 그 이후로 고구려비가 제자리를 찾지 못한 채 빨래터 등지로 떠돌게 된 것이 아닐까. 또 탑평리 석탑이 저토록 높게 웅장한 것은, 근처의 고구려비보다 더 높게 쌓아올리겠다는 통일신라사람들의 자존심이 발동했기 때문이 아닐까. 통일을 이루었다는 자부심도 그 웅장한 건축에 한몫하지 않았을까.

역사는 으레 승자나 강자가 지배하는 논리로 기록된다지 않던가. 승자나 강자의 붓이 기록한 논리대로 후대에 전해지거나 해석된다지 않던가. 어쩌면 이 두개의 돌에도 그런 논리의 비정함이 숨어 있지 않을까. 중앙탑은 승자의 돌로서, 크고 웅장한 모습으로 오랜 세월 한곳에 우뚝 선 채로 머물러 있다. 그에 비해 고구려비는 패전국의 돌덩이로서, 빨래판이 되어 빨래터나 진흙탕으로 이리저리 굴러다니는 신세였다.

낚시터로 돌아오니 물이 다시 차오르고 있다. 물고기들도 물을 따라 가장자리로 나오겠지. 부들 숲 언저리에 찌를 세운다. 역시 예상대로 찌가 입질을 전해준다. 한 뼘쯤 되는 토실토실한 붕어가 잇달아 낚여 나온다. 해가 지면 더 큰 녀석들이 입질을 해주겠지. 찌에 발광체를 끼운 뒤에는 입질이 더욱 활발해졌다. 붕어뿐 아니라 새끼 가물치와 끄리와 누치와 동자개와 모래무지까지 입질에 가세한다. 끄리와 누치와 동자개와 모래무지는 주로 강에 사는 녀석들이다. 역시 탄금호는 호수라기보다는 강인가보다.

자정 무렵에 졸음이 쏟아지기 시작한다. 낮에 산보를 너무 오래 하는 바람에 피곤해진 탓일까. 텐트 속에라도 들어가 잠깐 눈을 붙여볼까, 망설인다. 입질이 계속되고 있어 낚시를 더 한다면 손맛을 더 진하게 볼 수 있을 텐데. 졸음을 이기지 못해 결국 텐트 속에서 잠이 들었다.

쏴아 하는 소리에 눈을 떴다. 다시 물이 빠져나가나보다. 그렇다면 낚시를 더 이상 할 수 없다. 탄금호 물은 정말 종잡을 수 없다. 아직 동은 트지 않았다. 손전등을 비춰보니 세 대의 낚싯대 가운데 한 대가 사라지고 없다. 어디로 갔을까? 혹시 물고기가 끌고 갔을까. 아, 그러고 보니 텐트 속으로 들어가면서 깜박 잊고 낚싯대 꽁무니에 잠금장치를 해두지 않았다. 어두워 낚

    4. 들판 여행 - 그리움을 찾아서

싯대가 어디로 갔는지 찾을 수 없다. 찾아야 하겠지만 당장은 할 수 있는 일이 아무것도 없다. 날이 밝으면 찾아봐야지, 하면서 다시 잠을 청한다.

왁자지껄하는 사람들의 말소리에 잠을 깼다. 날이 훤히 밝았지만 물은 아직도 빠져나가고 있다. 낚시도구와 잡화를 파는 가게 쪽에서 들려오는 소리다. 낚싯대가 떠내려 오기에 건져냈더니 잉어가 걸려 있더란다. 잉어는 길이가 80센티미터는 족히 되어 보이는 큼지막한 녀석이다. 긴 수염을 늘어뜨린 채 땅바닥에 누워 커다란 입을 뻐끔거리는 모습이 측은해 보인다. 낚싯대는 간밤에 낚시꾼이 텐트 속에서 잠든 사이에 잃어버린 것임이 분명하다. 아, 자지 않았더라면 저 녀석을 낚아냈을 테고, 손맛이 얼마나 좋았을까!

낚싯대를 건져낸 사내는 대는 돌려줄 테니 잉어는 자기가 갖게 해달라고 낚시꾼에게 제의를 해온다. 잉어를 집으로 가져가 약으로 쓰겠단다. 한마디로, 먹겠다는 얘기다. 그러지 말고 낚싯대를 사내가 갖고 잉어는 물속으로 보내라고, 낚시꾼이 달리 제안한다. 하지만 단박에 거절당하고 만다. 어쩔 수 없이 대만 들고 다시 제자리로 돌아온다.

아! 자지만 않았더라면. 어둠 속에서 찌 빛이 전하는 잉어의 입질을 볼 수 있었을 것이다. 이어 힘찬 손맛을 적어도 십여 분 동안은 경험했을 테다. 큰 몸집만큼이나 손맛의 생동감도 컸으리라. 또 자지 않았더라면 잉어는 방생에 의해 다시 물속으로 살아 돌아갈 수 있었을 것이다.

낚시가방을 꾸리는 그의 마음이 언짢다. 간밤에 낚아낸 물고기들을 모두 물속으로 돌려보내지만 표정은 시무룩하다. 그 잉어가 자꾸만 마음에 걸린다. 다만, 오래전에 살았던 사람들이 물줄기를 사이에 두고 벌였던 치열한 생존경쟁을 이곳 탄금호에서 느껴보았음을 행운이자 위안거리로 삼아본다.

백제의 낚시

　어느 화창한 봄날 오후, 낚시꾼은 국립부여박물관을 찾았다. 그는 부여와 가까운 백마강(부여사람들은 금강을 백마강으로 자주 부른다)의 한 물줄기에서 전날 하룻밤을 붕어와 함께 꼬박 새웠다. 밤잠을 못 잤으니 정신이 맑을 리 없다. 오다가 부여읍내 한 지하 다방에 들러, 앉은 채로 잠깐 눈을 붙이긴 했지만 기를 되찾는 데는 별 소용이 없다.

　박물관이라면 정신을 바짝 차려야 하는 곳 아닌가. 건성으로 옛것을 대하다가는 배울 것도 없고 감동도 없지 싶다. 하지만 금강에서 멀지 않은 곳이니, 낚시꾼이라면 꿩 먹고 알 먹기를 할 수 있는 곳이다. 강낚시에 박물관 구경이라, 들르기를 잘했다 싶다.

　전시관에는 백제의 것들이 참 많다. 이곳이 오랫동안 옛 백제의 땅이었으니 백제 문화가 많을 수밖에. 또 백제하고도, 금강의 흔적들이 많이 전시되어 있다. 금강과 그 들판에 기대어 살았던 사람들의 삶을 느낄 수 있는 것으로는, 없는 게 없다. 관람객들 속에 끼어 한참을 돌다보면 그릇, 장신구, 생활용품, 모형 고택, 사냥·어로·농사 도구, 고분과 껴묻을 거리, 묘비와 비문, 기와, 벽돌, 글씨와 그림 등 다양한 옛것들이 차례차례 눈에 들어온다.

　전시관 한 귀퉁이의 후미진 곳에 별도로 마련된 유리벽 칸막이 앞으로 관람객 수십 명이 몰려들어 웅성거리고 있다. 박물관은 눈과 마음으로 감상하는 곳인데, 왜 입으로 소음을 낼까. 대체 무엇이기에.

　백제금동대향로라는 육중한 명패가 벽 한쪽에 떡하니 걸려 있다. 이름이

하도 무거워 왠지 기가 질린다. 특히 '대'라는 글자가 중압감을 준다. 국보
로 지정되어 있단다. 역시 국가보물은 이름이 무거워야 하나보다. 귀한 것
이라니 사람들이 이렇게 많이 몰려들었을 테지. 그런데 문화재에 문외한인
낚시꾼도 그 향로에서 좀처럼 시선을 거두지 못한다. 그는 사람들 사이를
슬며시 헤집으며 맨 앞으로 나서, 향로 가까이 눈을 바짝 갖다대어 본다.

    안내문은 높이 61.8센티미터, 몸통의 큰 지름 19센티미터로 향로의 늘씬
한 신체 사이즈를 소개한다. 크기도 크다. 역시 이름에 '대'자가 붙을 만하
다. 박물관에서 그리 멀지 않은, 능산리의 한 절터 땅속에 있다가 1993년
12월에 나왔다고 한다. 능산리라면 백제 후기인 사비(지금의 부여)시대의 왕
족 무덤이 무더기로 나왔다는 곳 아닌가. 백제사람들이 금속공예술이 뛰어
났고, 높은 정신세계와 문화생활을 누렸음을 이 향로가 나타내고 있다고 한
다. 구리합금으로 주조되어 겉면에 금박이 입혀져 있다.

    향로는 발굴될 때 좁고 얕은 자그마한 물웅덩이 속에 누워 있었다고 한
다. 웅덩이 바닥의 나무판 위에 얹혀진 채로. 또 위로는 편편한 기와조각들
이 향로를 살짝 덮고 있었다. 나무판을 널 삼아 깔고, 기와조각을 이불 삼아
덮고 있었으니 향로는 오랜 세월에도 그다지 큰 충격을 받지는 않았다. 그
래서 손상된 곳이 없었다고 한다. 다만, 향로는 덮개와 몸통이 분리된 채로
세상에 모습을 드러냈다. 원래 조립식으로 만들어져, 작은 압력에도 덮개와
몸통은 쉽게 분리된다고 한다.

    그렇다면, 향로는 함부로 내버려진 것이 아니라는 추측을 낳는다. 만약
함부로 버려졌다면 나무판과 기와조각 사이에 누워 있지 않고, 바윗덩어리
나 돌멩이 따위에 깔리거나 짓눌려 있어야 할 텐데. 그렇다고, 정성들여 보

관된 것도 아니지 않은가. 오래토록 소중히 보관하려는 뜻이었다면 습하고, 좁고, 얕은 물웅덩이 속에 담겨 있지는 않았을 테다. 고이 모셔진 것도 아니고, 아무렇게나 내팽개쳐진 것도 아니라면?

　추측컨대, 신라와 당의 연합군이 이곳 사비로 무섭게 쳐들어 왔을 때 사비사람들은 정신없이 몸을 숨겨야 했을 것이다. 급박한 순간에도 그들은 자신의 몸만 숨긴 것이 아니라, 향로를 웅덩이 속 나무판자 위에 올려놓고 기왓장으로 덮어 숨겨뒀다. 하도 다급해, 더 깊숙하게 숨길만한 장소를 찾지 못했을 것이다. 물론, 나중에 적이 물러가면 꺼내어 다시 제단에 향불을 피우려 했을 테다. 하지만 그것으로 그만이었다. 그들의 조국이 영원히 멸망해버렸기 때문이다. 향로를 꺼낼 기회는 영영 오지 않았다.

　백제가 신라와 당의 연합군에 무너진 시기가 7세기 중반이다. 그렇다면 이 향로는 아무리 짧아도 1,300년 동안이나 땅속에서 잠자고 있었다는 얘기다. 물론, 제작된 시기는 그보다 더 먼저일 테다. 그런데도 저토록 영롱한 자태를 잃지 않을 수 있단 말인가.

　향로는 긴 세월을 땅속에서 견디느라 표면에 금칠이 벗겨지거나, 녹이 슬거나, 흠집이 생겼을 법도 하다. 하지만 발견될 당시 그 같은 자연적인 훼손이 그리 심하지 않았다고 한다. 지금이라도 향을 넣어 피운다면 전시관이 1,300년 전의 향내로 가득 찰 것만 같다.

　안내문은, 향로가 신선의 세계를 구현하고 있다고 한다. 꼭대기부분의 봉황은 날개를 활짝 펼친 채 서 있어 금방이라도 하늘높이 날아오를 것 같다. 덮개부분에는 많은 것들이 눈에 뜨인다. 폭포, 시냇물, 산봉우리 등 선계의

231　　　　　　　　　　　　　　　　　　

심산유곡이 있다. 선계에나 있을 법한 날짐승과 길짐승도 여러 마리 있다. 다섯 사람이 제각기 다른 악기를 연주하고, 여러 신선들이 제각기 자신의 일에 열중하고 있다. 나무나 바위나 산길 같은 친근한 것들까지 생생하게 새겨져 있어, 자칫 멀게 느껴질 법한 선계를 가깝게 당겨 놓고 있다. 몸체는 화사한 연꽃, 받침은 승천하는 용의 모습이다. 받침에서 꼭대기까지 빈 공간이 하나도 없이, 촘촘하게 다양한 형상이 표현되어 있다.

낚시꾼은 전문적인 식견이 없지만 향로에 마음을 빼앗겨 있음에 분명하다. 하긴 아름다움을 감상할 때 반드시 전문가의 눈이 필요한 것은 아닐 것이다. 그는 향로를 좀 더 꼼꼼히 감상해야겠다는 생각에, 사실적인 묘사가 가장 두드러져 보이는 덮개부분을 유심히 살펴본다. 그의 시선이 낚시하는 신선의 모습에서 멈춰 선다. 누가 낚시꾼 아니랄까봐.

악기를 연주하는 사람들 바로 밑으로 여러 신선들이 눈에 뜨인다. 한 신선이 높은 산과 계곡을 배경으로 시냇물에 낚싯대를 드리우고 있다. 낚싯대는 'J'자의 지팡이 모양이다. 꼬부라진 손잡이 쪽이 물 쪽을 향하고 있다. 얼핏 보면 대가 낚싯바늘 같기도 하다. 또 대는 날렵하게 쭉 빠진 모습이 아니라 투박하고 굵다. 거푸집에 액체상태의 뜨거운 구리합금을 부은 뒤 이를 식혀 굳히는 방법으로 만드는 주물공정의 특성상, 낚싯대 하나만을 세밀하게 표현하기란 쉽지 않았을 테다. 오히려, 주물제작을 감안할 때 낚싯대의 가느다란 선을 표현하려 한 장인의 태도가 정교하면서도 용감하게 느껴진다.

그 주위로 말을 탄 채 활로 사냥하는 신선(달리는 말 위에서 뒤돌아보며 활을 쏘는 자세가 고구려 무용총 고분벽화의 기마인물도를 닮았다), 명상에 잠긴 신선, 물에 머리를 감는 듯한 신선도 보인다. 이들 신선의 모습을 꼭대기의 봉황이나, 몸체의 연꽃이나, 받침의 용 등과 한데 묶어 생각해보면, 향로는 현실세계를 나타낸 것이 아니다. 아마 장인은 자신의 무한한 상상력을 드러냄으로써 이상세계를 구현하려 했나보다. 또 사비시대 백제사람들은 높은 정신세계를 누렸나보다. 낚시꾼이 알기로는 낚시하는 모습이 조형물로, 비록 낚시만을 위한 조형은 아니지만, 표현되어 있는 것은 적어도 국내에서는 이 향로가 가장 오래된 것이지 싶다.

7세기 고대사회라면 삶이 그리 풍족하지는 않았을 것이다. 백제가 한강 이남과 금강의 넓은 들을 지배하고 있었다지만, 사람들의 생활에 오늘날과 같은 충분한 잉여나 여유는 없었지 싶다. 또 사비시대의 백제는 한강의 기름진 들을 온전히 지배하지는 못했다. 사실 백제의 사비 천도는 한강의 들을 고구려에 빼앗기면서 남쪽 금강의 들로 쫓겨내려 온 것 아닌가. 삶이 곤궁했을 테다. 그래서 낚시는 선계에서 신선이나 즐길 수 있는, 말 그대로 신선놀음으로 여겨졌던 것이 아닐까. 백제사람들은 낚시를 악기연주, 사냥, 명상, 머리감기 등과 함께 고된 현실 너머의 이상세계에서나 이룰 수 있는 유희로 생각했나보다. 하긴 오늘날에도 직업어부가 아니라면, 낚시는 노동이라기보다는 한가한 취미나 신선놀음으로 비쳐지기도 한다.

이상세계는 늘 고된 현실이 닿지 못하는 먼 곳에 있다. 그래서 그곳은 현실에서는 이룰 수 없는 꿈이 그려지게 마련이다. 신선을 등장시켜 현실에서는 이룰 수 없는 소망을 풀어보려 할 것이다. 이 향로도 백제사람들의 그런 뜻이 담긴 것이 아닐까. 그렇다면 백제의 사비시대에서 현실속의 낚시는, 물고기를 낚아 생계를 이어야 하는 고된 노동이었을 수도 있겠다.

그러고 보니, 철학자 칼 마르크스의 생각에도 낚시란 좋은 세상이 오면

    4. 들판 여행 - 그리움을 찾아서

사람들이 다함께 즐길 수 있는 멋진 여가생활의 하나였다. 사냥꾼이 아니라도 사냥을, 어부가 아니라도 낚시를, 목동이 아니라도 소몰이를, 비평가가 아니라도 비평을 할 수 있는 세상이 올 것으로 그는 믿었다. 공산주의사회가 되면 낚시는, 사냥과 소몰이와 비평과 함께, 직업노동으로서가 아니라 여가로도 즐길 수 있을 것으로 그는 생각했다. 물론 마르크스가 그렇게 생각하던 당대 그의 나라에서는, 낚시를 여가생활로는 즐길 수 없을 만큼 보통사람들의 삶은 힘겨웠다.

아, 부여박물관 금동향로에서 백제와 마르크스가 낚시로 만나다니! 인연은 우연으로 확인받는다고 했던가.

다만, 백제가 마르크스보다 적어도 1,200년은 선배인 셈이다. 또 백제의 낚시는 오랫동안 잠들어 있다가 이제 막 깨어나 부활하는 단계고, 한 세기 동안 세상의 절반을 휘어잡았던 사나이, 마르크스의 낚시는 요즘에는 별로 주목받지 못하는 처지다.

이제 문 닫을 시간이다. 관람객들이 모두 빠져나가고 낚시꾼만 향로 곁에 남았다. 그는 이번 낚시에서 참 멋진 유물을 만났다고 생각해본다. 그런데 향로를 대하면서 신선의 낚시하는 모습만 너무 오래 바라본 게 아닌가, 해서 향로를 만든 장인과 당대의 백제사람들이 눈에 좀 밟힌다. 하지만 어쩌랴. 사람은 자신이 아는 만큼만 보인다고, 낚시꾼의 눈에 보이는 것이라고는 낚시뿐인 것을.

상주 공갈못 연(蓮)

낚시꾼이라면 물풀을 감상하는 것도 빼놓을 수 없는 즐거움이다. 수많은 물풀 가운데 연(蓮)이야말로 사람들이 가장 가까이 다가가고 싶어 하는 풀일 것이다. 탐스럽게 넓은 잎과 등불처럼 봉긋 솟은 꽃봉오리는 아름다운 자태를 지녔으면서도 마음을 자극하지 않는다. 평온한 느낌을 준다. 그래서인지 사람들의 시선과 마음을 오랫동안 잡아끈다.

연은 사람들이 어디에서나 자주 볼 수 있는 풀은 아니다. 토질을 까다롭게 가리는 편이라 진흙바닥에서만 자란다. 또 따뜻한 기후를 좋아해 주로 남쪽지방에서 잘 자란다.

낚시꾼은 어느 장마철에 경북 상주에 있는 공검지라는 호수를 찾았다. 이곳 사람들에게는 공갈못으로 불린다. 충북 제천 의림지, 전북 김제 벽골제 등과 함께 고대의 삼한시대 이전에 조성되었다는, 내력이 아주 긴 저수지다.

그런데 공갈못은, 낚시꾼이 언젠가 둘러본 적 있는 의림지나 수산제나 벽골제에 비해 그리 넓어 보이지 않는다. 겨우 사천 평쯤 되어 보인다. 장마철이라 호수에 물이 빠져 있는 것도 아닌데. 근처 마을사람들 얘기로는, 오랜 세월에 걸쳐 여러 차례 바닥이 매립되어 논으로 변했기 때문이란다. 다만 물을 떠받치는 방죽은 길이 34미터, 높이 3.6미터로 저수지가 처음 만들어질 당시의 원형을 그리 많이 잃지는 않았다고 한다.

뭐니 뭐니 해도 공갈못에서 가장 큰 자랑거리는 연이다. 군데군데 수면이 드러나 있긴 해도 연이 빽빽한 숲을 이루며 수면을 넓게 뒤덮고 있다.

'상주 함창 공갈못에 연밥 따는 저 처자야'라는 노랫말로 시작하는 중모리장단의 상주 모심기노래. 이 옛 노래는 이곳 들녘에서 생겨나 널리 퍼졌다. 언제부터 불리어졌는지 기원을 알 길은 없지만, 공갈못으로부터 물을 받아 벼농사를 지어온 이곳 사람들이 불러온 노동요다. '연밥(연의 씨앗)'이란 낱말이 등장하는 것으로 보아, 오래전부터 이 못은 연으로 널리 소문이 나 있었던 것 같다. 그래서 공갈못은 연(蓮)못이다.

경상도의 일노래들은 대개 빠른 장단이지만 이 노래는 좀 느린 편이다. 모심기 몸동작에 맞춰 불려지다보니 느린 것 같다. 물로 질펀한 논바닥을 향해 상체를 숙인 채, 손으로 모숨을 하나하나 꽂는 동작은 빠를 수 없다. '상주'에 한 모숨, 이어 '함창'에 또 한 모숨을 논바닥에 꽂았을 것이다. 공갈못의 오랜 벼농사 역사가 멋들어지게 느린 박자의 노동요를 낳은 셈이다.

낚시꾼은 빽빽한 연 숲 틈에 찌를 세웠다. 찌는 그냥 형식적으로 세웠을 뿐 그의 관심사는 온통 연이다. 못을 한바퀴 빙 둘러본다. 마름이나 개구리밥이나 생이가래 같은 풀들도 무성한 연 군락 주위에서 잎을 수면 위로 내놓고 있다. 이들은 물결에 출렁이거나 이리저리 떠다닌다. 뿌리가 약하기 때문이다. 연은 바람에도, 물결에도 좀처럼 흔들림이 없다. 진흙바닥에 뿌리를 단단히 박았기 때문이다. 팔뚝처럼 굵고 기다란 뿌리, 그리고 그 뿌리와 잎을 이어주는 단단한 줄기는 연이 탄탄한 토대를 가진 풀임을 느끼게 한다.

낚시꾼이 알기로, 연은 여러 물풀 가운데 키와 몸피가 가장 크다. 연은 꽃으로도 잎으로도 줄기로도 뿌리로도 무척 탐스럽다. 수면 위로 드러나 있는 잎과 꽃은, 단단하고 야무진 맛은 별로 없지만, 여유롭고 풍성한 느낌을 준다. 또 연은 지금의 이 호수처럼, 여름이면 무성하게 떼 군락을 이룬 채 널따란 잎으로 수면을 덮는다. 그 무성한 잎의 짙푸른 자태를 바라보고 있으면, 연은 자신의 강한 세력을 자랑하는 듯하면서도 물속 생명들에게 편히 쉴 그늘을 마련해주는 것처럼 느껴진다.

온종일 그쳐 있던 장맛비가 오후 들어 드세게 내린다. 낚시꾼은 급히 파라솔을 펼친다. 호수 물이 빠르게 불어날 만큼 강한 기세다. 그런데 빗소리가 여느 호수에 떨어질 때와는 사뭇 다르다. 수면이 아니라, 넓게 깔린 연잎을 때리고 있어 마치 장구를 두드리는 소리처럼 들린다.

둥근 방패 모양의 초록색 잎을 드넓게 배경으로 깔고, 그 위로 하얗게 또는 불그스름하게 드문드문 봉오리를 내민 연꽃. 요염하지 않은 화사한 꽃이다. 마치 여인의 화장하지 않은 맨얼굴 같다. 비를 맞아도, 젖은 티가 나지 않는다. 요란한 화장으로 위장한 듯한 꽃이라면 빗물에 얼룩이 져 지저분해 보였을 텐데.

꽃을 받쳐주는 잎의 자태는 넉넉하고 듬직한 모습이다. 널찍한 품을 가진 잎은 언제나 꽃을 올려놓는 배경이 되려할 뿐, 솟아오르려 하지 않는다. 홀로 뽐내거나 돋보이려는 뜻이 없다. 잎은 수면에 닿을락말락한 채 넓게 깔려 있지만, 세찬 빗줄기를 맞아도 젖지 않고 물속으로 침몰하지도 않는다. 두두두 북소리를 내면서 빗방울을 튕겨내는 당당함이 때릴 테면 때려봐, 하면서 오히려 폭우의 기세를 배짱 좋게 압도한다.

연은, 여느 물풀이 갖지 못한 독특한 자태 덕분에, 오랜 세월 사람들로부터 유난히 많은 사랑과 칭송을 받아온 풀이다.

성리학의 비조라는 송나라의 주돈이는 연을 좋아하는 까닭으로 '비록 진흙 속에서 났지만 더러움에 물들지 않고, 맑은 물에 씻기면서도 요염하지 않기 때문'이라 했던가. 오늘날의 사람들도 연을 좋아하는 이유로, 진흙 속에서 자라면서도 아름다운 꽃을 피워내는 속성을 곧잘 내세운다. 뿌리를 진흙 속에 박고 있지만 물속의 진흙으로부터 제 키만큼 간격을 띄운 채 물위로 꽃을 두고 있는 모습. 예나 지금이나 변함없이 사람들이 연을 흠모하는 것은 바로 그 초연한 자태 때문일 것이다.

연과는 달리, 진흙은 예로부터 더러움의 상징이었다. 어두운 느낌의 시커먼 색깔과 질퍽거림 탓이다. 사실 진흙이 바닥을 이룬 호수라면 물이 탁도(濁度)가 높아 흐린 빛을 띠지만 오염과는 상관이 없다. 이를테면 경남 창녕에 있는 천연늪지인 우포늪은 물이 탁해 늘 흐린 빛을 띠지만 오늘날의 사람들은 그 물을 더럽다거나 오염됐다고 말하지는 않는다. 이 공갈못도 바닥이 진흙탕이라 물빛이 늘 흐려 있지만 오염된 것은 아니다. 진흙은 더럽지 않다. 진흙의 더러움은 그냥 사람들의 마음속 느낌일 뿐이다.

진흙은 자신의 더러움 속에 빠져든 것이 헤어나지 못하도록 끈질기게 붙잡아두려 한다는 이미지를 갖고 있다. 흔히 진흙바닥의 늪이나 진흙구렁텅이는 사람이 한번 빠지면 벗어나기 쉽지 않은 곳이다. 진흙의 끈적끈적한 성질 때문이다. 끈적거림은 옛사람들의 마음속에다 진흙의 더러운 이미지를 더 깊이 박아놓음으로써 좀처럼 헤어나지 못하게 했다.

역설적으로, 진흙의 그런 더러운 이미지가 뭇사람들의 마음에 연을 더욱 아름답고 신비스러운 자태로 오랫동안 남아 있게 했으리라. 진흙이 정말로 불결하거나 몹쓸 것이라면, 연이 왜 그토록 오랜 세월 오로지 진흙에서만

싹을 틔우고 뿌리를 내렸겠는가. 연이 진흙을 줄기차게 따라다니는 것이,
설마 담력을 키우려는 뜻은 아닐 테다.

연을 향한 칭송이 주돈이보다 시간적으로 훨씬 앞서는 사람이 있다. 바로
석가모니 부처다.

그는 기원전 5세기나 6세기 무렵에 살았다니 11세기의 주돈이보다 적어
도 1천6백 년쯤 먼저 세상을 살았다. 석가모니 말씀을 기록한 불교의 여러
경전들 가운데 원래의 말씀에 가장 가깝게 기록했다는 수타니파타 경전에,
연에 관한 구절이 나온다. 수타니파타는 석가모니가 설파한 일천여 편의 말
씀을 중생들이 암송하기 쉽게 운문으로 기록한 초기 불교의 경전이다. 석가
모니가 열반에 든 지 3백 년쯤 뒤에 간행됐다니 지금으로부터 적어도 2천2
백 년 전에 간행됐다. 연을 향한 사람들의 칭송은 참으로 오랜 세월의 근원
을 갖고 있다.

알다가도 모를 것이 사람마음이라는데, 연이 그렇게 오랜 세월 사람마음
을 사로잡아왔다면 거기에는 분명 이유가 있을 것이다. 그 경전에 '소리에
놀라지 않는 사자처럼/ 그물에 걸리지 않는 바람처럼/ 진흙에 더럽혀지지
않는 연꽃처럼/ 무소의 뿔처럼 혼자서 가라'는, 연에 관한 대목이 나온다.

그 대목에서, '진흙'은 '소리'나 '그물'과 함께, 정념의 은유일 것이다. 정
념은 뭇사람들의 헤픈 감정이다. 사랑, 미움, 미련, 시기, 욕심, 노여움 따위.
이런 감정에 집착하는 인간의 온갖 정념이야말로 진흙 같은 것이다. 부질없
음이다.

이에 비해 '연꽃'은 '사자'나 '바람'과 함께, 정념에 물들지 않는 *꿋꿋함*

 4. 들판 여행 - 그리움을 찾아서

의 은유다. 연꽃은 진흙에서도 아름다움을 가꿔내니, 정념에 당당한 사자이고 정념에 사로잡히지 않는 바람이다. 그래서 연꽃은, 외로울지라도 홀로 꿋꿋하게 나아가는 무소의 뿔이다.

석가모니가 연을 인용해 세상에 설파하려 한 뜻은, 만물은 제행무상(諸行無常)이니 부질없는 집착의 끈을 놓으라는 가르침이었을 것이다. 세상일은 무상하지 않은 게 없으니, 진흙 같은 정념에서 벗어나 오직 법을 구하는 데에만 정진하라는 가르침이 아니었을까.

세상은 늘 정념으로 철철 넘쳐난다. 사람 사는 현실에서는 어디서나 온갖 정념이 날뛰게 마련이다. 마음이 정념으로 불타오를 때, 사람은 번뇌라는 간단치 않은 속병을 앓게 된다. 정념은 곧 번뇌요, 깊은 속병이다. 그러니 정념에 흔들리지 말라고 공갈못의 연은 밤새워 낚시꾼에게 일러준다.

금강 하구

충남 서천평야에는 금강 하구로부터 물을 끌어들이기 위한 물길이 여러 갈래로 뻗어 있다. 아무리 넓어도 폭 10미터가 안 되는, 좁고 기다란 물길이 마치 실핏줄처럼 들녘 구석구석까지 누빈다.

어느 늦은 가을날 오후, 낚시꾼이 앉은 곳은 폭 5미터 가량의 곁가지 물길. 금강 하구에서 뻗어 나온 폭 10미터 가량의 물길이 다시 한번 새끼를 친, 아주 좁다란 물길이다. 강과 바다를 가르는 금강 하구의 긴 둑이 멀리서 한눈에 들어온다.

그런데, 이 좁은 물에도 과연 물고기가 살고 있을까? 물길 가장자리에는 갈대가 빽빽하게 자라고 있다. 봄철이라면 붕어가 알을 낳아 붙여놓기 위해 갈대숲으로 몰려들 것이다. 그러나 지금은 가을이다. 이곳에서 물고기를 만나기 위해 하룻밤 새워보기로 한다. 허탕 치는 셈 치고.

낚시꾼이 금강 하구 쪽으로 낚시를 온 것은 한꺼번에 두 가지를 체험하기 위해서다. 하나는, 하구 본류에서 참게낚시를 하기 위해서다. 참게는 바다에서 태어나지만 민물로 거슬러 올라와 살다가, 가을에 다시 바다로 나간다. 지금은 바다로 나가는 참게를 낚시로 만날 수 있는 시기다. 다른 하나는, 하구에서 좀 멀리 떨어진 들녘의 좁은 물길에서, 그의 주특기인 붕어낚시를 할 수 있다. 참게낚시를 하기 전에 먼저 붕어를 만나보려고 이 좁은 물길에 앉아 있는 것이다.

폭이 좁은 물길이라 가장 짧은 낚싯대를 드리웠다. 미끼를 던져 넣기가 무섭게, 찌가 아래위로 촐싹대면서 물고기의 입질을 전한다. 대를 잡아챌 때마다 호박씨만한 앙증맞은 붕어가 나온다. 역시 촐싹대는 입질은 잔챙이의 소행이다. 하지만 잔챙이가 있으면 큰 녀석도 있을 터. 또 잔챙이가 있어야 큰 녀석도 있을 터. 해가 져 어둠이 내리면 힘센 붕어를 만날 수 있을 것 같다. 밤에는 찌의 장중한 움직임, 그리고 묵직한 손맛을 볼 수 있을 것 같다. 그는 이쯤해서 그만 낚싯대를 걷는다. 좁은 물길에도 붕어가 살고 있음을 확인했으니.

하구 본류 가장자리에 앉아 참게낚시를 시작한다. 좁은 물길에서 붕어낚시를 할 때보다 하굿둑이 더 가깝게, 크게 보인다. 미끼는 붕어낚시에서는

     4. 들판 여행 - 그리움을 찾아서

잘 쓰지 않는 마른오징어. 오징어를 길게 쭉 찢어 그 한 조각을 참게채비 바늘에 꿴 다음 물속으로 던진다.

붕어낚시에서처럼, 참게낚시에서도 대개 찌가 솟을 때 낚싯대를 잡아챈다. 참게는 먹이를 향한 집착이 강해, 일단 집게발로 한번 물면 물 밖으로 끌려 나와도 좀체 놓으려하지 않는다. 그래서 붕어낚시와 달리, 참게낚시에서는 대를 그다지 재빠른 동작으로 잡아챌 필요까지는 없다. 대를 채기보다는 살포시 들어올려도 참게는 밖으로 나온다. 참게낚시는 낚는다기보다는 끌어낸다는 듯한 느낌이다.

찌를 세운지 두 시간이 지나도 아무런 소식이 없다. 날은 벌써 어두워졌다. 열 걸음쯤 떨어진 곳에서 참게낚시를 하는 노인에게 다가가 왜 입질이 없는지 물어본다. 노인도 네 시간째 입질을 보지 못했단다. 노인은 큰 기대를 하지 말라 한다. 가까운 마을에 산다는 노인은 밤을 새워 참게낚시를 해도 한 마리도 낚지 못할 때가 자주 있다 한다. 젊었을 때는 이 하구에서 참게를 많이 낚곤 했는데, 둑이 놓이면서 더 이상 참게를 구경하기 쉽지 않다고 한다. 둑이 강과 바다를 오가는 참게의 이동을 방해하기 때문이란다.

낚시꾼은 노인의 말에 실망하면서도 한편으로는 기대를 버리지 않는다. 밤을 새우면 한두 마리라도 낚을 수 있기에 저 노인도 밤늦도록 참게낚시를 하고 있지 않겠는가. 노인은 자정 무렵 낚싯대를 접고 돌아간다. 낚시꾼은 밤을 새워서라도 끝까지 버티기로 한다. 기대와 달리 다음날 날이 밝을 때까지 참게를 한 마리도 만나지 못했다. 그는 낚싯대를 걷으며 둑을 바라본다.

금깅은 전북 장수군 소백산맥의 한 계곡을 출발해 천릿길을 흘러오다가 전북 군산과 충남의 서천, 장항에서 큰 바다가 되려고 서해와 만난다. 아니,

서해와 곧바로 만나지는 못한다. 하구의 높고 긴 둑에 기약도 없이 오랫동안 막혀 있다가 찔끔찔끔 서해로 빠져나간다.

사람들이 저 금강하구언이라는 높고 긴 둑을 쌓은 것은 강물이 곧장 서해로 빠져나가지 못하도록 막기 위함이다. 또 둑은 바다의 짠물이 민물과 섞이지 못하게 한다. 하구에 소금기가 없는 물이 많이 고이면, 그 물을 근처 들녘의 논이나 공장 등에 넉넉히 보낼 수 있다. 둑을 쌓기 전에는 바닷물이 강쪽으로 밀려들어와 논밭이나 마을에 자주 침수피해를 주곤 했다. 만조 때는 바닷물이 멀리 위쪽에 있는 강경이나 논산까지 치밀고 들어왔다고 한다. 그러다가 1990년에 높이 16.65미터, 길이 1,841미터의 둑이 가로놓이면서 바닷물은 강으로 들지 못하고, 또 강물은 바다로 나갈 수 없게 되었다.

바닷물과 강물이 섞이지 못하는 바람에 하구에서 살아가는 생명들은 모진 수난을 겪고 있다. 민물과 바닷물의 소통이 끊어짐으로써, 민물과 바닷물이 만나는 곳에서 살아가는 수많은 종류의 물고기들이 사라지거나 줄었다. 하구 근처에 사는 사람들은 강물을 이용할 수 있어 좋아졌지만, 예전에 자주 보던 물고기들을 지금은 보기 어렵게 됐다고 못내 아쉬워 한다.

황어나 웅어나 숭어나 망둑어 같은 물고기를 예전에는 많이 잡곤 했는데 지금은 거의 볼 수 없다고 한다. 이들은 바닷물과 민물이 섞인 하구에서만 살아가는데 두 물이 확연히 나누어짐으로써 살 수 없게 되었다는 것이다. 또 하구 안쪽의 펄에는 농게, 칠게, 짱뚱어 등도 살았는데, 바닷물이 들어오지 않는데다 물이 깊어지기도 해 지금은 보이지 않는다. 그뿐만이 아니다. 바다에서 태어나 강으로 거슬러 올라와 민물에서 살아가는 참게나 뱀장어도 많이 줄어들었다. 둑의 장벽에 막혀 강으로 오르지 못하고, 운 좋게 강으로 올라왔다고 해도 바다로 내려가지 못하기 때문이다. 요즘 하구에서 멀리 떨어진 늪이나 호수나 들녘 논사이의 물길에서도 뱀장어나 참게를 보기 어렵게 된 것은 댐이나 하굿둑 같은 장애물 탓이다. 또 금강 하구는 우리나라에서 몇 안 되는 철새도래지인데, 이곳을 찾는 철새의 종류나 수가 예전에 비해 줄었다. 하구의 물이 깊어진데다 바닷물이 들어오지 않아, 먹이가 되는 생명체들의 종(種)이 단순화되었기 때문이다.

하굿둑 위로는 쉴 새 없이 자동차들이 오간다. 둑을 관리하는 사람은 하굿둑이 군산과 장항을 잇는 교통로 역할을 해내고 있다고 말한다. 두 도시는 금강 하구를 사이에 두고 있다. 둑이 하구를 가로질러 놓이기 전에 두 도시를 오가려면, 맨눈으로도 보이는 가까운 거리를 빙 돌거나 배를 타고 건넜다고 한다. 둑이 생겨 사람들끼리는 쉽게 소통할 수 있게 되었다지만 물속 생명들의 단절은 어쩌란 말일까.

물고기들이 오갈 수 있도록 둑 아래쪽의 수문 옆에다 어도(魚道)라는 작은 길을 뚫어주었다. 대도무문(大道無門)이라 했던가. 진정으로 큰 길이라면 거기엔 문이 달려 있지 않은 법이다.

은어와 섬진강

섬진강 물은 해마다 초봄에 유난히 강한 은빛을 띠곤 했다. 얼음이 풀릴 무렵이면 물은 어디에 있든 늘 햇빛을 받아 번득이게 마련이다. 흐름을 종잡을 수 없는 봄바람에 수면이 촐랑거릴 때면 물은 굳이 섬진강이 아니라도 번득임이 요란하다. 하지만 섬진강은 초봄에는 여느 강보다 눈부심이 더욱 그윽하고 맹렬했다. 분명 눈부심이 유별난 데가 있었다. 그것은 번득임의 주인공이 수면위로 떠다니지 않고 물속에 들어 있기 때문이었다. 또 정지해 있지 않고 늘 살아 움직이기 때문이었다.

물속의 그 주인공은 다름 아닌 은빛 은어 떼였다. 은어가 바다로부터 돌아와 큰 무리를 지어 일제히 상류로 거슬러 오를 때면, 섬진강 물도 은빛을 띤 채 번득이면서 그 무리를 따라다니곤 했다.

은어(銀魚)의 나라, 섬진강. 이웃 지리산이 등성이까지 진달래꽃으로 벌겋게 달아오를 무렵이면, 남해바다에 집결해 있던 은어 떼들은 한꺼번에 일제히 섬진강을 향해 출발했다. 아무도 바다에서 강으로 내몰지 않았는데도, 그들은 까마득한 옛날부터 해마다 그때쯤이면 그냥 그렇게 해왔다. 그래서 섬진강을 끼고 살아가는 하동이나 구례 사람들도 해마다 은어의 행렬을 맞으러 강가로 몰려나가곤 했다. 그들도 오랜 옛날부터 그냥 그렇게 해왔다. 누군가로부터 내몰려 물가로 나간 게 아니다. 강원도 남대천 사람들이 동해 바다로부터 돌아오는 연어를 연례행사로 맞이하곤 했던 것처럼.

은어로서는 고향으로 돌아오는 행렬이었다. 은어는 강에서 태어나 바다로 나갔다가 다시 자신이 태어난 그 강으로 돌아오는 나그네 물고기다. 사람으로 치면 일생에서 유년기와 청년기를 타향의 바다에서, 장년기와 노년기를 고향의 강에서 보낸다. 타고난 역마살을 숙명으로 여기며 살아간다. 남대천의 연어처럼.

봄에 섬진강으로 돌아온 은어는 가을에 번식을 한다. 알에서 깨어난 새끼 은어는 곧 근해의 바다로 내려가 겨울을 보낸 뒤, 이듬해 봄에 자신이 태어난 강으로 되돌아온다. 자신의 조상이 대대로 그렇게 했던 것처럼. 이어 가을에, 암컷이 알을 낳자마자 수컷이 곧바로 정자를 쏟아냄으로써 수정을 한다. 번식을 마치면 암수 모두 자신의 일생을 마친다. 곧, 은어는 한해살이다.

섬진강에는 지금은 봄이 와도 은어를 맞으러 물가로 나가는 사람이 그리 많지 않다. 은어의 수가 예전보다 줄어든 탓이다. 다행히 근래 들어서는 은어가 부쩍 늘어나는 추세다. 찬란했던 옛 시절을 잊지 못해서인지, 막무가내식의 개발을 줄인다든지 해서 사람들이 뒤늦게나마 은어의 귀향을 도와주고 있기 때문이라 한다. 1970년대까지만 해도 은어 떼가 올라오는 소리를 안방에서도 들을 수 있었다고 섬진강 사람들은 기억한다.

번식을 위해 산란과 방정을 할 때 은어는 몸짓이 아주 격렬하고 요란하기로 섬진강가에 소문이 자자하다.

산란이 임박해지면서 한 마리의 암컷에 여러 마리의 수컷이 한꺼번에 달려들어 몸을 비벼댄다. 그리고 강바닥의 모래나 자갈을 둥글게 파내어 보금자리를 만든다. 그 안에다 암컷이 알을 낳고 이어 수컷이 즉시 정자를 밖으로 흩어 뿌림으로써 수정이 이루어진다.

은어의 요란한 번식몸짓은 그냥 남의 일쯤으로 여기는 사람들이 보기엔 괜한 호들갑일 수도 있겠다. 하지만 한해살이 짧은 일생에서 되도록이면 많은 새끼를 낳아야 하는 은어로서는 절박한 의식이다. 수많은 생명을 만들어내는 그 길지 않은 목숨이, 그 요란한 번식몸부림이 섬진강 사람들에게 오랜 세월동안 예사로 보였을 리 없다. 또 번식을 마치자마자, 연어처럼, 암수 모두 일생을 마치는 은어의 모습에서 비장함마서 느껴졌을 것이다. 한 개체는 한 해만에 한 생애를 끝내지만, 종(種)으로는 영원히 살아간다. 일생을 마치는 것이 죽음일 수는 없다. 아니, 일생을 마쳐야 영원히 살아갈 수 있다. 은어는 일생을 끝내면서 영원히 살아가는 물고기다. 일생을 마치는 것이 억울하지 않다면 자신의 유전자를 가진 여러 생명체들이 자신을 대신해 미래에도 계속 살아갈 것이기 때문이다. 한해살이 꽃이 일생을 마쳐도 억울하지 않다면 자신의 씨앗을 널리 퍼뜨려 앞날에도 계속 살아갈 것이기 때문이다. 한해살이 은어가 지금까지 살아 있고 앞으로도 살아갈 수 있다는 것은 요란한 번식몸짓 덕분이다. 수많은 생명을 만들어내어 영생을 얻고자 하는 그 몸짓이 섬진강 사람들에게 어찌 가벼운 떨림일 수 있었겠는가.

은어는 다 자라면 길이가 한 뼘 가량으로 얼추 댓잎만 하다. 생김새도 날씬한 유선형의 댓잎을 쏙 빼닮았다. 평소 배 쪽을 중심으로 몸 빛깔이 전체적으로 은빛을 띤다. 그러다가 산란기가 되면 유독 수컷이 밝은 오렌지색의 세로 줄무늬가 새겨지면서 혼인색을 울긋불긋 나타낸다.

강에서는 물살이 제법 빠르게 흐르고, 크고 작은 돌들이 바닥에 무수히 널려 있는 맑은 물에서 주로 살아간다. 더럽혀진 물에서는 살려 하지 않는다. 은어는 물의 오염 정도를 나타내는 지표인 셈이다.

섬진강을 따라 하구에서 상류로 올라가다보면, 은어낚시를 하는 사람들이 간간이 눈이 뜨인다. 물론 은어 개체수가 줄어 낚시꾼이 그리 많지 않은데다 낚시의 흥도 예전만은 못하다.

은어낚시는 여느 낚시와는 사뭇 다르다. 은어의 생활사나 활동습성을 마음속 깊이 이해하는 지혜가 없으면 낚시를 할 수 없다. 그래서인지 섬진강 은어낚시는 예로부터 지역주민들을 중심으로 성행했다. 요즘은 지역주민

4. 들판 여행 - 그리움을 찾아서

말고도 은어낚시 동호인들이 꽤 생겨났다. 낚시는 주로 은어가 바다에서 강의 하구를 거쳐 상류로 떼 지어 올라올 때부터 시작돼 산란과 방정, 곧 번식 직전까지 이뤄진다. 봄과 여름이 낚시철인 셈이다.

예전에는 낙동강에서도 은어낚시가 성행했다지만 오염이나 개발 탓에 은어도 낚시도 거의 사라졌다. 지금은 섬진강과, 동해로 흐르는 일부 작은 하천에서만 낚시 명맥이 겨우 이어져 내려온다. 골재채취로 인한 서식처 훼손, 댐과 보의 건설로 인한 물 흐름 단절, 수질 오염 등이 원인이 되어 섬진강 은어도 삶이 예전 같지 않다.

근래 섬진강에서는 인공 부화한 새끼 은어를, 남대천의 연어처럼, 강으로 풀어주기도 한다. 바다로 나갔다가 봄에 다시 강으로 돌아와 주기를 기대하면서.

은어낚시는 다른 낚시에 비해 기법이 매우 독특하다. 낚시를 하지 않고 그냥 낚시꾼 곁에서 구경만 해도 신비로움의 감탄사가 절로 나온다.

은어는 물속 돌의 표면에 자라는 이끼를 긁어먹는 습성이 있다. 가끔 실지렁이 같은 꿈틀 벌레를 먹기도 하지만 주식은 돌에 들러붙은 미세한 이끼다. 그래서 이끼가 자라는 큼지막한 돌 몇 개로 이뤄진 틈바구니가 보금자리면서, 아울러 먹이를 구하는 공간이다. 은어는 이 공간을 다른 종의 물고기에게는 물론, 같은 종의 은어에게도 절대 양보하지 않는 집착을 보인다. 다른 은어가 그 공간을 침범하면 사납게 공격하면서 텃세를 부린다. 하긴 자신의 보금자리나 먹이 터를 순순히 남에게 내어주는 동물이 들판 세상에 어디 있겠는가. 섬진강 사람들은 늘 수인행세를 하려는 이 텃세를 이용해 오래전부터 은어낚시를 해왔다.

먼저, 그물질이나 홀치기낚시(네댓 개의 바늘이 한 묶음인 갈고리로 은어가 있을만한 돌 틈 사이를 휘저어 물고기를 잡는 낚시)로 은어 한 마리를 잡아낸다. 낚시꾼이 이 은어를 바늘 세 개가 한 묶음인 채비에 매달아 돌 틈의 공간에 살짝 던져 넣으면, 주인 은어는 이를 침입자로 착각해 달려들다가 그만 바늘에 걸리고 만다. 이 때 침입자 역할의 은어가 채비에 매달린 채 활발하게 움직일수록, 곧 몸의 놀림이 왕성할수록 주인 은어로부터 더 사납게 공격을 받는다. 주인 은어의 공격이 사나울수록 주인 은어는 바늘에 꼼짝할 수 없이 더욱 확실하게 걸려든다. 결국 은어낚시는 은어가 은어를 낚는 기법인 셈이다.

섬진강 사람들은 이런 기법의 낚시를 침입자 은어의 활발한 몸 '놀림'을 이용해 낚는다는 뜻에서 놀림낚시라 부른다. 또 이 이름에는 주인 은어의 애를 태워 놀려대면서 낚는다는 뜻도 담겨 있다. 놀림이 주인 은어를 상대로 좋은 효과를 내려면 낚시꾼의 인기척이 돌 틈으로 전달되어서는 안 된다. 그래서 낚시꾼은 침입자 은어를 꿴 채비를 가급적 긴 대나무 낚싯대의 끝에 줄로 매달아, 멀찌감치 떨어진 곳에서 돌 틈의 공간에 살짝 던져 넣는다. 침입자 은어가 몸을 이리저리 흔들어대며 활기차게 놀림을 해주리라 기대하면서.

은어낚시에서 천연 소재의 낚싯대, 곧 대나무는 채비를 돌 틈에 던져 넣을 때 중요한 역할을 한다. 만약 대나무 끝이 곧게 펴지지 않아 굽어 있다면, 채비를 돌 틈 사이의 공간에 정확히 던져 넣기가 어렵다. 그래서 섬진강 사람들은 대나무를 미리, 물이 오르는 봄이 오기 전에, 베어내 물기가 최대한 빠져나가도록 짚불을 쬐어 말린다. 갓 베어낸 대나무는 끄트머리가 휘어져 있게 마련인데 불을 쬐어 말리면서 손으로 일직선이 되도록 곧게 잡아주는

　　　　　　　　　　　　　　4. 들판 여행 - 그리움을 찾아서

것이다. 끝이 바르게 펴진 대나무를 써야, 채비를 원하는 곳에 정확히 던져 넣을 수 있고, 은어가 채비에 걸려 나올 때 손맛도 좋아진다.

이렇게 정성을 다해 만들어진 대나무 은어낚싯대는 섬진강 사람들 사이에서 선물로 주고받을 정도로 귀한 가치를 지니고 있다. 은어가 바다에서 강으로 한창 올라오고 있어 낚시를 해야 할 시기인데도 미처 낚싯대를 준비해두지 못한 사람이라면 그에게 더 없이 귀한 선물이 된다. 대나무는 섬진강 인근 마을 주위에 빽빽한 숲을 이루면서 지천으로 자라기 때문에 언제든 쉽게 구할 수 있다.

대나무가 얼마나 빠르게 자라던지 지금도 그곳 마을사람들은 "간밤에 죽순 올라오는 소리에 시끄러워 잠을 설쳤다"면서 괜한 너스레를 떨곤 한다. 실제로 먼 남쪽, 경남이나 전남의 해안 쪽에는 따뜻한 날씨 덕분인지 아침에 자고나면 간밤에 죽순이 한 뼘쯤 자라나 있는 모습을 봄에 쉽게 볼 수 있다. 섬진강 은어낚시는 오랜 세월 대나무 숲과 함께 있었다.

섬진강 사람들은 침입자 은어를 '씨은어', 주인 은어를 '먹자리은어'라 부른다.

그물이나 훌치기 낚시로 맨 먼저 잡아낸 녀석이 바로 씨은어다. 이 씨은어 한 마리만 있으면 녀석이 힘이 다해 활력을 잃을 때까지 계속 사용하면서 여러 마리의 은어를 낚아낼 수 있다. 그래서 이곳 사람들은 그 은어에게 '씨(앗)'라는 말을 붙였다. 흔히, 많은 돈을 벌기 위해 맨 처음으로 마련하는 돈을 '종자' 돈으로 부르는 것과 같은 맥락이다. 은어낚시에서 씨은어는 아주 중요한 역할을 한다. 낚시 당일에 씨은어를 얼마나 일찍, 일마나 활기찬 녀석으로 잡을 수 있느냐, 하는 것이 그날 낚시의 성패를 좌우한다.

또 먹자리은어는 먹을 자리, 곧 돌에 들러붙은 먹이(이끼)를 구하는 자리를 지키는 은어라는 뜻에서 생긴 말이다.

씨은어도 먹자리은어도 참 소박하고 간결한 들판 언어다. 억지스럽지 않아 부담감이 없다. 물고기를 부르는 말 한마디에도 섬진강 사람들의 군살 없는 삶의 태도가 배어 있다.

은어는 몸에서 달콤하고도 신선한 수박향기가 난다. 그래서인지 서양 사람들도 은어를 '달콤한 물고기(Sweet Fish)'라 부른다. 돌의 이끼를 먹는 은어에서만 달콤한 향기가 나지, 인공사료를 먹는 양식장 은어에서는 이 향기가 좀처럼 풍기지 않는다고 한다.

또 은어는 낚시에 낚여 물 밖으로 나왔을 때는 살림그물에 넣거나 돌무더기 우리를 만들어 곧바로 물속에 담가줘야 한다. 물 밖으로 나오면 이내 목숨을 버리기 때문이다. 인간세상에서 굴종의 욕된 삶을 잇지 않겠다는 듯한 태도가 느껴진다.

은어는 그 이름으로도, 생김새로도, 향기로도, 삶의 태도로도 참 아름다운 물고기다. 그런데 자신의 먹이 공간을 이웃에 양보하지 않으려는 강한 집착, 그 텃세 하나 때문에 사람에게 낚이고 마는 치명적인 약점을 지녔다.

은어의 습성을 깊이 이해해 독특한 낚시문화를 일구어 온 섬진강 사람들. 그들의 삶에서 지혜와 멋이 물씬 풍긴다. 은어가 예전처럼 다시 많아져야 사람들의 지혜와 멋도 더욱 넉넉하게 되살아날 텐데.

4. 들판 여행 - 그리움을 찾아서

천지불인(天地不仁) 이만물위추구(以萬物爲芻狗). 천지는 인자하지 않다. 만물을 (하찮은) 풀강아지처럼
다룰 뿐이다. - 노자도덕경

생명을 다스리는 신이 있다면, 그는 인자한 태도로만 다스리지는 않는다. 세상질서를 냉정하게 잡아나
간다. 신이 만물에 인자하기만하다면? 토끼는 풀을 못 먹고, 호랑이는 토끼를 못 먹고, 땅은 호랑이주검
에서 자양분을 흡수 못하고, 풀은 땅속 양분을 흡수 못한다. 만물은 생겨나지 않아, 없다. 인자함은 인간
만의 가치다. 인간이 아닌 들판에 인간의 가치를 강요한다면 세상은 무너진다. 들판세상은 인간이 끼어
들지 않아도 저절로 돌아간다.

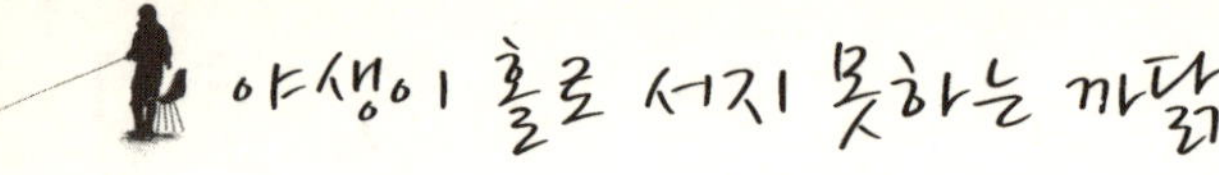

야생이 홀로 서지 못하는 까닭

어느 해 늦은 봄, 낚시꾼은 고봉준령으로 둘러싸인 충주호 상류의 한적한 물가에 혼자 앉아 있었다. 한밤중에 수면의 찌를 바라보고 있을 때 뒤편 산 비탈에서 바스락거리는, 낙엽 밟는 소리가 들렸다. 그는 황급히 전등을 켜 뒤로 돌려 비추었다. 우람한 멧돼지 한 마리가 눈에 불을 켠 채 노려보고 있었다. 날카로운 이빨을 앞세운 채 당장 달려들 기세였다. 그는 황급히 지붕이 넓은 파라솔을 펴들어 녀석이 있는 쪽을 향해 방패 가림을 했다. 멧돼지는 자신보다 몸집이 커 보이는 물체는 공격하지 않는다 해서 엉겁결에 취한 방어였다. 다행히 멧돼지는 산속으로 돌아갔다.

그 멧돼지는 왜 사람을 공격하려 했을까. 아니, 어쩌면 낚시꾼이 먼저 그 낚시터를 차지함으로써 멧돼지의 영역을 범한 것인지도 모른다. 녀석의 달려들 듯한 자세는 낚시꾼이라는 침입자로부터 자신의 영역과 가족을 지키려는 방어행위였을지 모른다. 그는 위기를 무사히 넘겼다는 생각에 마음을 놓으면서도, 자신이 공격자였는지 아니면 그 짐승이 공격자였는지 곰곰이 생각해본다.

낚시꾼이 낚시터에서 멧돼지를 만난 것은 그때가 처음이 아니다. 근래 들어 멧돼지를 만나는 일이 빈번해지고 있다. 낚시터에 여러 야생짐승들이 출몰하지만 가장 자주 마주치는 짐승이 멧돼지다. 마주침의 순간은 대개 멧돼지가 공격자이고 낚시꾼은 황급히 자신을 방어해야 하는 위급한 상황이다. 그런데 멧돼지가 물러간 뒤 곰곰이 생각해보면, 어느 쪽이 공격자이고 어느 쪽이 수비자인지 자신 있게 판단하기가 그리 쉽지 않다. 야생에서 조우하는 낚시꾼과 짐승. 이들은 어떤 관계일까?

　농촌에서 논이나 밭으로 일하러 간 사람들도 종종 멧돼지의 공격을 받곤 한다. 애써 가꿔놓은 벼나 옥수수나 고구마나 과일과 같은 들판의 농작물이 녀석들의 먹이가 되거나 훼손을 당하기도 한다. 멧돼지뿐 아니라 고라니나 청설모나 까치도 덩달아 농작물 훔쳐 먹기와 훼손에 자주 가담한다.

　짐승들의 농작물 훼손에 훨씬 앞서, 사람들은 먹을 것이 없어 배가 고픈 시절에 야산을 개간해 논이나 밭을 일구어야 했다. 개간은 숲을 베어내거나 경사진 비탈을 깎아내어 땅을 평평하게 고르는 방식으로 이루어졌다. 사람들이 산중턱까지 올라 일궈낸 다랑이논밭 같은 계단식 경작지는 자연의 시련을 꿋꿋이 이겨낸 근면과 성실의 상징이요 기념물이다. 하지만 야생동물 처지에서는 영역을 침범당한 수난의 흔적이다. 그들에게는 언젠가는 되찾고 싶은 그리운 땅이다.

　이제 배고픔이 해결되고 나니 사람들은 산을 허물어 드넓은 골프장을 만들거나 대궐 같은 별장을 짓기 시작했다. 또 골프장과 별장으로 가기 위해서는 산에 길을 거미줄처럼 촘촘하게 내야 했다. 산을 분할해 지나는 길에, 인간의 차에 치인 채 여기저기 널브러져 있는 동물의 주검들은 무엇을 말하고 있는가. 자신의 거주 영역이 충분히 넓다면 굳이 위험한 길을 건너가면서까지 무리하게 이동하려 들지 않을 터인데.

　인간의 영역은 날로 넓어지는데, 야생동물은 땅을 점점 잃어갔다. 새끼를 낳아 자손을 퍼뜨리기 위한 공간도, 먹이를 구할 공간도 비좁아져갔다. 동물들이 자기 땅이라고 여기저기 배설물을 묻혀놓고 뿌려놓아도 인간은 이를 본 체 만 체 했다. 인간과 동물, 과연 어느 쪽이 침입자일까.

짐승들이 인간의 땅을 자주 찾는 것은 인간에 의해 날로 좁혀져가는 자신들의 영역에서 살아남기 위한 자구책이요 몸부림이 아닐는지. 하지만 사람들은 그들을 법률로 '유해조수(有害鳥獸)'라 이름 지었다. 날짐승이나 들짐승은 인간에게 해를 끼치니 퇴치되어야 마땅하다는 의미다. 사람들이 자신의 것을 빼앗기지 않으려고 자신의 입장에서 일방적으로 갖다 붙인 이름이다. 짐승들이 이 호칭에, 이 분류법에 동의할 리 없다.

요즘 서울 북한산자락의 사람 사는 동네에 멧돼지가 자주 내려와 소동이 벌어지곤 한다. 대개 멧돼지가 포수에 의해 사살됨으로써 소동은 마무리된다. 인간은 산짐승의 출현에 놀라곤 하지만 곰곰이 생각해보면 그리 놀랄 만한 일도 아니다.

그들의 잦은 출몰은 '우리에게도 살아갈 땅을 달라'며 온몸으로 거리시위를 벌이는 것이 아닐까. 하지만 멧돼지들에게는 시위의 자유가 주어지지 않은 채, 일언반구 해명의 기회도 없이 '도로교통법 위반'이나 '건조물 무단침입'의 죄가 씌워져 가차 없이 총살형에 처해진다. 도로교통법을 어기거나 건조물에 무단으로 침입하는 행위는 인간에겐 경범죄에 해당할 뿐이다. 멧돼지는 운이 아주 좋아야 동물사육장의 우리 속에라도 들어가 겨우 목숨을 이어갈 수 있다.

까치는 사람이 사는 마을 근처의 키 큰 나무에 둥지를 틀고 살아왔다. 요즘에는 전봇대 꼭대기의 움푹 파인 홈에다 둥지를 트는 녀석이 적지 않다. 그래서 가끔 정전사고를 일으킨다. 까치라 해서 차갑고 딱딱한 콘크리트 기둥 위에다, 전기가 흐르는 전선 곁에다 알을 낳고 새끼를 기르고 싶겠는가. 사람들이 나무를 베어내다 보니 보금자리를 틀 장소를 구하지 못해 어쩔 수 없이 불편한 곳을 선택한 게 아닐까.

예로부터 깍깍 하는 까치울음은 반가운 손님이 올 것이라는 길조(吉兆)로 사람들은 받아들였다. 그래서 까치는 길조(吉鳥)였다. 또 농작물에 해를 끼치는 벌레를 잡아먹는 익조(益鳥)였다. 그래서 사람들은 가을에 감을 수확할 때 나무에 달린 감을 다 따내지 않고, 몇 개를 '까치밥'이라 하여 까치 몫으로 남겨두곤 했다.

그런 까치가 하루아침에 해로운 짐승으로 돌변했다. 이제 까치울음은 '나 여기 있으니 잡아가시오'라며 스스로 사냥꾼의 표적이 되고자 함에 다름 아니다. 사람들은 그 오랜 공생관계를 깨뜨리면서 생명을 빼앗는다. 역시 못미더운 게 사람마음인가보다.

멧돼지나 까치가 인간 세상에 가까이 다가오는 것은 어쩌면 단순히 살아남기 위한 자구책 이상의 것을 말하고 있는지 모른다.

요즘 농촌에서 인구가 급속히 감소하자 짐승들은 이 변화를 경쟁자의 세력 약화로 여겨, 세력권을 넓힐 기회로 삼으려는 게 아닐까. 이들의 잦은 출몰은, 자신의 힘이 약할 때 취했던 수세적인 태도를 버리고 세력을 넓히기 위한 적극 공세에 나섰다는 뜻이 아닐는지. 사람들도 창이나 칼로 땅 빼앗기 전쟁을 벌이던 시절엔 으레 상대편의 힘이 약해지면 실지(失地)회복을 위한 맹공에 나서곤 했다지 않은가.

사람들도 짐승에 의한 피해가 크다고 주장하면서 공기총이나 엽총을 메고 들판으로 나서기에 이르렀다. 한번 물면 절대 놓지 않는다는 독종 사냥개가 따라 나서기도 한다. 또 사냥금지구역을 풀어달라고, 총을 쏠 수 있는 법정 기간을 늘려달라고 한다. 어떤 사람들은 멧돼지나 고라니 같은 동물로부터 피해를 보는 것은 이들의 개체수가 너무 많아진 탓이라 한다. 그래서 사냥으로 이들의 수를 조절해야 한단다. 인간에게는, 야생으로부터 빼앗은 땅에서 단 한 걸음도 뒤로 물러나겠다는 뜻이 없다.

　인간에게 들판은 늘 원시적이고 거칠고 야만적인 표상으로 비쳐진다. 들판의 것들은 사람으로 치자면 교양이나 예의가 없고 세련되지 못해, 아주 덜 떨어진 반편이다. 가르침을 듬뿍 받아야 한다.

　사람들은 오래전부터 야생동물들이 들판에서 교미하는 행위를 두고 '야합(野合)'이라며, 탐탁지 않게 여기곤 했다. 야합은 글자 그대로 '들에서 합친다'이니 그 속에는 적절하지 않은 관계라는 뜻이 숨어 있다. 그렇다면 집안에서 이루어지는 교미는 사랑이고 적절한 관계인가. 동물이 집 밖에서 드러내놓고 하는 교미는 온당치 않고, 인간이 집안에서 은밀하게 하는 교미는 아름다운 사랑이며 적절한 관계일까.

　흔히 직업정치꾼들은, 이질적인 정파들끼리 이합집산 하는 꼴을 보고 야합이라며 삿대질하곤 한다. 야합이라는 말속에는, 보기에 못마땅한 남의 행동을 들판의 속성에 빗대어 욕하고 비하하려는 의도가 다분히 깔려 있다. 이때, 들은 부도덕한 일을 저지르기 쉬운 곳이라는 선입견이 마음속에 들어 있다.

　흔히 '야(野)하다'는 말은 언행이나 품성의 격이 낮은 사람을 흉볼 때 자주 쓰인다. 그런 사람이라면 야만인(野蠻人), 곧 교양 없고 예의를 모르는 미개한 자에 다름 아니다. 또 예로부터 나라가 주관해 사관(史官)에 의해 씌어진 역사는 정통성이 인정되는 정사(正史)였다. 이에 비해 민간에서 사사로이 씌어진 역사는 야사(野史)라 해서 보잘것없거나 가치를 인정받지 못하기 일쑤였다.

제도권 정치판으로부터 벗어난 사람 혹은 집단은 야인(野人)이거나 재야(在野)다. 제도권 안에 있다 해도 정치권력을 잡지 못한 집단은 야당(野黨)이다. 야인이나 재야나 야당은 힘이 약한 존재여서, 힘을 가진 세력으로 거듭남으로써 반드시 탈피해야 할 신세요 신분집단이다. 이것들은 극복해야 할 콤플렉스에 다름 아니다.

들고양이나 들개는 인간이 보기에, 고양이나 개와 달리, 인간에 의해 길들여지지 않은 야만적인 동물일 뿐이다. 야만적인 것들은 우리 속에 갇혀 혹독한 훈련을 받아 다시 태어나야 한다. 이것들은 미처 완성되지 않은, 부족한 것들이다. 그래서 뭔가를 그 속에 채워 넣어야 할 대상이다. 인간은 들판의 것들이 야성(野性)을 완전히 버렸다는 판단이 섰을 때, 적당한 이름 하나를 지어준다. 그제야 비로소 인간이 작성한 족보에 오르게 되는 셈이다.

인간이 이름을 지어 불러주기 전에는 들고양이나 들개 같은 들판의 것들은 세상에 존재할 가치조차 없다. 이미 같은 종의 수많은 고양이와 개가 훈련에 의해 인간이 의도하는 대로 길들여졌다. 소나 말도 그들과 비슷한 과정을 거치며 인간에 의해 순치되지 않았는가. 그런 과정에서 야성은 사라졌다.

들장미나 들국화도 야생의 순수한 유전자를 그대로 간직한 채 살아가도록 허락되지 않는다. 인간이 보기에 더 우량하다싶은 종자에 의해 끊임없이 ‘품종개량’을 받는다. 이보다 더 탐스럽고 예뻐질 수 없다는 판단이 내려질 때까지, 이 종자 저 종자 뒤섞이면서 거듭거듭 교배를 강요당한다. 교배가 마무리되면 이들 새로운 꽃도 인간으로부터 새로운 이름 하나를 건네받는다. 인간의 식물족보에 정식으로 오른다. 물론 그제야 인간의 사랑을 받고 존재가치를 인정받는다.

들판의 것들은 인격, 곧 인간의 품격을 갖추도록 강요받는다. 왜 인간이 아닌 것들이 인간을 흉내 내고 인간의 '보살핌'을 받으며 살아야 할까. 인격은 사람들만 갖추면 될 것이지, 왜 들판의 생명들에게도 이것을 가지라면서 들이밀까. 들판의 생명들이 인격을 갖지 못해 불행한 적 있던가. 그들이 인격을 달라고 애원한 적 있던가.

'남쪽 바다의 왕인 숙(?)과 북쪽 바다의 왕인 홀(忽)이 중앙의 왕인 혼돈(混沌)의 땅에 놀러가서 후한 대접을 받았다. 하루는 숙과 홀이 후한 대접에 보답하기 위해 혼돈에게 무언가를 해주기로 했다. 혼돈은 얼굴에 구멍이 없어 듣지도 보지도 말하지도 못하는 불편함을 갖고 있었다. 그래서 숙과 홀은 혼돈의 얼굴에 구멍 일곱 개(눈 둘, 귀 둘, 코 둘, 입 하나)를 하루 한 개씩 뚫어주기로 했다. 그런데 마지막 일곱 개째를 뚫은 일곱 번째 날 혼돈은 목숨을 잃고 말았다.'

장자에 나오는 혼돈에 관한 우화 한 토막이다. 인위적으로 뜯어고치거나 억지로 바꾸는 것은, 원래 있던 그대로 두는 것보다 못함을 일깨워준다. 만약 혼돈을 그대로 내버려뒀다면 그는 목숨을 잃지 않았을 텐데. 들판을 대하는 인간의 태도도 이와 마찬가지가 아닐까. 들판은 원래 혼돈이다. 인간은 왜 들판이 혼돈으로 머물러 있어서는 안 된다면서 길들이려 할까? 인간이 들판이라는 혼돈을 이렇게 집요하게 길들이려 하다가는 언젠가는 마지막 일곱 번째 날을 맞게 될 지도 모른다.

할아버지할머니의 세대, 그러니까 얼추 반세기전만 해도, 사람들은 삼베나 모시로 지은 옷을 입었다. 삼베나 모시는 들판에서 얻은 것으로 천연 섬유였다. 그 당시에 즐겨 입었던 목화로 만든 무명옷이나, 누에고치로 만든 비단옷도 천연 섬유였다.

그때는 들판에서 구한 나무의 자연불꽃으로 음식을 익혀 먹었다. 아주까리기름으로 켠 등잔불로 방을 밝혀 바느질을 했다. 인류가 자연의 불을 처음 사용했다는 40만~50만 년 전, 그러니까 불로 날고기를 익혀 먹고 동굴 속을 밝혔던 그 아득히 먼 삶의 방식에서 근본적인 차이가 없었다.

들판에서 구한 흙이나 돌이나 나무나 풀로 담장을 쌓고 지붕을 올려 집을 지었다. 초가나 토담집이 바로 그런 집들이다. 이제 그 집들은 민속박물관이나, 영화나 텔레비전드라마 촬영을 위한 모형세트장에 껍데기로만 남아 있다. 요즘 사람들은 적어도 수천 년 동안 전해져 내려왔을 그 기나긴 삶의 방식들을, 불과 수십 년 만에 헌신짝 버리듯 내팽개쳤다. 사람들이 할아버지할머니 세대, 얼추 반세기 이전의 삶의 태도로만 돌아간다 해도 야성은 더 이상 죽지 않을 텐데.

들판 수난사

들판과 생명에 대한 박해는 사람들 개인의 단순한 무지에서 비롯됐다기보다는 구조적인 어리석음 탓에 정치적이고 조직적으로 가해졌다. 전쟁과 분단과 쿠데타를 겪으면서 시대상황에 걸맞은 논리를 담은 캠페인이나 구호나 선전이나 선동이 박해에 동원되곤 했다. 하지만 배고픔이나 절대빈곤이라는 눈앞의 원초적 고민거리 앞에서 들판 생명은 너무 멀리 있었다.

봄이 가장 먼저 오고 겨울이 가장 늦게 오는 이 땅 남쪽의 한 들녘. 머잖아 쌀 시장이 외국에 개방된다고 한다. 낚시꾼은 이 너른 들녘을 두고 왜 농부들이, 사람들이 불안하고 초조해야 하는지 괜스레 화가 치민다. 좁다란 물길들이 들녘 구석구석까지 흐르면서 논바닥을 흥건히 적시고 있다. 그는 들녘 한복판에 나지막하게 볼록 솟은 야산을 배경으로, 물길 두 개가 서로 교차하는 곳에 찌를 세워놓고 있다. 모내기철을 앞둔 들녘은 봄의 온갖 생명력으로 넘쳐날 시기다. 그는 찌의 움직임이 없는 틈을 타 들녘 이곳저곳을 둘러본다.

끝이 보이지 않는 광활한 들판에서 논이란 논은 모두 직선과 직각의 두렁에 의해, 직사각형으로 짜여져 있다. 셈에 밝지 않더라도 논두렁의 가로와 세로의 길이 두 개를 곱하기만 하면, 한 치의 오차도 없이 논의 넓이가 계산되어 나올 것 같다. 이곳이 산간 오지의 꼬불꼬불한 다랑이 논이었다면 넓이를 계산해내기 어려울 터. 이곳 논들은 모두 절도 있게 구획되어 있어, 논의 경계를 따라 흐르는 물길들도 절도 있게 직선이고 직각이다. 그래서 물이 곧게 흘러가다가 직각의 벽을 만나면서 왼쪽 또는 오른쪽으로 사정없이 방향을 튼다. 또 마치 도시의 개천처럼 바닥과 벽이 콘크리트로 두껍게 발라진 물길도 간간이 눈에 뜨인다.

들녘이 바둑판처럼 직선의 사각형으로 반듯반듯하게 구획된 것은 개발독재라는 시대와 때를 같이했던 것으로 낚시꾼은 기억해낸다. 들녘이 경지정리라는 바람을 세차게 맞은 것은 그 시기였다. 경지정리는 오래전부터 있어왔다지만 1970년대 초 새마을운동과 함께 널리, 본격적으로 시작됐다.

개발독재 시대에는 건설이란 말이 유행이었다. 건설해야 할 주요 대상은 경제와 국토였다. 경제건설과 국토건설의 바람 속에서 '일하면서 싸우고, 싸우면서 일하자' 는 구호가 요란했다. '한 손에 총칼 들고, 한손엔 망치 들고' 라는 말이 들어 있는 군가가 메아리치던 시절이었다. 그런 구호나 군가는 '똘똘 뭉쳐 열심히 일하자' 는 독려였다. 개발독재형 노동요라고나 할까.

그 즈음, 마을을 정리하는 작업이 전국에서 거창하게 벌어졌다. 새마을운동 바람 속에서 지붕은 짚 대신 슬레이트나 함석판으로 대체돼 빨강이나 파랑으로 획일적으로 색깔이 입혀졌다. 마을을 관통하는 굽은 길은 직선으로 곧게 펴져 흙 대신 콘크리트로 덕지덕지 발라졌다. 길에 흙이 있거나 풀이 자라는 모습은 지저분한 것으로, 그런 마을은 게으르고 무지한 사람이 살아가는 곳으로 여겨졌다. 그래서 흙이나 풀을 콘크리트로 덮어 감추는 작업이 널리 벌어졌다. 사람들은 마을의 공동 우물도 흙이나 돌 대신 콘크리트로 높게 담을 쌓아 테두리를 쳤다.

경지정리는 그런 시대상황 속에서 시작됐다. 들녘 사이를 꼬불꼬불 흐르는 물길은 콘크리트로 포장된 채 직선주로로 획일화 또는 단순화되었다. 지렁이나 뱀이 기어가듯 휘어져 있던 논두렁도 곧게 쭉 펴졌다. 오로지 영농의 기계화 또는 과학화에 의해 쌀을 최대한 많이 수확하는 것만이 최상의 미덕이었다. 그래서 논과 논두렁과 물길에 의지해 살아가는 생명은 식물이든 동물이든 미생물이든 모두 사라진다 해도 어쩔 수 없는 노릇이었다. 국민교육헌장의 한 글귀대로 '능률과 실질을 숭상' 하는데 방해가 되는 것들은 세상에 존재할 가치가 없었다.

네모로 각이 져 반듯해진 논은 '항공방제' 라 해서, 공중에서 헬리콥터로 농약을 살포하기에 더없이 안성맞춤이었다. 바둑판 들녘은 헬리콥터로 화학비료를 뿌리기에도 한층 수월해졌다. 경운기나 트랙터 같이 동력이 달린 농기계가 널리 보급됐다. 농민들은 호미나 괭이나 쟁기에 의존했던 경작에서 벗어나 그 전보다 노동력을 덜 들이는 효과를 보게 됐다.

하지만 들녘은 많은 대가를 치러야 했다. 들녘에서 살아가던 숱한 생명이, 농약이 표적으로 삼은 멸구나 도열병균 등과 함께 사라져갔다.

물길은 뱀이 기어가듯 휘어져 있어야 생명이 기대어 살 수 있다. 구부러진 물길 안쪽의 물살이 약한 곳에는 입자가 고운 기름진 흙이 수북이 퇴적되어 수풀이 우거지게 마련이다. 그런 수풀 속에 생명들이 깃든다. 생명들에게는 물길이 직선으로 곧게 펴진 것만 해도 서식처를 잃어 치명적이다. 그런데 그 위에 콘크리트가 덧씌워지고 다시 농약이 살포되고 또 다시 화학비료까지 뿌려졌으니…….

하긴 그때는 정말 생명을 사랑할 줄 몰랐던 것 같다. 사람들은 들판의 미물들뿐 아니라 자기들끼리도 토닥거리고 보듬어 줄 여유가 별로 없었다. 자기들끼리도 사랑할 줄 몰랐으니 들판의 것들을 생각할 여유가 있었겠는가. 단순히 가난하기 때문만은 아니었지 싶다. 물질적 빈곤이 어찌 사랑하는 마음까지 앗아갈 수 있겠는가. 국민의 공통 질병이라는 영양실조 속에서 어찌 넉넉한 마음을 먹을 수 있었겠는가, 하는 너그러운 추억도 해볼 수 있다. 그렇지만 가난이 이유라면 콩 한 알 열 사람이 나눠먹는 마음으로 살아갈 수도 있지 않았을까?

전쟁과 분단과 독재라는 시대상황은 늘 긴장과 정신무장을 강요했다. 실눈을 좁게 뜬 채 내부의 가까운 곳에 있나는 적을 찾아내야 했고 그 성과가 시원찮으면 없는 적이라도 만들어내야 했다. '아는 척 하는 말에 비밀은 샌다’, ‘어제 만난 순이 엄마, 알고 보니 고정간첩’, ‘때려잡자 김일성, 쳐부수자 공산당’, ‘의심나면 다시 보고 수상하면 신고하자’……. 담벼락이나 전봇대에는 그런 구호들이 나붙곤 했다. 통치체제는 사람들 사이에 감시와 호전성을 고취하는 구호들을 끊임없이 생산해내면서, 미움이나 공포나 협박을 심고 조장했다.

제 나라 국민을 보호해야 할 군대가 도리어 국민을 집단으로 학살하는데 동원되기도 했다. 영양실조에서 어느 정도 벗어난 시절에도, 독재는 교육이나 교도라는 미명하에 교육과 교도가 필요하지 않을 사람들을 외진 곳으로 끌고 갔다.

말이 통하는 자기들끼리도 사랑할 마음이 없던 사람들이 들판 생명들에게 부드러운 눈길 한번 줄 수 있었겠는가. 사랑을 할 줄 몰랐던 사람들의 삭막하고 긴박했던 흔적들은 머릿속뿐 아니라 들녘에도 또렷이 각인되어 있다.

경지정리 작전의 호각이 울리고 농약과 화학비료가 마구 뿌려지기 이전만 해도, 논은 사람이 먹을 쌀만 키우는 것이 아니라 생명들도 함께 품어주었다. 사람들이 들판에다 물을 끌어와 논을 만든 것은 흙이나 물의 도움을 받아 자신들의 먹을거리를 키우려는 뜻이었다. 그 뜻은 여러 생명들까지 덤으로 불러 모았다.

해마다 봄에는 개구리밥이나 생이가래 같은 물풀들이 무논의 수면을 촘촘하게 덮은 채 자라났다. 곱고 부드러운 알갱이의 흙이 바닥을 이룬 논의 물속에는 드렁허리, 미꾸라지, 송사리, 거머리, 물방개, 물맴이, 소금쟁이, 두꺼비, 개구리(또는 올챙이), 맹꽁이, 우렁이 등이 대대로 새끼를 낳아 기르며 한데 모여 살았다. 벼가 누렇게 익을 무렵에는 메뚜기, 여치, 방아깨비, 베짱

이 등이 물이 잦아든 벼 숲에서 가을 한 철을 지냈다. 그 수많은 생명들이 지금은 얼마나 남아 있을까.

봄엔 좁다란 논두렁에도, 사람들이 이름을 몰라주거나 잡초라 불러도 서운해 하지 않을 온갖 풀들이 돋아났다. 논두렁 풀들은 단칸셋방 같은 비좁은 공간에서나마 여름을 지나 가을까지 빽빽한 숲을 이루며 수많은 벌레들을 제 식구처럼 보듬고 살았다. 봄과 여름에는 나비나 벌이 멀리서 날아와 논두렁 풀이 피운 형형색색의 꽃에서 꿀을 땄다.

논두렁 곁 수로와 웅덩이에는 낚시꾼들이 놀이상대로 좋아하는 붕어나 잉어가, 어르신들이 보신으로 애용하는 뱀장어나 가물치가 겨우내 굶주렸던 배를 채우려고 봄이면 먹이를 찾아 나서곤 했다. 남생이나 자라나 물뱀도 수로와 웅덩이속의 한 식구였다. 가을이 오면 잠자리나 하루살이 같은 날개달린 곤충들이 물풀에 알을 낳았고, 알에서 깨어난 애벌레는 다시 날개달린 성충이 되어 하늘로 날아오를 때를 기다리며 물속에서 지냈다.

봄과 여름에 들녘이 작은 생명들로 넘쳐나다 보니, 제비나 종달새나 뜸부기나 백로나 해오라기 같은 덩치 큰 새들이 먹잇감을 구하려고 내려앉았다. 지금은 어떤가. 먹이사슬의 아래층이 무너지다보니 봄이 와도 새들이 들녘을 자주 찾지 않는다.

한반도에서 가장 따뜻하다는 남쪽 들녘, 그 물길에 낚싯대를 드리운 낚시꾼의 눈에도 새들이 좀처럼 보이지 않는다. 하늘을 날지도, 나무에 걸터앉아 있지도, 땅에 내려앉아 있지도 않다. 절기상으로나 체감 기운으로나 때는 완연한 봄이건만, 어린 시절 가장 흔히 보았던 제비마저 단 한 마리도 그의 눈에 뜨이지 않는다.

봄과 여름이 제철인 제비는 이른 봄 이 땅을 찾아오자마자 한 해 전에 사용했던 자신의 둥지가 훼손되지 않았는지 살펴본 뒤 곧바로 들녘의 논을 찾았다. 먹이뿐 아니라, 둥지를 보수할 진흙과 지푸라기 따위를 논에서 구했다. 알을 낳아 품고 새끼를 기르기 위한 둥지를 사람 집의 처마 밑에다 틀면서, 논에서 구해온 이들 재료를 차곡차곡 쌓아올렸다.

제비는 둥지를 한번 틀면 늘 그 둥지만 사용했다. 해마다 봄이 되면 자신이 처음 지었던 그 둥지로만 다시 찾아왔다. 오자마자 둥지를 보수하면서 진흙과 지푸라기를 번갈아 켜켜이 쌓았다. 지푸라기 없이 진흙으로만 쌓는다면 벽의 내구성이 약해지기 때문이다. 그것만으로 마음을 놓을 수 없던지 지푸라기와 진흙을 다지는 접착제로 자신의 침을 골고루 발랐다. 능숙한 건축가라 날림공사를 할 리 없었다. 이제 제비가 처마 밑에 둥지를 틀었다하면, 화젯거리가 되는 세상이다.

허공에서 수면을 향해 하강하면서 물을 가르는 품이 하도 날렵해 '물 찬 제비'라는 속담에 등장했던 제비. 이젠 들녘으로 좀처럼 오지 않는다. 세월이 조금만 더 흐르면, 판소리 '흥부가'에서 제비가 가을에 강남 갔다가 봄에 박씨를 물고 돌아오는 대목을 이해할 사람은 없을 것 같다.

종달새도 봄과 여름이 제철이었다. '노고지리' 혹은 '종다리'라는 딴 이름으로도 널리 알려져 있다. 늦은 봄이면, 들판의 자운영이나 토끼풀 같은 키 작은 풀숲에다 알록달록한 무늬의 조그마한 알을 낳고 살아가던 텃새였다.

종달새 하면 사람들은, 까마득히 높은 공중에 오랫동안 머물면서 '노골노골 지리지리' 하며 지저귀던 모습을 가장 먼저 떠올린다. 풀밭 둥지에 내려앉아 있을 때는 풀에 가려 눈에 좀처럼 뜨이지 않았으니, 언제나 하늘에서 무어라고 지저귀던 모습만 사람들의 기억에 남아 있다. 그래서 영어로도 '하늘 종달새(Skylark)'다. 조그마한 체구로 어떻게 오랫동안 높은 하늘에 머물 수 있었을까. 어떻게 오랫동안 쉴 새 없이 노래할 수 있었을까.

종달새는 수직비행, 정지비행, 수직하강을 하는 재주를 지녔다. 풀밭에서 곧바로 수직으로 떠올라 까마득한 공중에 자리를 잡고는, 그 한자리에서 지칠 때까지 노래하다가, 다시 수직으로 풀밭에 내려앉곤 했다. 어디론가 멀리 훨훨 날아간다는, 새에 대한 사람들의 일방적인 심상을 깨뜨리곤 하던 날짐승이었다. 지금은 다 어디 갔는지, 어디에든 있기라도 한 것인지. 이젠 어른으로 훌쩍 자라난 사람들의 추억 속에만 있다.

농약은 제초제라 해서 풀만 없앤 게 아니었다. 살충제나 살균제라 해서 멸구나 이화명충이나 도열병균 같은 병충과 병균만 솎아 잡는 게 아니었다. 농약은 자신의 표적뿐 아니라 다른 생명들까지 무차별 제거했다. 농약은 눈이 없어 사물을 솎아낼 줄 모른다. 그래서 봄이 와도 흙에 풀이 자라지 않고, 곤충 같은 작은 생명도 사라졌다. 새들도 먹이 없는 들판을 찾지 않았다.

또 화학비료는 논바닥을 강한 산성으로 바꾸면서 땅 힘을 앗아갔다. 화학비료의 단맛에 길들여진 탓에 사람들은 퇴비를 뿌리지 않았다. 논은 화학비료의 도움 없이 자력으로는 벼를 키워낼 수 없었다. 흙 속에 깃든 미생물이나 흙을 딛고 살아가는 동식물들은 하나둘 논을 떠나갔다.

논에 여러 해에 걸쳐 쌓인 농약과 화학비료의 고약한 성분은 비에 씻겨, 논사이의 물길을 따라 강과 호수로 흘러나갔다. 이어 물속 생명들을 병들게 하거나 사라지게 했다.

여러 해가 지나서야 사람들은 잘못을 깨달았다. 땅의 정직함과 생명의 소

중함을 늦게나마 자각했다. 오늘날 유기농법이니 친환경농법이니 무공해
농산물이니 하는 것은 농약과 화학비료 사용에 대한 반성문인 셈이다.

　경지정리가 마무리되기 전, 급속한 산업화로 환경오염이 나타날 즈음 '자
연보호운동'이란 관제 캠페인이 등장했다. 이 운동도 경지정리나 새마을운
동처럼 일사분란하게 벌어졌다. 많은 사람이 한꺼번에 동원되는 집단 활동
으로 펼쳐지곤 했다. '사람은 자연보호, 자연은 사람보호'라는 캐치프레이
즈가 널리 쓰였다. 또 '인간은 자연에서 태어나 자연의 혜택 속에서 살고 자
연으로 돌아간다.'로 시작하는 자연보호헌장도 만들어져 국민교육헌장처
럼 학교나 관공서를 통해 보급됐다.

　하지만 이 운동은 정치적 색채를 띤 채 행정기관 주도로 벌어진 한계 탓
인지 자생력을 갖지 못한 채 그리 오래 지속되지는 못했다. 지금은 '자연보
호'란 말은 잘 쓰이지 않고, 그 대신 '환경보호'란 말이 자주 쓰인다. 학교나
직장, 마을 단위로 여럿이 한데 모여 쓰레기를 줍거나 동네를 청소하거나
나무를 심던 모습이 낚시꾼의 기억에 남아 있다.

　그보다 조금 더 이른 시기에 '산림녹화'라 해서, 관 주도로 산에 나무 심
는 운동도 있었다. 오늘날 산에 키 큰 나무들이, 가로 세로 반듯이 줄지은 채
우거져 있다면 아마 산림녹화 때 심어졌을 것이다. 그리고 소나무 이파리를
갉아먹는 송충이를 없애는 사업도 한때 널리 벌어졌다. 새마을운동도, 자연
보호운동도, 산림녹화도 사람이 한꺼번에 많이 동원되지 않으면 일이 안되
는 노동집약 사업이었다.

　물론 자연보호운동이 한창일 때도 들판 생명을 경시하는 태도는 수그러
들지 않았다. 공장굴뚝에서 치솟는 시커멓거나 희뿌연 연기(혹은 매연)는 여

전히 국가경제발전의 상징이었다. 학생들은 하얀 도화지에 공장의 굴뚝연기가 높이 날아오르는 모습을 진하게 색칠하면 훌륭한 그림으로 칭찬받곤 했다.

　세월이 흘러, 새 밀레니엄을 맞았다는 지금은 어떤가. 들판과 그 속의 생명들은 무고한가. 이젠 들판 자체가 통째로, 예전보다 더 빠른 속도로 사라져간다. 생명이 살아갈 공간이 원천적으로 싹둑싹둑 잘려나간다. 사람들이 들판에다 자꾸 자신만의 집이나 놀이터를 지으려하는 것이 가장 큰 원인이다. 자신만 편히 살겠다고 미물들의 보금자리를 빼앗는다.

　들판은 날로 거대한 공사판으로 변해가는 듯하다. 수풀 거죽이 벗겨진 채 속살을 드러내놓은 들판이 한두 곳이 아니다. 지도로 보면, 한라에서 설악까지 온통 공사판이라는 느낌이 든다. 낚시가방을 메고 들판을 지나다보면, 군데군데 타워크레인이 아득하게 높이 솟은 공사판을 어렵지 않게 만난다. 경기활성화를 부르짖는 사람은 많아도 들판의 생기활성화를 말하는 이는 드물다.

　들판을 파헤치고 잘라내는 일에 '친환경적 개발'이라는 말이 난무한다. 개발을 하되 환경친화적으로 하겠단다. 하긴 개발을 반환경적으로 하겠다고 공언하는 사람도 있던가. 엄정히 말해, 들판을 개발하는 일이 과연 환경친화적일 수 있을까. 친환경이라는 말은 개발의 속셈, 곧 인간의 탐욕을 감추기 위한 수사일 뿐이다. 들판 생태계를 훼손해 높은 건물이나 넓은 놀이터를 짓는 일이 과연 얼마만큼 환경친화적일 수 있을까. 개발은 나날이 솔직함마저 잃어간다. 예전에는 개발이, 배고픔을 해결하기 위해 어쩔 수 없이 들판을 훼손해야겠다는 솔직함이라도 갖고 있었지만 지금은 친환경이라는 수사로 위장한 채 자신의 속셈을 가리고 있다. '환경 훼손을 최소한으로 줄이는 개발'이라면 모를까 '환경과 친해질 수 있는 개발'은 정직함이나 진정성이 없어 보인다.

친환경 도시, 친환경 건설, 생태 관광단지, 생태 공원, 생태 도시……. 사람들이 들판을 파헤치는 일을 벌일 때마다 따라다니는, 개발의 딴 이름들이다. 친환경성이 상혼이나 자본의 힘에 굴복함으로써 생겨난, 말의 성찬이다. 근래 사람들이 환경을 널리, 자주 외쳐대고 있음에도, 들판이나 야성은 왜 자꾸 사라지거나 훼손되어 가는 것일까. 환경이 상업주의와 결탁해 말로만, 이름으로만 이리저리 떠돌아다니고 있다. 그런 말이나 이름 속에는, 들판훼손이 자신의 정체성을 현란한 수사로 숨기려 하는 의도가 도사리고 있다. 개발이 수사의 탈을 쓴 채 사람들의 눈과 귀를 가리고 마음을 속이고 있다.

들판 훼손에 기생해 부동산 투기바람이 일었고, 그 바람에 소수의 사람들은 많은 돈을 벌었다. 그렇지 못한 사람들은 새로운 유형의 배고픔을 겪고 있다. 어쩌면 너 나 할 것 없이 함께 겪었던 예전의 집단적 배고픔보다, 지금의 상대적 배고픔이 더 심한 고통일지 모른다. 미물들의 보금자리를 빼앗아 이룬 성과가 고작 이것인가. 삶의 질을 높이기는커녕 상대적 박탈감을 키우고 있으니, 사람은 왜 이토록 어리석을까?

집 없는 사람이야 어찌 서럽지 않겠는가. 그런데, 서러워하는 사람들의 심리를 들먹이며 자신의 배를 채우려는 사람 혹은 집단은 없는가. 집값 오름세를 잡기 위해 집을 더 지어야 한다는 명분에는 진정 아무런 사심이 없는가. 사심이 사람들 사이에서만 심술을 부린다면 피해는 일시적이거나 제한적이지만 들판에 개입하게 되면 피해가 회복할 수 없을 정도로 오래가거나 한없이 넓어지게 마련이다. 사람들이 여기저기 들판으로 집 지을 곳을 찾아다니다보니 땅값이 치솟곤 한다. 비싼 들판에는 사람도 살기 어려운데 하물며 미물들의 삶이 허용될 리 없다. 들판이 화폐가치로 매겨져 비싸지다 보니, 사람들 사이의 상대적 배고픔도 나날이 심해지고 있다.

오늘날 사람들이 벌이고 있는 여러 일 가운데 집단광기나 집단최면의 냄새를 풍기는 일이 적지 않은 것 같다. 안타깝게도, 사람들이 집단적으로 탐욕의 최면에 너무 깊이 빠져 있어 어리석음을 자각하지 못하고 있는 것은 아닐까.

들판의 질서, 약육강식

온전한 들판이라면 생태계가 자연스럽게, 원래 있던 대로 보존되어 있을 것이다. 그런 곳의 생태계는 야성에 의해 지배된다. 약육강식을 근간으로 하는 먹이사슬에 의해 들판의 질서가 유지된다. 이 땅에 인간의 간섭이 없는 들판이 여태껏 얼마나 남아 있을까마는, 혹 있다면 땅과 수풀과 동물은 모두 순수한 야성을 간직하고 있을 것이다.

지혜로운 낚시꾼이라면 들판의 질서를 흐트러뜨리지 않는다. 그 질서에 자신의 몸과 마음을 내맡기려 할 것이다. 낚시로 만난 물고기는 말할 것도 없고, 풀 한 포기나 벌레 한 마리라도 함부로 대하지 않는다. 들판 밖에서는 인간의 질서에 맞춰 살아가겠지만 들판에서는 들판의 질서를 따른다. 그것이 지혜로운 태도가 아닐까. 들판에는 만물의 영장이 살지 않는다. 들판에는 미물도 없다.

　육식동물은 초식동물을 사냥하고, 초식동물은 수풀을 뜯어먹고, 수풀은 토양으로부터 양분을 빨아들이고, 토양은 미생물의 도움을 받아 육식동물·초식동물·수풀의 주검으로부터 양분을 흡수해 간직한다. 다시 토양은 제 몸속의 자양분으로 수풀을 키우고, 수풀은 초식동물을 먹이고, 초식동물은 육식동물을 먹인다. 그런 순환이 들판의 온전한 질서요, 곧 자연스러운 야성이다.

　인간이 보기에 먹는 자는 우등하고 먹히는 자는 열등해 보일지 몰라도, 실제 들판세상에서는 그런 우열의 가름이 있을 수 없다. 오직 둥글게 돌아가는 순환이 있을 뿐이다. 그 순환 사슬에서는 어느 한 고리만 빠져버린다면, 이를테면 초식동물이 무슨 이유에선지 갑자기 사라져버린다면, 질서가 깨어지고 만다. 그렇다면 먹는 자와 먹히는 자로의 구분은 인간이 자의적으로 정한 우열 또는 서열화일 뿐이며, 실제로는 둥근 하나의 세상일 수밖에 없다.

　인간도 오랫동안 그 하나의 세상, 곧 들판에 속해 있었다. 인간도 그 순환에 얽매여, 먹고 먹히는 생명체의 하나로 오랜 세월을 살아왔다. 그러다 인간은 어느 시기에 들판을 뛰쳐나왔다. 들판을 나오게 된 것은 지능이 발달하면서부터라거나 도구를 사용하면서부터라 한다. 이어 들판세상과 동떨어진 자신만의 세상을 만들어내려 했다. 생명의 수많은 종 가운데 단 하나의 종, 인간만이 들판으로부터 스스로 떨어져 나왔다. 이제 인간은 단순히 들판과 떨어진 채로만 살아가는데 그치려 하지 않고 들판을 부리려 한다.

들판의 질서에 자신만의 뜻대로 개입하려 한다.

인간은 들판으로부터 독립하는데 성공했을까? 들판에 의지하지 않은 채 스스로 온전히 잘 살아가고 있을까? 나아가 들판을 향한 개입에도 성공했을까?

독립에 성공했다면 자신들의 세상에서 자급자족할 수 있어야 한다. 그런데 인간은 들판에 기대지 않은 채 삶에 필요한 것들을 스스로 해결하고 있는가. 의식주만이라도 저 홀로 자급하고 있는가. 스스로 해결할 수 없기 때문에 들판에 깊숙이 개입하는 것 아닌가. 들판을 향한 개입은 인간이 독립에 성공하지 못했음을 부지불식간에 드러내는 셈이다.

개입은 들판세상에서뿐 아니라 인간 자신의 세상에서도 이미 숱한 부작용을 낳고 있다. 생명체들이 병들거나 사라지고, 공기와 물과 땅이 더러워지고, 지구가 뜨거워지고 하는 것은 들판세상과 인간세상 모두의 문제다. 그런 부작용은 들판의 '미물'에게뿐 아니라 인간에게도 고통이나 죽음을 가져다준다. 물론 그런 원인을 부른 쪽은 인간이다. 들판으로부터 독립하려는, 들판에 개입하려는 인간이 저지른 자해 또는 자살 행위다. 숱한 생명의 종 가운데 단 하나의 종, 인간이 혼자 저지른 '위대한' 힘이다.

지금까지 결과로 보건대 인간은 개입에 성공했다고 마냥 단언할 수만은 없을 것 같다. 자신의 세상이 편리해졌다거나 자신의 수명이 좀 늘어났다고 해서 개입의 성공을 얘기하는 사람도 없지 않다. 하지만 더 편리하게, 더 오래 살자고 얼마나 많은 들판의 것들이 고초를 겪었는가. 그나마 편리함과 수명 연장이라는 소득이 인간 자신들 사이에 공정하게 분배되었는가.

엄정히 정색한 채 말하자면, 낚시꾼이 물고기를 만나려고 물가로 나가는 것조차 들판에 대한 간섭일지도 모른다. 오늘날 낚시꾼이 제아무리 인간이 들판으로부터 뛰쳐나오기 이전의 태도로 돌아가려는 마음을 먹으려 해도 간섭의 기운을 배제하기란 사실상 불가능하다. 낚시꾼은 이미 도구를 사용하고 지능을 부리는데 익숙해 있기 때문이다. 낚시터에서 자주 대하는 풀한 포기나 물고기 한 마리라도 자신의 발밑에, 혹은 손아귀 안에 두려 하는 태도에 오랫동안 길들여져 있다.

어쩌면 자연을 사랑하자거나 생태계를 보전하자는 인간의 외침도 또 다른 유형의 새로운 간섭일지 모른다. 그런 외침이 비록 자연생태계의 훼손에 대한 반성 또는 후회에서 비롯됐다 해도 기본적으로는 들판세계에 대한 우월감에서 나온 발상이다. 들판을 진정으로 걱정한다면 그곳을 그냥 그대로 내버려두는 것이 지금으로서는 능사가 아닐까?

인간이 개입하지 않아도, 이를테면 인간이 수풀을 돌본다면서 비료를 주지 않아도, 동물을 사랑한다면서 쓰다듬어 주지 않아도, 들판은 훼손되지 않는다. 들판에서 생명체 한 종(種)이 절로, 인간의 간섭 없이, 사라진다 해도 그것을 훼손이라 말할 수 없다. 그런 멸종이라면 인간이 애달파 할 이유가 없다. 그런 멸종은 들판의 자연스러운 질서 속에서 일어나는 흐름일 뿐이다.

또 들판의 먹이사냥이라는 모습이 인간이 보기에는 비록 냉혹할지라도, 들판세계가 스스로 보기에는 아무렇지도 않다. 먹이사냥은 먹히는 자라는 한 개체의 일생을 한 순간에 끝마치게 한다. 하지만 그 종(種) 전체의 삶, 나아가 들판의 큰 생명질서를 영원히 지속되게 한다. 인간이 먹히는 자를 불쌍하게 여기지 않아도, 먹는 자의 사냥을 만류하지 않아도 들판은 망하지 않는다.

　인간이 들판에 대해 더 이상 사랑의 감정을 품지 않을 때, 이미 품은 사랑이라면 거두어들일 때, 그리하여 자신마저 들판의 여러 생명 종 가운데 한 부류에 지나지 않는다고 여길 때 들판은 본래의 질서를 되찾을 수 있다. 인간이 표현하는 방식의 사랑이란 들판에게는 사랑이 아니다. 공맹(孔孟)의 말씀은 단지 인간만을 위한, 인간세상에서만 통용되는 가치일 뿐이다.

　인간이 들판을 뛰쳐나와 자신만의 세상을 만들고, 그 세상의 질서를 다잡기 위한 자신만의 가치를 만들었다면 왜 그 가치를 여실하게, 올바로 쓰지 않으려 할까. 인간은 스스로 만들어낸 자신만의 가치를 내팽개치거나 무시한 채 되레 들판의 가치를 곧잘 끌어다 쓰곤 한다.

　이를테면 인자함이나 연민이나 동정심 같은 태도는 자신만이 가진 덕목이라고, 자신의 세계에서만 통하는 가치라고 인간은 스스로를 추켜세우곤 한다. 하지만 실제로는 자기들끼리 그런 태도를 잘 나타내지 않는 경향이 갈수록 짙어져 간다. 강한 자는 약한 자를 인자함이나 연민이나 동정심으로 돌보려 하지 않는 세태가 날로 팽배해져 간다. 오히려, 인간은 자기들끼리 약육강식의 냉엄한 태도를 자주 드러내곤 한다. 약육강식! 그것은 인간이 오래전에 뛰쳐나온 들판세상의 질서가 아니던가. 인간이 오래전 스스로 저버린 들판의 규율이 아니던가. 지금은 너무 가혹하고 저급하다면서 손가락질해대는 가치가 아닌가. 강해서 먹는 자는 온순해지도록 길들여져야 하고, 약해서 먹히는 자는 불쌍하기 때문에 보호받아야 한다고 주장하면서 비난해대는 가치가 아닌가.

　삶을 시장기능에만 내맡기려 하는 태도, 곧 시장만능주의는 약육강식을 따르는 대표적인 기류다. 곰곰이 생각해보자. 요즘 들어 사회적 약자를 보호하기 위해, 그리고 공공의 이익을 지키기 위해 꼭 필요한 제도적 기능을 시장에 내맡기려 드는 경향이 짙어지고 있다. 사회적 강자에 대한 규제나 공익 서비스에 대한 보호 장치는 시장경제에 역행하는 것이라면서 풀어야 한단다. 페어플레이를 들먹이며, 시장에서 자유롭게 경쟁하도록 이끌어야 효율성이 높아진다고 한다. 그런 주장의 이면에는 함정이 도사리고 있다. 신자유주의로 무장한 세계화 논리는 겉으로 자유로운 경쟁을 부르짖고 있지만 그 속에 치명적인 독성을 감추고 있다. 강한 자가 이미 탄탄하게 구축해놓은 질서 속에다 약한 자를 끌어들여 페어플레이를 하라고 요구하는 것은, 누가 봐도 공정하지 못하다.

인간은 들판의 질서를 향해 가혹하다고 말하곤 한다. 그래서 사랑의 마음으로 간섭을 함으로써 가혹함을 누그러뜨려야 한다고 말한다. 그런데 정작 자신의 세계에서는 사랑 대신에 그 가혹하다는 들판의 질서를 곧잘 들이대곤 한다. 들판에서는 원래 일등도 꼴찌도 없다. 하지만 들판의 질서를 끌어들인 인간의 삶에서는 일등은 단 하나고 꼴찌는 수두룩하다.

들판을 뛰쳐나와 자신만의 세상을 일구려 했다면 인간은 온전하게 조화로운 삶을 살아야 마땅하다. 조화로운 삶을 살지 못할 바에야, 들판의 질서를 자신의 삶으로 억지로 끌어들이려 할 바에야, 인간은 애당초 들판을 뛰쳐나오지 말았어야 했다.

낚시꾼은 들판에서 갑자기 큰비를 만나면 가까운 마을을 찾아간다. 잠깐 내리는 이슬비라면 그냥 맞는다. 쉽게 그칠 비가 아니라면 텐트를 치거나 파라솔을 펼쳐 피할 수 있다. 그렇지만 큰비로 강물이 빠른 속도로 불어 홍수가 지게 되면 꼼짝없이 가까운 마을에 신세를 져야 한다.

충북의 한 들녘을 흐르는 금강 줄기. 어느 여름날, 낚시꾼은 강줄기가 활처럼 휘어 물 흐름이 약한 연안에 홀로 자리를 잡고 앉았다. 낚싯대를 펴기가 무섭게 한낮인데도 날이 어둑어둑해지더니 장대비가 쏟아지기 시작한다. 장마가 끝난 뒤라 소나기로 생각했지만 비가 좀처럼 그칠 줄 모른다. 바람마저 강하게 불어 빗줄기가 파라솔 지붕을 피해 옆구리 쪽으로 사정없이 파고든다. 그는 서둘러 낚싯대를 접고 텐트 속으로 피해보지만 몸은 이내 축축하게 젖고 만다. 강물도 빠르게 차오른다. 부리나케 짐을 꾸려 가까운 곳에 있는 한 마을로 피신한다.

얼추 쉰 가구는 될 듯한 꽤 큰 마을이다. 한 토담집으로 들어가 주인을 불러본다. 하지만 대답이 없다. 이웃의 다른 토담집으로 들어가 주인을 불러보지만 역시 대답이 없다. 어쩔 수 없이 그 토담집의 기와지붕 처마 밑에 쪼그리고 앉아 비를 긋고 있다. 날이 저물 무렵 빗줄기가 잦아들자 나이 일흔쯤 되어 보이는 노인이 그에게 다가왔다.

노인은 집 주인은 자신의 조카로, 몇 달 전 대처로 이사를 갔다고 했다. 이 마을의 집들 가운데 절반가량이 비어 있단다. 겉으로 봐서는 사람이 살고 있을 것 같아도 허우대만 멀쩡한 집들이 많다. 농사를 지어봐야 입에 풀칠

밖에 할 수 없으니 사람들이 자꾸 마을을 떠난다고 한다. 젊은 사람들은 이미 서울이나 청주나 대전으로 다 떠났고 환갑을 넘긴 노인들만 남아 있다. 초등학생이나 중학생이나 고등학생이 이 마을에는 한 명도 없다. 환갑을 갓 넘긴 남자가 이 마을에서 가장 젊은 사람이다. 이대로라면 마을은 머잖아 사라질 운명이다. 설이나 추석이 되어서야 마을에 젖먹이나 어린이나 젊은 이들이 나타난다.

그는 자기 집으로 가서 쉬어가라는 노인의 권유를 정중히 사양하고 이 빈 집에서 비를 긋기로 한다. 비는 해가 져서야 그쳤다. 어쩔 수 없이 하룻밤을 혼자 이 집에서 묵기로 한다.

비록 남의 집이지만 얼마 만에 쉬어보는 흙집인가. 습한 날씨로 흙벽이 습기를 머금어 벽지에 곰팡이가 피었고 눅눅한 기운이 감돈다. 하지만 풋풋한 흙내가 좋다. 노인은 어디선가 마른 나무를 한 아름 구해와 부엌 아궁이에 군불을 지펴준다. 그러고 보니, 장마 때처럼 날씨가 축축할 때 옛 농촌에서는 밀이나 콩을 볶아먹거나 부침개를 부쳐 먹곤 했다. 더위 탓에 여름에는 부엌에 좀처럼 불을 피우지 않았지만 흙집의 습기를 없애려면 가끔씩은 군불을 때야 했다. 그 군불을 놀리기 아까워 군것질거리를 만들어 먹곤 했던 기억이 낚시꾼의 마음속에 남아 있다.

노인의 군불은, 얼추 한 세대 전만 해도 농촌이 밀이나 콩을 군것질거리로 먹을 만큼 널리 재배하고 있었다는 기억을 새삼 불러낸다. 노인의 군불은, 사람들이 난방을 화석연료에만 의존하지는 않던 시절이 있었음을 말해주고 있다.

마당 한구석에는 경운기가 짐칸 수레를 매단 채 놓여 있다. 겉에 녹이 좀

슬었지만 주인이 나타나면 금방이라도 바퀴가 굴러갈 듯하다. 쟁기며 괭이며 호미며, 주인의 손 때가 묻었을 온갖 농기구들이 헛간에 고스란히 들어 있다. 이들은 녹이 슬었지만 가지런히 정돈되어 있어, 주인이 집을 떠날 때 언젠가는 돌아오겠다고 마음먹었음을 말해주는 듯하다.

농사짓는 사람이라면 갖춰야 할 도구들이 이 집에 다 남아 있다. 으레 사람이 떠날 때 남겨지는 아쉬움이나 허전함도 헛간이며 외양간이며 재래식 화장실이며, 이 빈집 곳곳에 배어 있다. 장독대에는 크고 작은 옹기 항아리들도 올망졸망 그대로 남아 있다. 이 농가에서 없는 것이라고는 오로지 사람뿐이다.

다음날 아침, 노인과 함께 마을 구경에 나섰다. 읍내로 가는 군내버스가 하루에 겨우 두 대밖에 다니지 않는다는 신작로 옆에는 방앗간이 있다. 이 마을에서 덩치가 가장 큰 집이다. 그런데 방아 찧는 소리는 들리지 않는다. 방앗간 주인이 수년 전 대처로 나간 이후 아무도 방앗간을 돌보지 않는다고 한다.

안으로 들어가니 발전기, 도정기, 낟알 선별기, 컨베이어벨트 같은 방아 기계들은 그대로 남아 있다. 하지만 기계들은 여기저기 거미줄이 걸린 채 먼지를 뒤집어쓰고 있다. 천정을 올려다보면 여러 줄기의 길고 가느다란 햇빛이 어두컴컴한 방앗간 안으로 쏟아져 들어오고 있어 눈이 부시다. 함석지붕이 녹이 슨 탓에 곳곳에 작은 구멍이 나 있고, 그 틈으로 햇빛이 여러 가닥으로 새어들고 있는 것이다. 바닥에는 전날 내린 비가 지붕의 구멍으로 새어든 탓에 물이 흥건히 고여 있다.

노인은 일제가 쌀을 자기네 나라로 실어내어 갈 때 이 방앗간에서 벼를 도정했다고 말했다. 또 해방 이후에도 정부가 벼농사를 독려하면서 이 방앗간은 한시도 쉴 틈 없이 돌았다고 한다. 벼뿐 아니라 보리도 찧었다. 밀을 빻아 국수 가락을 뽑았다. 참깨와 들깨로 기름을 짜기도 했다. 그래서 이 방앗간 주인댁은 오랫동안 꽤 큰 부자로 살았다. 그런데 한 이십년 전부터 마을 사람들이 하나둘 떠나고 벼농사를 많이 짓지 않으면서 방앗간은 쉬는 날이 많아졌다. 마침내 방앗간 주인도 몇 해 전 방앗간을 버리고 어디론가 떠나갔다.

방앗간 곁에는 높이가 십 미터는 족히 될 듯한 큰 창고 건물이 서 있다. 잘 여문 벼 이삭의 누런 색깔이 겉면을 산뜻하게 단장했다. 정부가 농민들로부터 해마다 벼를 사들여 이 창고에 쟁여두고 있단다. 벼농사를 짓는 사람이 날로 줄어들지만 이 창고는 늘 볏가마니로 가득 차 있단다. 쌀 소비가 날로 줄어드는 통에 벼가 이년씩 또는 삼년씩 묵은 채 창고 속에 쌓여 있는 것이다. 곳간이 벼로 꽉 차 있어도 이웃의 방앗간은 돌지 않는 것이 농촌의 현실이다. 하긴 이 마을에서만 그런 일이 벌어지는 것은 아닐 테다.

전국적으로 쌀이 남아돌아 창고에 수북이 쌓여 있거나 북한으로 보내지고 있지만 우리나라의 식량자급률은 30%에도 미치지 않는다니, 참으로 희한한 일이다. 우리나라에서 생산되는 식량은 국민의 하루 세 끼 밥상 가운데 한 끼도 해결하지 못하는 셈이다. 한 세대 전만 해도 벼와 함께 우리나라 들녘에서 널리 자라나던 밀이나 콩이나 보리는 이제 좀처럼 보기 어렵게 되었다. 이제 남의 나라에서 사들인 밀이나 콩이나 고기가 국민의 하루 두 끼 이상의 식탁을 책임지고 있다. 1980년대 초까지만 해도 정부는 굶주림에서 벗어나기 위해서는 쌀 자급화를 이뤄야 한다고 외쳐대지 않았던가. 개발독재시대에 정부는 '통일'이나 '유신'과 같은 수확량을 많이 내는 품종들을 기를 쓰고 만들어내면서 벼농사를 독려했지만 벼는 곧 천덕꾸러기 신세로 전락하고 말았다.

이제 세상은 벼농사의 풍년을 그다지 달가워하지 않는다. 쌀이 곳간에 가득 차 있어도 농민들을 배불리 먹이지 못한다. 쌀이 남아돌아도 농민들에게 삶의 여유를 주지 못한다. 한때 농민들은 곳간을 채울 수 없어 농촌을 등져야 했다. 이젠 쌀이 곳간에 가득 찰수록 농민들은 마을을 떠나고, 마을은 텅텅 비어가기만 한다.

마을 초입에는 삼 층짜리 초등학교 벽돌건물이 있다. 학교는 빈집이다. 우중충하고 빛바랜 건물만 덩그러니 남아 있을 뿐 아이들이 없다. 교실마다 책상이나 걸상이 모두 한쪽구석으로 치워져 있어 휑한 기운이 감돈다. 교실 바닥과 복도에는 먼지가 뽀얗게 앉아 있다.

한때 꼬마들이 힘차게 뛰어놀았을 운동장에는 질경이며 토끼풀이며 바랭이며 개망초 따위의 풀들이 무성하게 저절로 자라고 있다. 소를 몇 마리 풀어놓는다면 운동장은 목장의 초원이나 다를 바 없을 것 같다. 시소나 그네나 미끄럼틀 같은 놀이기구는 어디론가 뜯겨져나갔다.

학교는 1980년대 초만 해도 열한 개 마을에서 온 오백여 명의 학생들로 교실이 모자랄 정도였다고 한다. 교문을 닫은 2000년 무렵엔 여섯 개 학년의 학생수가 겨우 십수 명이었다고 한다. 들녘의 토양은 늘 곳간을 채울 정도로 여전히 생산력을 갖고 있지만, 마을의 사람들은 아기를 생산하지 못한다.

빈집이 늘어나면서 농촌의 마을이 사라져간다. 낚시꾼이라면 강이나 호수를 찾아 방방곡곡 농촌을 누비고 다니게 마련이다. 들르는 마을마다 비어 있는 집이 여러 채다. 들녘의 경지를 정리하고, 마을의 지붕을 단장하면서 잘 사는 마을을 만들어보자고 목 놓아 외쳐대던 시절이 엊그제 같은데. 그 대신 서울과, 신도시라 불리는 서울 주변의 거대한 마을들만 나날이 비대해 져간다. 그러니 들판과 마을은 날로 줄어들 수밖에.

들판에서 살아가는 수많은 생명들도 자취를 감추고, 들판에서 마을을 이루며 살아가는 사람들도 사라져간다. 거대 도시는 들판을 야금야금 파먹어 가며 세력권을 넓혀 가는데, 들판의 마을은 쇠락의 길을 걷고 있는 것이다.

우리나라에서 농민은 2007년 기준으로 3백만 명쯤 된다 한다. 전체 인구의 7%쯤에 해당한단다. 1970년대 말만 해도 농민은 전체 인구의 절반쯤 됐다는데. 물론 농촌을 떠나기 때문이다. 그러니 마을에 빈집이 늘어날 수밖에 없다.

더욱 슬프게도, 들판의 마을이 머잖아 되살아날 것이란 희망을 갖기도 어렵다. 우리나라 농촌인구 가운데 마흔 살 미만은 3%가량밖에 안 된다니. 그 대신 쉰 살이 넘는 사람의 수는 전체 농민 가운데 85%쯤이나 된다 한다. 빈집이 채워지기는커녕 날로 더 늘어날 판이다. 그렇다 해서 지금으로서는 도시 사람들이 농촌으로 대거 옮겨가 살게 될 것 같지도 않다.

왜 사람들은 지금 와서 들판을 버리려 하는 것일까. 날이 갈수록 수가 늘어나는 빈집은 들판이 홀대당하는 현실을 단적으로 말해준다.

정부는 농민에게 벼를 재배하지 않거나 농지를 그냥 놀리면 보상금을 주겠다고 한다. 마을을 떠나라는 말과 무엇이 다른가. 농업의 시장개방에 대비해 한 가구가 넓은 경작지를 갖도록 하는 기업농을 키워내야 한단다. 그래야 외국의 선진농업에 대항할 수 있는 경쟁력을 갖출 수 있다고 한다. 겉으로는 틀린 말이 아닌 듯한데 속에는 함정이 도사리고 있다. 마을사람들에게 농촌을 떠나라고 재촉하는 소리나 마찬가지 아닌가. 농촌과 농업을 경쟁력의 대상으로만 여기는 태도가 아닌가. 들판도 경쟁력을 갖추려면 신도시나 관광단지 같은 곳으로 바뀌어야 할까.

   농촌에 빈집이 늘고 사람이 마을을 떠나가는 현실은 전통공동체 혹은 전통문화의 상실을 뜻한다. 전통에 바탕을 둔 오랜 문화나 정서가 사라지는 것이다.

   파종을 하면서 누리는 풍년을 향한 기대와 희망, 수확의 풍요롭고 넉넉한 마음, 수확의 기쁨을 함께 나누는 풍물, 농사철에 내 일 네 일 가리지 않고 서로 돕는 품앗이, 경사와 흉사를 여럿이 함께 반기고 슬퍼하는 마음……. 이런 문화나 정서가 더 이상 이어지지 못한 채 차츰 사라져간다.

   닷새마다 재래시장이 열리면 장터 한쪽에 서곤 했던 포목전, 유기전, 어물전, 싸전, 대장간, 우시장……. 굳이 시계를 보지 않아도 해 뜨면 모였다가 해 지면 흩어지곤 했던 자리들이 이젠 눈에 띄지 않는다. 그곳에 가면 그 사람이 오겠지, 하는 믿음이나 기대나 그리움으로 지켜져 내려온 오랜 약속 체계가 마을의 쇠락과 함께 기억에서 멀어져간다.

   사람들은 자신의 정체성도 잃어간다. 자신이 누구인지, 어디서 왔고 어디로 갈 것인지 몰라 한없이 방황하게 될 날이 멀지 않았다. 방황은 이미 도회지를 시작으로 지금 진행되고 있는지도 모른다.

   언제부터인가 농업박물관이라는 이름의 커다란 건물들이 큰 도시에 속속 들어서고 있다. 이제 농기구나 농촌의 문화가 들판의 마을을 떠나 도시의 박물관 속으로 깊숙이 들어가는 세상이다. 아직 농촌에서 농업으로 살아가는 3백만의 사람들이 남아있는데 농업박물관이라니, 선뜻 받아들이기 어렵다. 엄연한 현실의 삶을 전통이라면서 구경거리로 만들려고 하는 세상이다. 농업과 농촌과 들판의 마을을 포기하자는 심산인가. 빈집은 앞으로도 더욱더 늘어나야 한다는 뜻일까.

대개 박물관이라면 세상에 몇 남지 않아 희귀한 것들이 보관되는 곳 아닌가. 그렇다면 농업은 이제 희귀한 존재가 되고 말았다는 말인가. 세상에 몇 남지 않은 것이라면 귀한 대접이라도 받아야 할 텐데, 농업은 그냥 하찮은 희소함으로만 머물러 있을 뿐이다.

또 요즘은 도시의 콘크리트 건물 옆의 화분이나 화단에 보리나 벼를 심어놓고 사람들에게 구경하러 오라고 권하는 세상이다. 그래서 학교 선생님이나 부모들은 어린이들을 단체로 데리고 와 "잘 봐, 이것이 보리(벼)란다" 하며 소개하고 가르친다. 어른들은 힘들여 먼 들판을 찾아가려 하지 않고 도시의 가까운 곳에서 보리나 벼에 얽힌 추억에 잠겨보려 한다. 신문이나 방송은 "들녘에서나 볼 수 있던 보리 혹은 (벼)가 도심에서 자라고 있다!"라면서 사진과 영상을 곁들여 신기함을 전하곤 한다.

만약 농민들이 도회지에서 농업박물관이나, 벼나 보리가 심겨진 화분을 보게 되면 어떤 느낌이 들까. 농업의 전통이 길이길이 잘 보존될 것으로 기대하면서 흡족한 마음에 반가워할까.

산고(産苦)

해마다 봄이 되면 붕어나 잉어는 무척 바쁘다. 자손을 퍼뜨리기 위한 번식 시기이기 때문이다. 사람들이야 이맘때 몸이 나른하다는 둥 식욕이 없다는 둥 하면서 춘곤증을 호소하곤 한다. 하지만 강이나 호수의 물고기는 이맘때 연중 가장 왕성한 식욕을 보이며 활발하게 먹잇감을 찾아 나선다.

물고기는 산란, 곧 알을 낳아 까는 시기가 오면 물 흐름을 거슬러, 강 상류나 호수 가장자리로 이동한다. 평소에는 깊은 곳에 머물다가도 산란 때가 되면 어김없이 얕은 곳을 찾는다. 그곳에는 갈대나 부들 같이 늘씬한 키다리 풀들이 숲을 이룬 채 무성하거나, 마름이나 연 같이 잎이 넓은 풀들이 수면에 뜬 채 군락을 지어 자란다. 또 버들이나 개나리 같은 관목들이 아랫도리를 물에 담근 채 연안을 따라 길게 줄지어 자란다.

물고기들이 봄철의 산란시기를 맞아 얕은 곳을 찾는 이유는 풀이나 관목 가지에 알을 낳아 부화할 때까지 안전하게 붙여두기 위함이다. 또 알이 부화된 이후에도 풀이나 관목이 빽빽하게 우거진 숲 속이라면 다른 물고기들의 먹이활동으로부터 새끼들을 지킬 수 있다.

대개 산란철이라면 물고기가 알을 낳기 위한 예비 행동, 곧 산란 징후를 보이다가 산란과 수정을 거쳐 부화를 하는 시기를 말한다. 낚시꾼에게는 물고기의 산란활동을 가만히 지켜보며 감상하는 것도, 낚시로부터 얻는 여러 즐거움 가운데 하나다.

우리나라의 민물고기를 대표한다는 붕어는 알을 낳기 전에 몸을 풀이나 관목의 가지에 마구 비벼대는 행동을 한다. 그래서 갈대나 부들은 낮이고

"

밤이고 서로 몸을 부대끼면서 사각거리는 소리를 낸다. 또 붕어는 여기저기 수면 위로 훌쩍 뛰어오르면서 첨벙거리는 소리를 내면서 깊고도 넓은 파문을 그린다. 강이나 호수는 한시도 고요해질 틈이 없이 물고기의 생명력과 용력으로 넘쳐난다.

붕어는 이런 산란 징후를 보이면서 먹이활동을 잠시 중단한다. 그래서 대개 낚시꾼은 낚시를 중단한 채 붕어들의 행동을 구경하는 재미를 쏠쏠하게 맛보곤 한다. 붕어는 평소에는 경계심이 많지만 산란철에는 물 가장자리 얕은 곳까지, 사람의 영역 가까이 접근하는 모험을 마다하지 않는다. 낚시꾼으로서는 붕어를 가까운 곳에서 자세히 관찰하고 감상할 수 있는, 일년에 단 한 번 찾아오는 흔치 않은 기회다.

대부분의 물고기처럼 붕어는 체외수정으로 번식한다. 암컷이 알 덩어리를 몸 밖으로 밀어내어 풀이나 나뭇가지에 붙이자마자 수컷이 곧바로, 거의 동시에 정액을 쏟아내면서 수정이 이루어진다. 그래서 산란 순간에 붕어는 암수 한 쌍이 나란히 함께 행동한다. 물 가장자리에서 암컷과 수컷이 서로 어울려 산란과 방정(放精)을 하는 순간은 마치 서로 몸싸움하는 것처럼 동작이 무척 격렬하다. 그 순간은 힘차게 물을 가르며 나아가는 두 척의 동력선을 보는 듯하다. 알은 부화할 때까지, 곧 새끼가 깨어날 때까지 풀이나 나뭇가지에 끈끈히 붙은 상태로 지내게 된다.

산란을 마친 붕어는 탈진상태에 빠진다. 산란을 할 때까지 보였던 활발한 생기나 생명력은 전혀 찾아볼 수 없다. 풀이나 나뭇가지에 몸을 다쳐 여기저기 비늘이 빠져 있거나 생채기가 나 있다. 마치 바다를 떠나 강으로 거슬러 올라간 연어가 알을 낳은 뒤 힘없이 죽어가는 모습을 연상케 한다. 하지만 붕어는 산란을 마쳐도 목숨을 버리지는 않는다.

어느 해 봄 북한강 줄기의 한 인공 호수에서 낚시꾼은 밤을 보낸 적이 있다. 물론 밤낚시를 하려고 그곳을 찾아갔다. 거기서 낚시를 하면서 붕어의 산란도 구경했다. 붕어의 산란 모습이 몇 해가 지나도 그의 기억에 생생히 남아 있다.

그는 어둠 속에서 빛나는 찌를 바라보며 호숫가에서 밤낚시를 하고 있다. 낚싯대를 한 대 펴놓기는 했지만 입질이 올 것으로 기대하지는 않는다. 이 날 오전 호수에 도착했을 때 물에 절반쯤 잠긴 부들과 관목더미의 가지들이 쉴 새 없이 흔들리고, 수면엔 연신 파문이 일고 있었다. 이 때 그는 붕어가 산란을 하고 있음을 대번에 알아차렸다.

그는 산란이나 구경해야겠다는 마음에, 찌 보기에는 별로 관심 없다. 낚시질이 자칫 붕어의 산란을 방해할 수도 있겠다싶어서다. 또 입질을 기대할 수도 없다. 붕어는 산란을 며칠 앞둔 시기에는 평소보다 먹이활동에 적극적이지만, 산란이 임박했거나 시작되면 잠시 먹이를 끊는다.

호수는 밤새도록 첨벙거릴 기세다. 붕어들이 여기저기 수면 위로 뛰어오르는 행동은 밤에도 멈추지 않는다. 부들과 나뭇가지도 붕어의 육탄공세에 부르르 떨면서 밤새 몸살을 앓았다. 하늘에 별빛이 없어 비라도 내리려나했더니, 밤이 깊어 이슬비가 부슬부슬 내린다. 그는 텐트 속에 들어가 눈을 감은 채 잠시 잠을 청해본다. 하지만 붕어들이 만들어내는 요란한 산란 소리에 몸을 이리저리 뒤척일 뿐 좀체 잠을 이루지 못한다. 텐트 바깥으로는 어느새 동이 트면서 어둠을 걷어내고 있다.

'붕어는 한 마리에 수천 또는 수만 개의 알을 낳는다 하니, 이 산란이 끝나면 호수는 얼마나 많은 붕어들로 활력이 넘칠까. 그 중 수백 또는 수천 개

의 알은 치어로 부화되지 못한 채 다른 물고기의 먹이가 된다지. 물론 무사
히 부화된 이후에도 많은 치어들이 다른 물고기들의 먹잇감이 되겠지. 그래
도 많은 녀석들이 살아남을 거야. 그러면 낚시도 잘 될 테니 붕어를 더 자주
만날 수 있을 거야.'

낚시꾼은 밤을 꼬박 새웠지만 피곤한 기색이 없다. 아마 붕어의 집단 산
란의식에서 마음의 설렘을 선물로 받아서일 것이다.

그는 텐트 밖으로 나왔다. 그 순간 너무 놀라 걸음을 멈춘 채 입을 쫙 벌리
고 말았다. 호수가 두자쯤 얕아져 있었기 때문이다. 호수를 관리하는 사람
들이 물을 호수 밖으로 빼낸 것이다. 간밤에 물을 흘려보내 전기를 일으켰
을까? 전날 낮에 절반쯤 물에 잠겨 있던 관목은 뿌리째 밖으로 드러나 있다.
부들 숲도 뿌리 밑동까지 훤히 드러나 있다. 도대체 물을 얼마나 많이 빼낸
것일까? 밤새 비가 내렸는데도 수면이 한참 내려가 있으니, 얼마나 많은 물
을 방류한 것인지 도무지 셈이 되지 않는다.

이제 부들이나 나뭇가지에 붙은 붕어의 알들은 말라 죽고 말 것이다. 아
니 벌써 죽어가고 있다. 수많은 붕어들이 여러 날 제 몸을 혹사해가면서 낳
은 알들이 하룻밤 사이에 모조리 죽어가다니. 기대와 설렘이 날이 밝자마자
안타까움으로 바뀌는 순간이다. 어미 붕어는 인간이 저지른 이 살생 행위에
얼마나 치를 떨고 있을까. 그는 해를 거듭할수록 붕어를 만나기가 점점 어
려워지고 있다고 늘 생각해왔다. 붕어 보기가 어려워지는 가장 큰 원인의
하나가 바로 호수의 물빼기일 것이라는 그의 추측이 사실로 확인되었다.

그의 생각에, 물고기의 산란철에 호수에서 물을 함부로 빼내는 인간의 행

위는 잔혹한 살생이고 기만일 수밖에 없다. 흐르는 물을 막아, 수심이 얕은 가장자리의 풀이나 나뭇가지를 물에 잠기게 해놓고, 그곳에 물고기를 불러 들여 알을 낳게 해놓고, 갑자기 물을 빼냄으로써 알이 물 밖으로 드러나게 한다면, 알이 깨어나기도 전에 말라죽게 한다면, 기만적인 살생이다. 전국 적으로 인공 호수가 수천 개는 될 텐데, 그렇다면 인간의 물빼기 탓에 알에 서 깨어나지도 못한 채 죽어야 하는 물고기가 얼마나 많겠는가.

물빼기는 인간이 쓸 전기를 만들기 위해서란다. 또 호수의 하류 지역에서 농사를 짓고 공장을 돌리려면 물을 빼내야 한다. 그리고 물빼기로 호수의 수위를 미리 조절해둬야, 여름에 홍수를 막을 수 있다고 한다. 그렇다고 해 서 굳이 물고기의 산란철에, 그것도 한꺼번에 물을 빼내야 했던가. 어쨌든 인간이 하룻밤 사이에 무수한 생명들을 죽인 것이다.

낚시꾼은 '내 새끼 살려내라'는 물고기들의 울부짖음을 뒤로 한 채 하릴 없이 짐을 꾸린다. 바짝 말라 숨겨간 숱한 생명들의 영혼과 그 어미들의 비 통함을 달래줄 수 있는 길이 그에게는 없다. 낚시꾼은 밤마다 악몽을 꾸고 몸서리를 치면서 수척해진다. 봄은 물고기와 낚시꾼에게 잔인한 계절이기 도 하다.

낚시꾼은 그 호수에서 생명 탄생의 신비와 설렘을 맛보았지만 그 맛은 이 내 생명들의 떼죽음에 압도당하고 말았다. 그 현장은 낚시터를 떠나서도 쉽 게 잊혀지지 않아 꿈에서도 가위눌림으로 나타나곤 할 것 같다.

저절로 자연스럽게 흘러가는 물이라면 수위가 늘 일정하다. 그런 물은 비 가 오면 불어나고 가뭄에는 술어늘면서 흐름의 세기나 높낮이가 예측 가능 하다. 그런 물에서는 수위가 낮아진다 해도, 한꺼번에 낮아지지 않기 때문에 물고기의 알이 말라죽을 위험이 덜하다. 흐르는 물을 막은 행위는 물속 생명들을 배려하지 않은 인간의 탐욕에서 비롯됐다. 물론 인위적인 물빼기가 없는 자연 호수도, 수가 많지 않지만, 아직 남아 있긴 하다. 그래서 마음 약한 낚시꾼들 가운데는 봄에 물빼기로 인한 생명들의 희생을 보지 않을 요량으로 천연 늪지 같은 자연 호수만 골라 찾아다니는 사람도 더러 있다.

새끼들의 떼죽음은 인간의 물빼기 탓이 아니라, 물고기 자신의 체외수정 탓일까? 사람처럼, 신체접촉으로 수컷이 정자를 암컷의 몸속으로 뿜어 넣는 방식으로 체내수정을 한다면 물빼기로 인한 비극을 겪지 않을 텐데. 몸속에서 정자와 난자가 만나 수정하고, 몸속에서 그 수정란을 키워낸 뒤, 활동성 있는 새끼를 몸 바깥으로 내보낸다면 비극을 겪지 않을 텐데. 번식방법을 바꿀 수는 없는 걸까. 세월이 한참 더 지나면 물고기는 진화를 거치면서 체외수정을 버리고 체내수정이란 번식법을 선택하게 될까. 그것보다는 인간이 먼저 자신의 삶의 방식을 바꾸는 편이 수많은 생명의 희생을 막는데 더 현명하지 않겠는가.

이제 한강도 금강도 영산강도 낙동강도 섬진강도 예전과 달리 흐름이 자연스럽지 못하다. 인간의 의도와 계산에 의해 흐름의 양과 속도가 철저히 조절된다. 같은 한강 줄기라 해도 하류의 김포 근처에 사는 물고기는 서울의 송파를 지나 경기도 남양주나 여주나 이천으로 자유롭게 거슬러 오를 수 없다. 그 반대 방향으로도 이동의 자유가 없기는 마찬가지다.

여주나 이천 지역의 나이 지긋한 사람들은 해마다 아카시 꽃이 흐드러지게 필 무렵, 수많은 잉어들이 알을 낳겠다고 떼 지어 물을 첨벙거리며 하류로부터 거슬러 올라오던 장관을 지금도 생생히 기억한다. 동해로 흐르는 강에서, 연어나 송어가 산란을 위해 바다에서 강의 상류로 거슬러 오르려 해도, 그 뜻을 이루지 못하는 것은 인공 보와 같은 장애물의 탓이 가장 크다. 지금은 물고기뿐 아니라 사람도 강에서는 발이 묶인 신세다.

일제시대만 해도 강원도 정선의 떼꾼들은 벌채한 나무들을 한데 묶은 뗏목에 올라 탄 채, 한강의 흐름을 타고 자유롭게 서울로 내려왔다. 물살이 아무 것도 거칠 것이 없어 무척 빨랐던 탓에, 뗏목을 타는 것은 자칫 목숨을 잃을 수도 있는 위험천만한 일이었다고 한다. 또 충북 충주나, 경기 여주와 이천 등지에서 수확한 쌀을 실은 세곡선(稅穀船)은 한강의 흐름을 타고 자유롭게 서울의 여러 나루터로 모여들었다. 물론 일제시대에는 강물의 흐름이 수탈을 위한 수상교통로이기도 했다.

강물이 본래의 자연스러운 흐름을 잃게 된 것은 그리 오래된 옛날이 아니다. 먼 조상들의 탓이 아니다. 강에 댐이나 둑이나 보가 집중적으로 들어선 시기가 1960년 중반부터 1990년대 후반 사이니, 강물이 막힘없이 자연스럽게 흘러가던 시절을 기억하는 사람은 아직 많다.

지금도 흐르는 물길을 가로막겠다는 궁리가 도처에 한창이다. 막을 만한 물길이 이 땅에 얼마나 더 남아 있을까. 이제 낚시꾼은, 인공 호수에 갇힌 채 적조현상이나 녹조현상 같은 수질오염 속에서 살아가야 하는 불쌍한 물고기를 상대로 낚시질을 할 수밖에 없는 처지를 맞았다. 낚시꾼도 물고기만큼 답답해졌다.

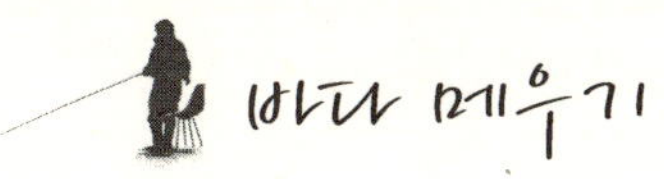

호수의 물은 빛깔이 온통 뻘겋다. 수면이 바람결에 잔잔하게 출렁인다. 하지만 수면은 햇빛을 받아도 빛을 반사하지 못해 눈부심이 없다. 방조제에 맞닿은 가장자리에는 물고기 서너 마리가 죽은 채 둥둥 떠다니고 있다. 어떤 녀석들은 물속에서 숨쉬기가 고통스럽다는 듯 수면 위로 떠오른 채 연신 아가미를 벌름거린다. 죽었거나 죽어가는 녀석들 모두가 잉어와 붕어다. 물이 고약한 냄새를 풍긴다. 악취를 견디며 낚시를 하는 사람도 있지만, 낚시 가방을 열어보지도 않은 채 발길을 돌리는 이도 더러 있다. 낚시하기가 쉽지 않을 것 같다.

2007년 초가을 주말 오후, 낚시꾼이 찾은 부남호는 그렇게 곪아 있었다. 낚시꾼의 기억으로는, 불과 한 해 전 이맘때만 해도 주말이나 휴일이면 수심이 얕은 쪽의 방조제에는 앉을 자리를 얻기가 쉽지 않을 만큼 낚시꾼들이 많이 몰려들었다. 그런데 이번 가을에는 한 해 전에 비해 낚시꾼들이 그리 많지 않다. 적조(赤潮) 현상이 유난히 심한 탓이다. 이날도 주말이지만 낚시꾼이 많지 않아 호수는 빨간 물빛의 현란함에 비해 한산하다.

서해안 천수만의 부남호는 이웃의 간월호와 함께 잉어낚시를 하려는 사람들이 즐겨 찾는 곳이다. 이 호수에서는 깻묵 같은 곡류 미끼를 쓰면 잉어가 곧잘 걸려든다. 물론 잉어가 많이 살고 있기 때문이다. 붕어도 심심찮게 낚이곤 하지만 잉어낚시꾼들이 더 많은 편이다. 큰 몸집의 힘 센 잉어를 낚아내는 손맛을 즐기기에 안성맞춤인 호수다. 그런데 올해 들어 물이 악취를 내며 심하게 더러워져 있으니 부남호의 앞날이 심상치 않다. 더 이상 잉어

낚시터 구실을 하지 못하게 될지도 모를 일이다. 잉어는 붕어와 함께 수질 오염에 내성이 강한 물고기다. 혼탁한 수질에 잘 견디는 잉어나 붕어가 죽어간다면 물이 매우 심각하게 더러워져 있음을 말해준다. 물고기가 물속에서 숨을 쉬려 하지 않고 수면 위로 떠오르는 것은 물속에 뭔가 심상찮은 문제가 생겼기 때문일 것이다.

낚시꾼은 방조제 초입의 아래로 내려가 자리를 잡는다. 수심이 비교적 얕아 부들과 갈대가 우거져 있다. 곁에는 나이 일흔쯤 되어 보이는 한 노인이 낚싯대를 한 대 펴놓고 앉아 있다. 근처 마을주민으로 잉어낚시를 하러 왔단다. 잉어가 좋아함직한 찐 깻묵과 볶은 보릿가루를 미끼로 쓰고 있다. 조황을 묻자 그는 올해는 적조가 심해서인지 잉어가 자주 입질을 하지 않는다고 한다. 낚싯대를 편지 다섯 시간이 지났지만 아직 입질을 한 번도 보지 못했다고 한다. 낚시꾼은 노인을 말동무 삼아 밤낚시로 붕어나 잉어를 만나볼 요량이다. 해가 지자 뻘건 물빛은 어둠에 가려 보이지 않는다. 고약한 냄새는 어둠 속에서도 여전히 코를 자극하며 낚시꾼의 숨쉬기를 방해한다.

자정이 지나도록 찌는 꼼짝을 하지 않는다. 노인도 입질을 보지 못하고 있다. 왜 입질이 없을까? 적조 탓일까? 낮에 본 뻘건 물빛과 잉어와 붕어의 주검들이 자꾸만 어른거린다. 하긴, 숨쉬기조차 고통스러운 판국에 물고기들이 먹잇감을 찾을 리가 없지 싶기도 하다. 노인의 말로는 올해는 예년보다 유난히 적조가 심한 편이라 한다. 그래서인지 올해는 부남호의 조황(釣況)이 유난히 좋지 않다고 한다. 올해는 낚시꾼들도 그리 많이 오지 않는 편이라 한다. 이웃의 간월호노 소황이 좋지 않아 낚시꾼늘이 술어늘기는 마찬가지라 한다.

부남호와 간월호는 쌍둥이 호수다. 나란히 이웃해 있는데다 천수만 간척사업으로 1995년 한 날 한 시에 태어난 인공 담수호다. 사람들은 1980년대 중반 천수만에 물막이 공사를 벌여 천수만에 바닷물이 들어오는 것을 막았다. 그 이후 천수만 바다를 흙으로 메우기 시작해 1만3천여 헥타르의 드넓은 논을 만들어냈다. 부남호와 간월호는 그 논에 물을 대기 위해 인공적으로 만든 담수호다.

천수만 들녘은 겨울철새의 낙원으로 소문나 있다. 간척으로 만들어낸 드넓은 논이 철새들을 불러 모으는 역할을 하고 있는 것이다. 멀리 시베리아에서 날아온 가창오리 같은 수많은 철새들이 해마다 겨울 한 철을 쉬었다가니 이곳 들녘은 철새들에게 없어서는 안 될 소중한 터전이다. 철새들이 이곳을 찾아오는 이유는 가을걷이를 끝낸 겨울에 벼 낟알 같은 먹잇감이 논바닥에 곳곳에 흩어져 있기 때문이라 한다. 벼 낟알은 논에서 나왔고, 논은 부남호와 간월호의 물로 경작되니 철새들을 불러 모으는 원천은 부남호와 간월호인 셈이다.

지금까지 부남호와 간월호는 논에 물을 대면서 벼를 키워 사람뿐 아니라 철새들까지 먹여살려왔다. 그런데 최근 수년 사이에 수질이 예전 같지 않아 자꾸 나빠지고 있다. 노인의 말에 따르면 상류의 하천으로부터 생활폐수나 공장폐수나 축산폐수가 자꾸 흘러들어 이들 호수에 갇힌 채 바다로 빠져나가지 못하기 때문이다. 오염이 날로 심해지자 해당 지방자치단체는 호수 바닥에 쌓인 고약한 물질들을 긁어내는 준설사업을 벌일 계획을 세워놓고 있다. 이대로 가다가는 머잖아 벼 재배를 위한 농업용수로도 쓸 수 없을 것으로 걱정하는 사람도 적지 않다고 한다.

이들 두 호수는 수십 년 동안 바다와 통하지 않은 채 갇혀 있다 보니 물이 점점 오염될 수밖에 없었다. 물이 탁해지다보니 오염에 잘 견디는 잉어나 붕어 이외에 다른 물고기들을 찾아보기가 쉽지 않다. 가끔씩 호수의 수문을 열어 물을 바다로 내보내지만 오염은 날로 심해지고 있다. 수문 열기는 호수의 오염을 좀 늦추는 시간벌기에 지나지 않은 셈이다. 오히려 수문을 열 때마다 오염된 물이 한꺼번에 흘러나가 바다를 더럽히기 일쑤다. 노인의 말로는 부남호나 간월호에서 물고기의 입질이 가장 활발할 때는 수문을 열어 물을 내보낸 이튿날이라 한다. 특히 여름철 홍수에 대비해 오래 묵은 물을 한꺼번에 빼내고 새로운 물을 담았을 때 물고기들이 입질을 자주한단다. 잉어든 붕어든, 물고기들은 물이 맑아져야 먹이활동을 활발히 한다는 얘기다.

두 호수는 물이 더 나빠지면 철새들을 불러 모으지 못할지도 모른다. 물고기 같은 물속 생명들도 점차 사라질지 모른다. 낚시꾼들도 발길을 끊어 더 이상 잉어낚시터로서의 유명세를 잃어버릴지 모른다.

물론 서해안에는 인공 호수가 부남호나 간월호만 있는 것이 아니다. 남북으로 긴 해안선을 따라 바다를 메워 조성한 인공 담수호가 여기저기 널려 있다. 사람들이 총체적으로 배고팠던 시절, 한 톨의 쌀이라도 더 생산하려고 사람들이 바다로까지 경작지를 넓혀야 했던 흔적들이다.

바다를 메워 논을 만들었다 해서 무조건 벼를 재배할 수 있는 것은 아니었다. 벼는 파종에서부터 이삭이 여물 때까지 많은 물을 필요로 하기 때문에 간척지 논 주변에는 반드시 물을 가두기 위한 호수를 만들어야 했다. 또 바다를 메워 만든 논의 토양은 소금기가 많게 마련이어서, 소금기를 씻어낼 다량의 민물이 필요했다. 서해안의 호수들은 대부분 바닷물을 밀어낸 자리에 만들어진 민물 저수지다. 방조제라는 높고 긴 둑을 쌓아 바닷물과 민물의 소통을 막고 있는 인공구조물이다.

　간척지 논은 주로 바다의 얕은 곳을 메워 만들어졌다. 그래서 갯벌이 사라졌다. 간척은 곧 갯벌을 메워 없애는 것에 다름 아니다. 갯벌에서 살아가는 수많은 생명들도 간척사업과 함께 사라졌다. 특히 바다와 강이 만나는 곳의 갯벌은 자주 간척의 표적이 되곤 했다. 강으로부터 민물을 쉽게 구할 수 있었기 때문이다. 자연생태계 파괴의 상징으로 남아 있는 시화호 간척사업이나 새만금 간척사업도 넓은 육지와 호수를 만들어냈지만 바닷물과 민물의 소통을 차단했다. 드넓은 갯벌에는 바닷물과 민물이 자연스럽게 섞이지 못하고 있다. 갯벌은 방조제에 갇힌 탓에 바닷물을 만나지 못해 썩어간다. 민물도 바다로 흘러나가지 못한 채 호수에 갇혀 썩어간다. 갯벌에 기대어 살아가는 수많은 생명들이 이미 사라졌고, 앞으로도 사라질 운명이다.

　바다와 갯벌을 메우겠다는 명분은 논 만들기와 쌀 생산이었다. 사람들의 원초적 고통인 집단 배고픔을 해결하기 위해 간척은 어쩔 수 없는 선택으로 받아들여졌다. 이제 그 명분들은 사라졌거나 유명무실한 세상이 되었다. 논은 날로 휴경지가 늘어나고, 쌀은 남아돌아 천덕꾸러기 신세가 되었다. 하지만 한번 사라진 갯벌과 생명은 좀처럼 되살릴 수 없게 되었다.

　갯벌이 메워지면서 서해안은 지도까지 변했다. 축척 2만5천분의 1 지도를 놓고 보면 서해안의 해안선은 반세기 전에 비해 굴곡이 단순화되었음을 알 수 있다. 복잡한 굴곡이 직선으로 날씬하게 펴졌다. 또 뭍과 바다를 가르는 경계선이 바다 쪽으로 쑥 내밀려져 있음을 확인할 수 있다. 지도상의 그런 변화는 굴곡 속에 깃든 갯벌이 여기저기 메워지는 바람에 사라졌음을 뜻한다. 해안선의 복잡한 굴곡은 수많은 생명들의 산란장이요 보금자리지만 이제 그런 역할은 날로 줄어들고 있다.

　돌아보건대, 간척사업은 정부에 의해 국가발전의 동력으로 적극 권장되면서 지도를 바꾸는 큰 역사(役事)로 미화되곤 했다. 오늘날은 어떤가.

　지금도 사람들은 바다와 갯벌을 메우려는 유혹에서 벗어나지 못하고 있다. 웬만큼 먹고 살 만해져 원초적 배고픔에서 벗어났다는 오늘날에도 사람들은 끊임없이 바다와 갯벌을 메우고 있거나 메울 궁리를 하고 있다.

　이제 명분은 더 이상 논 만들기나 쌀 생산이 아니다. 관광단지나 산업단지를 만들겠다는 것이 요즘 간척의 주요 명분이다. 배고픔을 이겨내겠다는 뜻이 아니라 더 많이 먹겠다는 뜻에 다름 아니다.

　지역균형발전이란 논리도 간척의 명분으로 자주 등장한다. 수도권사람 지방사람 차이 없이 균형 있게 잘 살아야 한단다. 옳은 말이다. 사는 곳에 상관없이 골고루 잘 살아야 한다는데 토를 달 사람은 없지 싶다. 다만 갯벌과 생명의 입장에서는 이의를 제기할 수 있을 것 같다. 경기갯벌 인천갯벌 충청갯벌 전라갯벌 가리지 말고 균형 있게 메워, 생명을 골고루 없애자는 뜻과 무엇이 다를까. 사람들은 자신의 행복을 말하면서 왜 미물들의 삶을 배려할 줄은 모를까. 알면서도 행하지 않으려는 것일까.

　어느새 동이 터온다. 낚시꾼은 밤새도록 입질을 한 번도 보지 못했다. 노인에게도 입질은 오지 않았다. 두 사람은 낚싯대를 걷는다. 멀리서 찾아온 낚시꾼이 입질을 보지 못한 것을 안쓰러워해서인지, 노인은 부남호가 수문을 열어 물이 맑아지면 전화연락을 해주겠다고 한다.

　날이 훤히 밝자 호수는 다시 적조의 빛깔을 드러낸다. 지금 물고기들은 산소가 부족해 호흡에 곤란을 겪고 있을 것이다. 물 바깥의 낚시꾼도 역한 냄새로 숨을 들이마시기가 싫을 지경인데 물속의 물고기들이야 오죽할까. 숨쉬기조차 쉽지 않은데 식욕이 생겨나겠는가. 호흡 곤란의 고통 속에서 허기를 느낄 수 있을까. 노인은 잉어가 곡기를 끊은 것은 뻘건 물빛 탓이라고 투덜거리며 짐을 꾸린다.

어떤 호수의 운명

지루한 장마가 끝났다기에 쾌청한 날씨가 찾아오나 싶었는데 그게 아니다. 폭염이 도시를 지배하고 있다. 장마가 남기고 간 습도에 뜨거운 햇볕이 가세한 찜통더위다. 높은 기온에 높은 습도까지 더해지니 몸이 후텁지근하고 끈적끈적해진다. 도시의 아스팔트와 콘크리트는 찜통을 둘러싼 벽처럼 열을 멀리 내보내지 못하고 붙잡아 가두고 있다. 에어컨 기계는 윙 하는 소리를 내며 건물속의 열기를 바깥의 길거리로 내뿜고 있다. 사람들은 사소한 자극에도 쉽게 짜증을 낸다. 밤에도 식을 줄 모르는 이 열기를 하루하루 견뎌내는 사람들이 참 용하다.

폭염 공세를 피해, 낚시꾼은 가족을 데리고 멀리 북쪽으로 도망쳐왔다. 아침 일찍 나섰는데도, 오는 길은 넘쳐나는 자동차들로 왜 그리 막히던지. 차들은 낚시꾼이 막 벗어난 도시 쪽을 향하지 않고, 대부분 그 반대쪽으로만 느릿느릿 기어가며 경적을 시끄럽게 울려댔다. 그 탈출행렬 속의 더위도 도시 속의 폭염에 못지않았다. 사람들은 해마다 그렇게 피난길에 나서면서도, 그 큰 도시 속에서 하루하루 버텨내며 그럭저럭 살아간다.

경기도 포천을 지나 강원도 철원에 있는 한 야트막한 저수지다. 벌써 많은 사람들이 호숫가 야산기슭 곳곳에 텐트를 쳐놓고 있다. 저들도 더위를 피해 도망 나온 사람들일 것이다. 낚시꾼 가족도 그들 틈에 끼어 이것저것 피난 보따리를 풀어놓는다. 텐트를 치고, 돗자리를 깔고, 때늦은 점심밥을 짓고 하는 모습이 부산스럽다. 한국전쟁 때 피난민촌이 이런 풍경이었을까?

그래도 도시보다는 한결 낫다. 시야가 트여 있고, 물과 나무와 풀이 있고, 새들이 지저귀고, 산들바람도 간간이 분다. 소나기만 한 줄기 내려준다면 얼마나 시원할까.

낚시꾼이 이 호수를 찾은 것은 십사 년 만이다. 그때 이곳을 찾아왔을 적에도 지금처럼 장마가 막 끝나 무더위가 기승을 부리고 있었다. 낮에도 밤에도 찌를 쑥쑥 올려주던 그때 그 붕어들의 모습이 아직 그의 눈에 선하다. 아들 녀석 둘은 어서 낚싯대를 펴 붕어를 낚아달라고 성화를 부린다.

지렁이 한 마리를 통째로 바늘에 꿰어 부들줄기 사이에 살짝 던져 넣어본다. 금세 찌가 쑤욱 오르며 입질을 전해준다. 찌가 횡으로 흔들리지 않고 위로만 천천히 솟아오르는 품이 영락없는 붕어 입질이다. 낚싯대를 잡아채니 초릿대 끝이 수면 쪽으로 깊게 휘어진다. 제법 힘을 쓰는 것으로 봐 꽤 큼지막한 붕어인 것 같다. 그런데 웬걸? 흔히 월남붕어로 불리는 블루길 녀석이다. 참 이상하다, 십사 년 전만 해도 이 호수에 블루길이 없었는데…….

낚시꾼은 블루길을 바늘에서 떼어내, 물속으로 돌려보내지 않고 땅바닥 한쪽에 넌져놓는다. 누 아늘은 예쁘게 생겼다면서 쪼그려 앉은 채 한참 들여다보거나 만지작거린다. 붕어가 아닌 줄 어떻게 알았는치, 중학생 큰 녀석이 무슨 물고기냐고 재우쳐 묻는다. 아가미덮개에 하늘색 무늬가 선명하게 나 있어, 하늘색 아가미라는 뜻의 블루길(Blue Gill)로 불린다.

다시 지렁이를 달아 물속에 넣자마자 곧바로 입질이 온다. 또 블루길이다. 세 번째, 네 번째 입질도 역시 블루길 짓이다. 길이가 한 뼘쯤 되는 큼지막한 녀석도 걸려나온다. 얼마 후에는 찌가 갑자기 물속으로 쑥 빨려 들어간다. 이번엔 배스다. 배스도 꼼지락거리는 지렁이미끼에 달려든 것이다. 양쪽 옆으로 길게 찢어진 큼지막한 주둥이에, 몸길이가 35센티미터는 족히 되어 보이는 큰 녀석이다. 점심 먹으러 오라는 아내의 부름에 낚시질을 멈췄다.

블루길과 배스는 살아가는 환경이 서로 비슷하다. 주로 호수처럼 물 흐름이 약한 곳에 살면서, 새우나 피라미나 참붕어나 붕어 같이 살아 움직이는 동물성 먹이만 먹어치우는 난폭한 물고기다. 모두 북미가 원산이지만 배고픈 시절인 1970년대 초, 길러서 먹겠다고 사람들이 국내로 들여왔다. 근래 이들 외래물고기의 개체수가 전국적으로 빠르게 늘어나면서 토착물고기는 씨가 말라간다. 이들이 번성하는 곳에서는 낚시로 붕어를 보기가 쉽지 않다. 번식력과 성장속도가 토종보다 훨씬 강하고 빨라, 호수로 흘러든 지 오 년쯤 되면 그 물속생태계를 완전히 장악해버린다. 습성이 하도 배타적이라 토종과의 공생은 불가능하다.

이 호수에도 블루길과 배스가 많이 사나보다. 그가 십사 년 전 이곳에서 이박삼일 일정으로 낚시할 때만 해도 이들을 보지 못했다. 간간이 낚이는 잉어나 가물치 말고는 모두 붕어뿐이었다. 지렁이 대신 식물성의 떡밥미끼를 쓰면 블루길과 배스의 성화를 피할 수 있겠다싶어, 볶은 보릿가루를 물로 반죽해 떡밥미끼를 한줌 만들었다. 사람이 먹는 미숫가루와 똑같이 고소하다.

먼발치에서 시끄럽게 떠드는 말다툼소리가 들린다. 더위를 이기지 못해 생겨난 사소한 언쟁이려니 했는데, 고함소리가 좀처럼 그치지 않는다. 가서 보니 붕어낚시꾼과 배스낚시를 하는 사람 사이에 멱살잡이 실랑이가 벌어졌다.

붕어 꾼이 블루길과 배스의 등쌀로 낚시에 어려움을 겪고 있는 판에, 배스 꾼이 자신의 루어채비를 붕어 꾼의 찌 가까이로 던졌던 모양이다. 붕어 꾼은 배스 꾼의 그 태도가 속으로 불쾌했던 것 같다. 가뜩이나 붕어를 보지 못해 심기가 편치 않은데. 이어 배스 꾼이 배스를 한 마리 걸어 한참 손맛을 보더니, 녀석을 물속으로 도로 넣어줬던 모양이다. 이에 붕어 꾼이 약이 올라, 왜 배스를 물속으로 돌려보내느냐면서 한마디 한 것이 몸싸움으로 번졌다.

붕어 꾼은 배스를 물로 되돌려 보내는 것은 생태계를 망치는 행위라며 핏대를 세우면서 악을 쓴다. 이에, 배스 꾼은 아무리 미물에 지나지 않을망정 살아 있는 목숨을 함부로 빼앗아서야 되겠느냐며 맞고함을 질러댄다.

낚시꾼은 제자리로 돌아와 떡밥을 바늘에 달아 던져본다. 지렁이미끼로는 곧바로 찌가 솟더니, 이번 떡밥미끼로는 찌에 아무런 반응이 나타나지 않는다. 조금 전까지만 해도 이곳에서 블루길과 배스가 한참 난리를 피웠으니 붕어가 멀리 도망가 없을 테다. 하지만 떡밥냄새에 이끌려 곧 붕어가 몰려들겠지, 하면서 기대를 버리지 않는다. 하지만 찌에 좀처럼 입질이 나타나지 않는다. 그는 심심하긴 해도, 블루길과 배스가 달려들지 않아 성가시게 굴지 않는 것만 해도 다행으로 생각한다. 역시 블루길과 배스를 내쫓는 데는 곡식미끼가 최고인가보다.

아내와 두 아들이 그의 곁으로 다가와 왜 붕어를 보여주지 못하느냐고 핀잔을 준다. 그러면서, 조금 전 호수를 한바퀴 둘러봤더니 십여 명의 낚시꾼 가운데 붕어를 낚은 사람은 아무도 없더란다. 낚시터를 잘못 잡은 것 같다고 나무란다. 하지만 낚시꾼은 밤에는 붕어를 볼 수 있을 것이라면서 내일 아침까지 진득하게 기다리라고 타이른다. 이 무더위에 낚시터를 옮길 수는 없는 노릇 아니냐는 말을 곁들여.

한참 만에 찌가 천천히 솟아오른다. 떡밥미끼를 달았으니 이번에는 붕어 겠지, 하며 손을 낚싯대뿌리에 갔다댄다. 찌가 정점에 다다랐다싶어 대를 날쌔게 잡아챈다. 웬걸, 또 블루길이다. 블루길이 왜 찌를 붕어처럼 천천히 장중하게 올릴까? 블루길 입질이 붕어 입질을 닮아도 너무 닮았다.

낚시꾼을 깜짝 놀라게 한 것은 녀석의 입질이라기보다는 식성이다. 왜 식물성 먹이의 고소한 냄새에 반응하는 것일까? 블루길은 살아 움직이는 동물성 먹이만 먹는 줄로 알고 있었는데. 낚시꾼은 찌에 입질이 올 때마다 대를 채보지만 블루길만 걸어낸다. 지렁이나 새우나 참붕어로 블루길을 끄집어낸 적은 자주 있었다. 하지만 떡밥 먹는 블루길을 만나기는 이십육 년 낚시경험에 이번이 처음이다. 호랑이나 사자가 제아무리 배가 고파도 풀을 뜯어먹던가?

그는 하도 기가 막혀, 다른 사람들도 같은 일을 겪는지 알아보려고 호수를 둘러본다. 호수 주변 곳곳에 블루길이 즐비하게 드러누운 채 숨을 헐떡이고 있다. 낚시에 걸려나와 물속으로 돌아가지 못한 것들이다. 떡밥에 블루길을 걸어냈다는 사람이 한둘이 아니다. 어떤 이는 떡밥에 배스도 입질을 하더라 한다. 또 어떤 이는 더 이상 이곳에서 낚시를 못하겠다며 투덜대면서 짐을 싼다.

붕어를 만날 수 있을 것이란 자신감이 점점 약해져간다. 하지만 밤에는 붕어를 볼 수 있겠지, 하며 낚시를 멈춘 채 해가 지기를 기다리기로 한다. 아내와 아들 두 녀석이 합세해, 왜 블루길을 물속으로 돌려보내지 않고 죽게 내버려두느냐면서 따지고 든다. 그는 텐트 속에서 저녁을 먹으며, 외래물고기가 생태계에 어떤 영향을 주는지 아는 대로 얘기해준다. 낚은 블루길이나 배스를 물속으로 되돌려 보내거나, 다른 호수나 강으로 놓아주면서 퍼뜨리는 것이 법으로도 금지되어 있다는 얘기도 함께 들려준다.

그는 밤에도 붕어를 보지 못했다. 밤에는 물의 온도가 낮아져 블루길이나 배스의 왕성한 먹성과 활력을 떨어뜨릴 것으로 기대했는데. 70센티미터쯤 되는 큼지막한 잉어를 두 마리 만났지만 곧바로 물속으로 돌려보냈다. 블루길은 밤에도 떡밥에 입질을 해댔다.

혹시, 블루길이 떡밥미끼에 입질을 한 것은 이 호수에 더 이상 먹을 만한 동물성 먹이가 없기 때문이 아닐까? 굶주리다보니 떡밥이라도 먹어야겠다는 생존 본능에서. 그렇다면 붕어가 블루길이나 배스에 먹혀 이 호수에서 사실상 멸종된 것이 아닐까? 붕어뿐 아니라 피라미나 참붕어나 새우도 사라진 게 아닐까?

아침에 날이 밝자마자 그는 새우 채집망에 밤톨만한 떡밥덩이를 넣어 물속에 담가둔다. 새우가 이 호수에 얼마나 살고 있는지 눈으로 직접 확인하기 위해서다. 새우가 있다면, 떡밥냄새에 이끌려 채집망 안으로 들어올 것

이다. 그는 십사 년 전 이 호수에 왔을 때, 채집망으로 새우뿐 아니라 참붕어
와 납자루 같은 자잘한 물고기를 잡아 붕어를 낚기 위한 미끼로 쓴 적 있다.

삼십여 분만에 채집망을 건져내 안을 들여다본다. 무언가 몇 마리 들어
있다. 반가운 마음에 서둘러 끄집어내보니, 놀랍게도 새끼 블루길들이다.
이 호수에서는 블루길이 떡밥을 먹는다는 그의 추측이 사실로 확인됐다. 이
들 말고는 아무 것도 들어 있지 않다. 예상대로다. 이 호수에는 토착 물고기
들이나 곤충들이 블루길이나 배스에 먹혀 사라졌나보다. 간밤에 낚인 잉어
는 몸집이 크고 힘이 강해 살아남았을 수 있었을 테다. 아마 잉어도 곧 멸종
되지 싶다. 알에서 갓 부화된 새끼잉어는 쉽게 잡아먹힐 테니까. 간밤에 낚
인 잉어는 블루길이나 배스가 번성하기 이전에 이미 큰 몸집으로 다 자란
상태여서 먹히지 않았을 것이다.

오랜 만에 찾은 호수였건만 생태계가 결딴나 있다. 블루길과 배스가 언
제, 어떻게 이곳으로 흘러든 것일까?

아침부터 모기와 하루살이 떼가 공중비행을 하며 낚시꾼을 향해 달려든
다. 얼굴에 내려앉거나 목둘레의 옷 속으로 파고든다. 손을 저어 쫓아내려
해보지만 아무 소용이 없다. 짜증을 돋운다. 오늘도 몹시 더울 모양이다. 저
들도 틀림없이 알과 애벌레시절을 이 물속에서 보냈을 텐데. 블루길과 배스
는 저들의 알과 애벌레는 먹이로 삼지 않나보다. 너무 작아 눈에 띄지 않기
때문일까? 그렇다면 물속의 미세한 플랑크톤도 먹이로 삼지 않을 것 같다.

아, 이곳에 모기와 하루살이가 많은 것은 붕어나 미꾸라지나 참붕어 같은
물고기들과, 물벌레들이 모두 사라졌기 때문이 아닐까? 모기와 하루살이의
알과 애벌레는 이들에게는 좋은 먹잇감이니까. 모기와 하루살이가 번성하

는 것은 여러 토종생명들이 사라졌기 때문일 것 같다.

　토종생명들이 사라지는 곳은 이 호수뿐이 아닐 것이다. 또 블루길과 배스 말고도, 토종을 사라지게 하는 외래동물로는 붉은귀거북(일명 청거북), 무지개송어, 떡붕어, 황소개구리, 뉴트리아 등이 있다. 오래전 배고픈 시절, 길러서 먹겠다고 들여온 것들이 대부분이다. 근래에는 수족관이나 연못에서 애완용으로 기르려고 들여온 것들이 야생의 호수와 강으로 퍼져나가기도 한다.
　생명체의 종(種)은 가짓수가 날로 급속히 줄어들고 있다. 외래종과의 교미 등을 통해 종의 순수성도 훼손되어간다. 종 다양성을 지킨다느니, 생명 다양성을 되찾겠다느니 하면서 사람들은 뒤늦게 호들갑을 뜬다. 사람세상도 세계화를 맞았는데 물속이라고 토종, 외래종 가릴 이유가 어디 있느냐는 항변도 간간이 들려온다. 무슨 까닭에서인지, 외래종을 토종만 서식하는 호수나 하천으로 일부러 몰래 풀어놓는 이도 간혹 있다고 한다.

　한 물속 생태계에서 먹잇감이 사라지면 상위 포식자들은 무엇을 먹으며 살아갈까? 낚시꾼은 문득 이런 의문에 빠져든다. 이 호수에서 블루길과 배스가 더 이상 먹을 것이 없다면 자기네들끼리 먹고 먹히는 사이가 되지 않을까? 블루길과 배스는 서로 먹고 먹히는 사이가 아니라지만 굶주리는 환경에 놓이면 천적관계가 되지 말라는 법은 없을 성싶다. 배고프면 떡밥마저 먹어치우는 판이지 않은가. 단지 그만의 희망일 뿐일까?
　낚시꾼은 앞으로 이 호수가 어떻게 변해갈지 궁금해진다. 일년에 한두 번씩 찾아와 호수 생태계를 관찰하고 싶어진다. 그는 집으로 돌아가는 자동차 안에서 내년에 이 호수로 다시 오자고 가족들에게 제안한다. 하지만 그들은 고개를 절레절레 가로젓는다. 그들은 이번 낚시여행에서 피서를 못했고 휴식도 얻지 못했다고 불만 섞인 말들을 쏟아낸다. 더위를 피해 먼 호수로 힘들게 찾아왔건만 붕어를 만나기는커녕 짜증만 나더라며 또 짜증을 낸다.

탈고되지 않은 기고문

낚시꾼은 어느 날 한 통의 이메일편지를 받았다. 편지에는 꽤 긴 분량의 글이 별도로 첨부되어 있었다.

그 편지를 받기 며칠 전, 낚시꾼은 낚시터에서, 함께 낚시를 온 친구들과 간단한 저녁식사를 하게 됐다. 친구들 속에는 낚시문화에 관한 글을 매체에 가끔 기고하곤 하는 김 아무개도 끼어 있었다. 김씨는 그 자리에서 푸념을 늘어놓기 시작했다.

향우회로부터 원고를 청탁받았다고 한다. 향우회보에 실을 테니 낚시에 관한 김씨의 기억이나 경험 얘기를 써달라는 부탁이었단다. 스스럼없이 청탁을 받아들였다. 그런데, 부탁받은 지 나흘 만에 원고를 써 보냈더니 며칠 뒤 회보에 싣기가 곤란하다는 통보를 받았다. 그쪽은 미안하다는 사과와 함께, 내부사정이라고만 할 뿐 싣지 않기로 한 이유를 말해주지 않았다고 한다.

김씨는 낚시터에서 돌아와, 그 탈고되지 않은 글을 몇몇 낚시친구들에게 이메일로 보여줬다. 물론 낚시꾼에게도 보내왔다.

[나이 마흔을 갓 넘긴 해, 그러니까 오년 여 전부터 가끔 꿈속으로 저를

찾아온 넓은 벌판 하나가 있었습니다. 그 벌판은 해가 갈수록 방문 횟수가 빈번해지더니 근래에는 더욱 또렷한 이미지로 거의 매일같이 찾아왔습니다. 안방의 잠자리에서는 말할 것도 없고, 어떤 때는 지하철 전동차에서 잠깐 조는 틈에도 나타나곤 했지요. 낚시를 갔을 때는 물가의 텐트 속에서도 가끔 나타났습니다. 그 벌판의 모습들은 찾아올 때마다 매번 똑같지는 않았지만, 여러 날의 머릿속 영상들을 한데 모아 짜깁기를 해보면 대략 이렇게 그려낼 수 있습니다.

'봄을 맞아 억새와 자운영 풀로 온통 뒤덮인 푸른 벌판. 발로 밟으면 질퍽거릴 정도로 물기를 축축하게 머금고 있다. 단 한 뙈기의 논도 밭도 없는 황무지 초원인 그곳은 끝이 보이지 않을 만큼 아득히 넓고, 한복판에는 시골 초등학교의 운동장 서너 개를 합친 넓이만큼의 아담한 호수를 새의 둥근 알자리처럼 품었다. 또 벌판은 그 호수로 이어지는 샛강과 가지 수로를 몇 개 거느리고 있다.

호수는 물색이 전체적으로 검푸르다. 뭍과 맞닿은 가장자리의 턱이 비스듬하게 완만해 그다지 높아 보이지 않는다. 아마 장마철에는 턱 주변의 저습지가 모두 물에 잠기면서 호수는 지금보다 훨씬 더 넓어질 것이다. 호수 중앙에는 풀이나 관목 따위가 자라지 않는 것으로 보아 수심이 어른 키보다 깊어 보인다. 가장자리 턱 근처의 수면에는 소금쟁이들이 어지럽게 맴을 돌고 물방개들이 자맥질을 하면서 연신 좁쌀만한 거품들을 만들어낸다.

샛강과 가지 수로와 맞닿은 호수의 상류는 얕은 늪의 형상이다. 봄을 맞아 키가 훤칠하고 날씬한 부들이 군데군데 군락을 지어 밀생해 있다. 또 개구리밥과 마름과 연 따위의 부초(浮草)들이 서로 자리다툼을 하듯 부들 군락의 틈바구니에서 빽빽이 자라면서 수면을 뒤덮고 있다. 가물치가 산란 보금자리를 지키려고 침입자를 내쫓으려는지, 아니면 먹이를 찾아 나섰는 지 이따금 마름 잎 사이를 뚫고 수면 위로 뛰어오른다. 그 바람에 놀란 작은 물고기들이 이리저리 물살을 가르며 도망을 친다.

　호수를 에워싼 벌판에는 버들 숲이 군데군데 있고, 그 틈새로 소들이 띄 엄띄엄 흩어져 한가로이 풀을 뜯고 있다. 소에게 풀을 뜯기러 벌판으로 나 온 나는 여러 낚시꾼들 속에 섞여 호수의 잔잔한 수면으로 낚싯대를 드리 우고 있다. 이따금 수수깡 찌가 물고기의 입질 때문인지 바람 때문인지 이 리저리 흔들리면서 수면에 잔잔한 파문을 그려낸다. 낚싯대를 아무리 잡아 채 봐도 물고기는 걸려나오지 않는다. 땅거미가 질 무렵 나는 집으로 돌아 가려고 대를 걷는다.'

　비록 꿈속이었지만 참 건강한 생태계를 간직한 천연 습지였습니다. 근처 에 논이 없는 것으로 보건대, 사람들이 논에 물을 대려고 일부러 파놓은 호 수가 아님을 대번에 알 수 있었습니다. 꿈에서나마 내가 그토록 아름다운 벌판에서 매일같이 낚시를 할 수 있다니! 대체 어느 곳일까, 하는 궁금증에 사로잡히곤 했습니다. 그런데 생전 처음 대하는 곳은 아니었습니다. 분명 언제 어디선가 본 듯한 낯익은 모습이었습니다.

　어딘지를 알아내기까지 짧지 않은 시일이 걸렸습니다. 그곳은 다름 아 닌, 제가 십수 년 동안 유년시절을 보낸 고향의 시골마을 근처에 있던 허허 벌판이었습니다. 그 벌판에서 어린시절 함께 뛰어놀았고 지금은 저와 멀지 않은 도시에서 살고 있는 동무 황 아무개를 우연히 만나, 자초지종을 털어 놓고서야 장소에 관한 궁금증이 풀렸지요. 그다지 바쁘게 살지 않았는데도 고향과 고향들판을 잊고 지냈던 거죠.

낚시가방을 챙겨 황씨와 함께 그 벌판이 있는 곳으로 휭 내달았지요. 그곳을 떠난 지 대략 삼십삼 년만의 방문길이었습니다. 꿈속에서 가졌던 아늑한 휴식을 현실로 만끽할 수 있을 것이라는 기대감에, 조행 길은 한껏 부풀어 있었죠. 하지만 현실은 기대를 여지없이 저버리더군요.

어릴 때 사십여 호의 집이 옹기종기 모여 있던 마을은 십여 호로 줄어 있었고, 그나마 대부분 환갑을 넘긴 듯한 노인들만 살고 있었습니다. 마을에서는, 젊은이들이 보이지 않아서인지, 좀처럼 활기를 느낄 수 없었습니다. 흙벽에 함석을 지붕으로 얹었던, 마을 초입의 우리 가족이 살던 집은 이미 허물어져 형체를 알아볼 수 없었습니다. 자세히 살펴 터만 겨우 확인할 수 있었지요. 집이 대나무 숲으로 변해버렸기 때문이었습니다. 우리 가족이 떠날 때만 해도 집 뒤란을 침범하지 않았던 대나무들이 오랜 세월 차츰 세력을 넓혀, 뒤란을 지나 집터와 앞마당까지 장악하고 있었습니다.

그리고 어린시절 마을에서 오 리쯤 가면 만날 수 있던 꿈속의 그 벌판. 현실의 벌판은 꿈속의 그것과 영 딴판이었습니다. 꿈은 현실과 정반대라는, 사람들이 흔히 말하는 그런 해몽법이 근거가 있을 것이라는 생각이 퍼뜩 들더군요.

벌판에는 새로 뚫린 아스팔트 도로 주변을 따라 서양식 구조와 자재를 한껏 흉내 낸 민박집이 군데군데 부스럼딱지처럼 박혀 있었죠. 또 불도저는 굉음을 내면서 삽날로 언덕을 깎아내고 있었습니다. 포크레인은 흙이나 돌을 가득 담아 트럭에 부리고 있었습니다. 그 중장비들이 내는 요란한 기계음이 귀청을 찢을 기세였죠. 머잖아 이 벌판에 아파트단지가 들어서게 돼 한쪽에서는 터파기 공사가, 다른 한쪽에서는 터다지기 공사가 한창 벌어지고 있었습니다.

꿈속에서 보았던 억새나 자운영은 벌판 어디에서도 눈에 띄지 않았습니다. 세월이 많이 흐르다보면 어떤 풀은 군락지에서 자연스럽게 도태되어 사라지기도 한다지만, 그들이 보이지 않는 것은 꼭 세월 탓만은 아닌 듯했습니다. 벌판은 풀 한 포기 키우지 못한 채 불도저와 포크레인의 삽날에 파헤쳐져, 누렇거나 뻘건 속살을 마치 부끄러워하기를 포기했다는 듯 훤히 드러내놓고 있었습니다.

호수와 늪을 아무리 둘러봐도 꿈속과는 달리 낚시꾼이 보이지 않았습니다. 그 대신 수면에는 발원을 알 수 없는 회색빛 기름이 부정형의 띠를 이룬 채 이리저리 떠다니고, 물밑 바닥에는 질소나 인 따위의 유기영양물질을 먹고 자라는 갈색 이끼가 잔뜩 끼어 있었지요. 가뭄에 콩 나듯 수면에 듬성듬성 떠 있는 개구리밥과 마름은 기름과 먼지를 뒤집어쓴 채, 행여 물살에 떠내려갈까 자신보다 키가 큰 부들줄기에 꽉 들러붙어 있었습니다.

조만간 이 호수와 수로는 남김없이 매립될 예정이라고 불도저 운전수가 말했지요. 저는 미처 낚시가방을 열어보지도 못한 채, 황씨와 함께 하릴없이 곧장 발길을 돌려야 했습니다. 저는 황씨와 함께 그날 고향 면소재지의 한 음식점에서 제법 많은 술을 마셨습니다. 물론 벌판에서 느꼈던 답답한 심정을 얘기했습니다. 그리움이나 서운함이 술안주가 될 수 있다는 말을 처음으로 경험했습니다. 해가 지기도 전에 시작한 술자리가 다음날 새벽까지 이어지면서 그만 크게 취하고 말았습니다.

그 이후 벌판은 저를 단 한번도 찾아오지 않았습니다. 벌판이 오랜 세월 잠자코 있다가 수년전부터 꿈속으로 무시로 저를 찾아오곤 했던 뜻이 무엇이었을까요? 자신의 망가져가는 모습을 철저히 감춘 채 말입니다. 제가 고향을 다녀온 이후 더 이상 꿈속으로 찾아오지 않는 이유는 또 무엇일까요?

벌판은 무지막지한 훼손으로부터 자신을 지켜달라고 애원하기 위해 유년시절의 인연을 되살려 저를 찾아왔나봅니다. 낚시라면 너무 좋아해 사족을 못 쓰는 이 몸의 약점을 간파해, 죽어가는 자신을 직접 눈으로 보라고 말하려 했던 게 아닐까요?

저는 그 벌판에 큰 죄를 지은 듯한 기분입니다. 아니, 분명히 죄를 지었습니다. 벌판은 그토록 자주 저를 찾아왔지만 이 어리석은 몸은 그가 누구인지조차 몰랐으니까. 물론 그가 누구인지 알았더라도 어찌 해볼 도리가 없었겠지만. 이제 그 벌판은 저와 인연을 끊으려나봅니다. 또, 살려달라는 숱한 애원에 지친 나머지, 이제 살아남으려는 의지를 그만 단념했나봅니다. 그리고 저의 유년시절도 그 벌판과 함께 까마득히 먼 곳으로 사라져갑니다. 너무너무 아섭습니다.

하긴 훼손되어가는 벌판이 이 땅에서 어디 그곳뿐이겠습니까. 수많은 생명들이 사라지는 곳이 그 벌판뿐일까요. 그래서 유년시절을 잃어가는 사람이 세상에 어디 이 몸 혼자뿐이겠습니까. 훼손되고 사라지고 잃은 것은 되돌릴 수 없는 과거지사일지라도, 이제부터라도 들판의 멀쩡한 생태계를 함부로 파괴하는 탐욕스러운 행위를 그만뒀으면 좋겠습니다.]

김씨는 글을 보내오면서 내용에 무슨 문제라도 있는지 물었다. 자신의 글에 관해 낚시친구들의 의견을 듣고 싶었을 것이다. 또 그의 물음에는 생채기 난 자존심에 누군가가 소독약이라도 한번 발라주었으면, 하는 바람도 담겨 있었을 것이다.

그는 자신의 글이 거부당한 이유로 고향을 욕되게 하는 글인 양 오해받은 것이 아닐까, 생각해보기도 했단다. 자신의 글이, 이를테면 개발이나 땅값 올리기를 이용한 고향의 몸값 부풀리기를 발전으로 간주하는 세태를 비난하려는 의도였던 것으로 비쳐진 게 아닐까, 하는 생각이 얼핏 들었단다. 그럴 뜻은 추호도 없었다고 그는 말했다. 단지 들판을 내세워 고향과 유년시절을 향한 그리움을 말하려 했을 뿐이라 했다. 향우회보에, 고향사람들이 읽을 그 지면에, 고향을 그리워하는 글을 싣는다는 것이 왜 받아들여지지 않을까, 궁금하다고 했다.

낚시꾼도 김씨의 글이 실리지 않을 하등의 이유가 없다고 생각했다. 만에 하나, 김씨의 글이 고향의 들판이 막무가내식의 개발로 파헤쳐지는 현실을 고발하려는 뜻이었다 해도 실리지 않을 이유가 될 수 없다고 생각했다. 그는 김씨를 위로라도 해주고 싶었지만 딱히 떠오르는 방도가 생각나지 않았다. 그래서 '조만간 낚시라도 함께 가자'며 빈말 같은 답장을 썼다.

 어둠

어둠은 반드시 밝혀야 하는 것일까? 어둠을 그냥 어두운 채로 가만히 내버려두면 안 될까? 지구가 돎으로써 세상에 밝음이 절반이라면, 어둠도 나머지 절반이어야 한다. 하지만 이제 어둠은 절반에 훨씬 못 미친다. 사람들이 자꾸 어둠을 밝히려들기 때문이다. 밤은 매일 어김없이 찾아오지만 어둠

은 나날이 줄어든다.

들판에 있는 어둠은, 있는 그대로 쓸모와 가치가 있다. 사람들에게 휴식을 주고 수많은 야생들에게 보금자리를 준다. 물론 낚시꾼들에게도 휴식과 안식처를 준다. 도시에서는 어둠이 벌써 사라졌다. 이제 들판에서마저 어둠이 불빛에 밝게 가려지면서 점점 사라져간다. 들판이 도시 속으로 차츰 잠식되어간다. 사람과 야생의 휴식도 나날이 줄어든다.

빛이 들판의 밤으로 다가올 때 어디 저 홀로 오던가. 으레 빛의 동력원인 전기를 흘려보낼 전선, 그 전선을 지지하기 위한 높은 철탑, 그 철탑을 세우기 위한 산 허물기와 길 닦기 등도 따라오게 마련이다. 빛은 태양이 뿜는 천연의 것이 아니라면 늘 비싼 대가를 요구한다.

어둠의 휴식을 즐길 줄 모르거나, 어둠을 몰아내야 많은 돈을 벌 수 있는 사람들은 빛이 마냥 사랑과 행복을 준다고 주장한다. 그들은, 빛을 많이 만들어 야생이 살아가는 들판의 밤으로 자꾸 내보낼 때 세상이 진보한다고 믿는다. 그들에게는 빛의 밝기가 인간 문명의 위대함을 재는 잣대다.

어느 해 여름, 낚시꾼은 충청도 대청호라는 호수에서 그리 멀지 않은 한 시골마을에 초상이 나 문상을 갔다. 낚시를 하다말고 급히 간 문상이었다. 낚시가방을 멘 추레한 차림이 마음에 걸렸지만 발인을 겨우 하루 앞둔 날의 저녁이라 달리 어쩔 수 없었다. 그는 고인과 낚시에 관해 적잖게 '지도'를 받았던 사이다. 낚시터에서 고인을 처음 만난 이후 오년 여 동안 함께 낚시를 자주 다녔다.

고인은 향년 일흔셋. 조문객은 그리 많지 않았다. 가족과 친지, 마을사람이 대부분이었다. 고인은 시골집에서 혼자 살아왔다. 아내는 몇 해 전 먼저 세상을 떠났고, 자식들은 십여 년 전부터 대처에 나가 살고 있었다.

그날 저녁 늙수그레한 세 명의 남자가 문상을 왔다. 빈소에서 깍듯이 예를 차린 뒤 고인과는 절친한 친구사이로 자신들을 상주에게 소개했다. 무려 사십여 년 동안 고인과 낚시를 함께했다고 한다. 사십년 낚시친구라면 고인에 관해 모르는 것이 없을 것 같았다. 그들이 멍석이 깔린 마당 한구석에 자리를 잡자, 마흔 살쯤 되어 보이는 상주가 다가와 앉았다. 술로 웬만큼 취기가 오르자 그들은 상주인 고인의 아들에게 생전의 고인에 관해 알고 있는 것들을 하나둘 들려주기 시작했다.

낚시꾼도 그들의 이야기에 귀를 기울였다. 그들의 이야기 가운데는 낚시꾼이 알고 있는 것도 꽤 들어 있었다. 물론 고인과 낚시를 함께 다니면서 알게 된 것들이다.

고인은 주위 낚시꾼들 사이에서 '올빼미'라는 별명을 갖고 있었다. 밤눈이 워낙 밝아 밤에만 활동한다는 그 새의 이름을 본떠 낚시꾼들이 붙여준 별칭이었다. 고인은 밤낚시를 할 때 손전등을 켜지 않고도 채비를 줄로 묶는다든지, 미끼를 바늘에 꿴다든지, 물고기의 입에서 바늘을 빼낸다든지 하는 꼼꼼하고 세세한 일들을 척척 해냈다. 밤에 발을 헛딛는 일이 없었고 찌에 케미컬라이트라는 발광체를 달지도 않은 채 낚시를 하곤 했다. 낚시꾼들 사이에서는 예사로운 재주가 아니었다.

또 그는 밤이 아니면 낚시를 하지 않았다. 낮에는 농사일로 바쁘기도 했지만 밤에만 낚시를 다녔다. 밤이라도 보름달이 훤히 뜬 날은 낚시를 하지 않았다. 물론 밤에 달이 너무 밝으면 물고기가 입질을 잘 하지 않는다는 것은 이미 낚시꾼들 사이에 널리 알려져 있다. 낚시터에서 밤을 지새우고 동이 트면 미련 없이 낚싯대를 접었다. 대개 동이 막 트기 시작할 무렵에 물고기가 입질을 활발히 하는 것으로 낚시꾼들은 알고 있다. 하지만 그는 무슨 이유에서인지 어둠이 걷히기 시작하자마자 자리를 털고 일어섰다.

고인은 집에서 그리 멀지 않은 대청호에서 자주 밤낚시를 하다가 어떤 날은 충주호 같이 좀 먼 곳으로도 다녔다. 물고기의 습성을 얼마나 잘 꿰뚫고 있었든지, 밤낚시에서 허탕 치는 일이 썩 드물었다. 그래서 낚시친구가 많았다. 서울 같이 먼 곳으로부터도 하룻밤 낚시를 함께하자는 제의가 심심찮게 들어오곤 했다. 그는 동행한 낚시꾼들에게 물고기가 자주 입질을 할 만한 지점까지 손가락으로 일일이 가리켜주기도 했다.

정확한 시기를 알 수는 없지만 고인은 스무 살이 되기 이전부터 낚시를 했다. 대청댐이 들어서기 훨씬 전부터, 자신이 나고 자라 생을 마감한 마을에서 그리 멀지 않은 금강 줄기에서 낚시를 해왔다.

고인은 젊어서부터 밤에 잠을 잘 자지 않는 습관을 갖고 있었다. 주로 낮에 잤다. 그래서 사람들로부터 게으르다는 오해를 받기도 했다. 하지만 평생 농사일에 소홀한 적이 없었다. 오천 평쯤 되는 논밭을 경작해 벼나 채소를 거둬들였고 소도 서너 마리 길렀다. 밤에 낚시를 다니면 농사일은 언제 하느냐는 말을 가족이나 마을사람들로부터 듣기도 했지만 실제로는 자신의 할일을 다 했다. 다른 사람들이 일할 시간에 잠이 든다는 것은 단지 몸에 밴 습관 같은 것이었다.

고인은 환갑을 맞을 무렵, 대처로 나가 살던 자식들로부터 함께 살자는 요청을 집요하게 받았다. 아내도 대처로 나가살자고 소르끈 했나. 그가 삶의 마지막 날까지 고향마을에서 살아온 것은 도시는 밤이 너무 밝아 자신의 생활이 불편해질까 겁이 났기 때문이라 한다. 하긴, 그는 태어나 생을 마칠 때까지 고향마을을 길게 떠나 있었던 적이 없다.

고인은 세상을 떠나기 한 달여 전까지 밤낚시를 다녔다. 일흔 살이 지나면서부터 기력이 달려 먼 곳으로는 낚시를 가는 횟수가 줄었지만, 낚시꾼들 사이에서 여전히 올빼미로 불릴 만큼 어둠에 밝았다. 낚시꾼들은 으레 밤낚시를 자주 한다. 하지만 그의 야행성은 별난 데가 분명히 있었다. 다만 작고한지 두해쯤 전부터 낚시 횟수만 줄어든 것이 아니라, 무슨 이유에서인지 밤낚시를 하면서도 침울해 하며 말수도 줄었다.

작고하기 여섯 해쯤 전, 그는 마을에서 멀지 않은 곳에 조그마한 낚시터를 차려 부업으로 운영한 적 있다.

자신의 논에 물을 대려고 오래 전에 파둔 연못을 넓혀 낚시터로 개조했다. 농사일로 바쁜데다 나이가 들어 먼 곳으로 낚시를 가기가 쉽지 않아, 가까운 곳이라면 낚시를 더 자주 할 수 있을 것으로 생각했다. 혼자 즐기려고 시작한 낚시터였지만 경치가 좋고 물이 맑고 물고기가 잘 낚인다는 소문에 낚시꾼들이 멀리서 하나둘 찾아오기 시작했다. 나날이 낚시꾼이 점점 많이 몰려들어, 어떤 날은 자신이 낚시할 자리마저 없을 때도 있었다. 낚시가 좋아 찾아오는 사람들을 마냥 내칠 수 없어 약간의 입장료를 받고 낚시를 허용한 것이 사업의 계기가 됐다. 낮에는 농사일로 바빠 낚시꾼을 받지 않았다. 날이 저물 무렵에서야 밤낚시를 하려는 사람들만 손님으로 받았다.

여느 낚시터와 달리 그의 낚시터에는 불빛이 없었다. 마을에서 전기를 끌어와 전등을 매달 수도 있었지만 비용이 만만치 않아보였다. 게다가 그 자신은 밤눈이 밝아 달도 별도 없는 어둠 속에서도 어려움 없이 낚시를 즐길 수 있지 않은가. 그래서 전등을 달지 않았다. 낚시꾼들은 불편하다고 가끔 투정을 부리곤 했지만 그는 개의치 않았다. 밤에 손전등을 오랫동안 켜두거나 자신의 자리 쪽으로 비추는 사람이 있으면 되레 호통을 치기도 했다. 자동차를 몰고 오는 사람은 물리쳤다. 차가 빛을 내뿜기 때문이었다.

그의 낚시터에는 밤에 빛이라고는 달빛과 별빛뿐이었다. 인공 빛이라고는 전혀 닿지 않는 완벽하다싶을 만큼 어둠이 보장됐다. 마을의 전등 빛이 보이긴 했지만 몹시 희미해 낚시터까지 침범하지는 않았다. 인공의 빛이라고는 낚시터의 수면에 점점이 박힌 찌 발광체뿐이었다. 낚시터는 밤낚시를 좋아하는 사람들만 찾아오는 곳으로 낚시꾼들 사이에 소문으로 알려졌다.

하지만 그의 낚시터 일은 오래가지 못했다. 시작한지 두해 만에 그만두어야 하는 사달이 생겼다. 다름 아닌 전등 빛이 말썽이었다.

낚시터에서 스무 걸음쯤 떨어진 빈터에 큰 건물이 한 채 들어서고 있었다. 밤에도 공사를 하면서 소음을 내는가하면 전등 빛을 낚시터로 비춰 밤낚시를 방해했다. 밤이 현란하고 소란스러워지자 낚시터의 물고기들은 입질을 뚝 끊어버렸다. 낚시터에는 사람들의 발길이 하나둘 끊어질 수밖에 없었다. 그는 건물주인을 찾아가 따졌지만 소용없었다. 건물주인은 도시생활을 접고 시골에서 농사지으며 살기 위해 삼 층짜리 집을 짓는다고 했다. 농촌에서 살겠다는 말이 반갑게 들렸다. 시골에서 살 집이라면 그의 마을에 빈 집이 여러 채 있으니 소개해주겠노라 했다. 하지만 그의 제안은 거절당했다.

건물이 완성되었다. 텔레비전 드라마에서나 본 듯한 화려하고 으리으리한 집이었다. 저런 멋진 집을 지으려 했으니 마을의 보잘 것 없는 빈 집에서

살 리 있겠는가, 생각하니 빈 집을 소개하려 했던 자신이 괜스레 쑥스러워
졌다. 농촌에서 농사짓고 살겠다는 사람이 저런 화려하고 큰 집이 왜 필요
할까, 생각했지만 그로서는 이해할 수 없었다. 건물주인은 농사를 지으려는
것 같지는 않았다. 농사라면 전답이 있어야 하는데 논도 밭도 갖고 있지 않
았다. 혹시 소작이라도 하려는 걸까?

그 집이 완성되자 주변에 큰 집이 몇 채 더 들어설 예정으로 또 공사가 벌
어지고 있었다. 이제 불빛은 밤에 그의 낚시터뿐 아니라 마을사람들의 집이
나 돼지우리나 닭장까지 빤히 비추고 있었다. 사람들의 밤잠을 설치게 할
뿐 아니라 돼지와 닭의 자람이나 번식에도 지장을 줄 것이 뻔했다. 또 머잖
아 그의 마을은 볼품없어 보일 게 뻔했다. 그는 마을사람들과 함께 건축허
가를 내준 관청에 여러 차례 하소연을 했지만 아무 소용이 없었다. 실정법
상 건축을 막을 근거가 없다는 말만 되풀이해서 들었다.

그는 공사장을 찾아가 건축주에게 항의하다가 난데없이 폭행 혐의로 법
에 고소까지 당했다. 관청에서 폭행에 관해 조사받다가 홧김에 대들어 공무
집행방해라는, 그로서는 생소한 혐의까지 뒤집어썼다. 그 일로 실형을 살지
는 않았지만 만만찮은 벌금을 물어야 했다.

결국 그는 낚시터 일을 접을 수밖에 없었다. 물론 밤중에 큰 집과 공사현
장으로부터 낚시터 쪽으로 비치는 불빛이 낚시터 일을 그만둔 가장 큰 까닭
이었다.

빛은 단지 밝음 하나로만 그가 사는 들판으로 찾아온 것이 아니었다. 전
선과 전봇대가 낚시터와 마을 주변으로 지나갔다. 특히 신축 건물로 연결되
는 전선 몇 가닥이 그의 낚시터 위로 지나갔다. 그래서 낚시꾼들은 낚싯대

를 휘두를 때 불편할 수밖에 없었고 감전 위험까지 걱정해야 했다. 게다가 신축 건물의 빛은 행락객과 자동차를 벌 떼처럼 몰고 왔다. 소음도 데려왔음은 물론이다. 빛은 들판의 밤으로부터 어둠뿐 아니라 고요도 거두어갔다.

엎친 데 덮친 격으로, 그는 낚시터가 관청의 허가를 받지 않은 불법사업장이라는 통보까지 받게 되었다. 법적으로 더 이상 낚시터 일을 할 수 없었다. 불빛 때문에 그와 몸싸움을 벌였던 공사장 주인이 관청에다 낚시터 일을 불법영업이라고 일러바치는 바람에 그런 통보를 받게 되었다. 사실 불법영업 통보를 받기 이전부터 그는 빛이 훤히 들어오는 곳에서 더 이상 낚시터 일을 하고 싶은 마음이 조금도 들지 않았다.

그가 낚시터 일을 접고 난 뒤에도 낚시터주변에는 큰 모텔이나 카페 같은 건물이 몇 채 더 들어섰다. 빛이 건물을 들판으로 자꾸 불러 모은 것이다. 이어 건물은 다시 빛을 더 많이 불러 모았다. 빛과 건물은 서로 앞서거니 뒤서거니 하면서 맞물려 자라났다. 낚시터주변은 외지사람들이 점점 많이 몰려들면서 마치 관광단지인 것처럼 보였다. 낚시터주변이 불야성을 이룰수록 그의 마을은 나날이 초라해져갔다. 마을사람들은 밤에 불빛 때문에 잠을 이룰 수 없고 가축이 자라지 않는다면서 집단으로 시위를 벌이곤 했다.

그는 그런 일을 겪은 뒤 마음의 상처가 컸던지 농사일에 소홀하고 밤낚시도 그전만큼 자주 다니지는 않았다. 마을사람들이 그를 찾아와 위로하거나 대처에 사는 가족들에게 알리기도 했다. 어쩌다 밤낚시를 가면 낚시친구들에게 자신이 겪은 참담한 일들을 털어놓곤 했는데, 대부분 불빛의 무서움과 실정법의 야속함에 관한 이야기였다. 그러다가 기력이 쇠하면서 집에서 꽤 오랫동안 자리보전을 하더니, 끝내 일어나지 못했다.

　고인은 생전에 왜 밤의 불빛을 즐기지 않았을까? 왜 밤의 빛에 적응조차 하지 못했을까? 그의 야행성은 병적인 것이었을까, 아니면 그냥 단순한 습관이었을까?

　상주는 처음에는 화장을 할까 생각했지만 선산에 매장을 하기로 마음을 정했다고 말했다. 그 말에, 낚시꾼은 고인이 그토록 좋아했던 어둠 속에서 오래오래 편히 잠들 수 있을 것으로 생각했다. 낚시친구들은 고인이 지키려 했던 어둠을 다음날 동틀 때까지 쉼 없이 얘기했다. 낚시꾼도 동틀 때까지 그들의 얘기를 들었다.

강가에서 쓰는 후기

무디어졌다싶은 온도 감각을 되찾겠다고 이곳 물가로 나온 지 꽤 여러 날이 지나갔습니다. 장마철이라지만 비가 내리지 않아 후텁지근합니다.

곰곰이 생각해보니 무더위를 너무 오랫동안 잊고 살았습니다. 맹추위도 잊고 살았습니다. 대처에서 보낸 28년 세월이 온도 감각을 무디게 한 것 같습니다. 대처에서도 푹푹 찌는 무더위라느니 살을 에는 맹추위라느니 하는 말을 자주 듣긴 했습니다. 하지만 그런 더위나 추위는 다행스럽게도 어릴 적의 경험이 머릿속에 남아 있어 이해된 것일 뿐, 실제로 온전히 느껴보지는 못했습니다. 영상 30도나 영하 1도를 되찾을 날이 영영 오지 않을 것 같아 조바심이 나곤 했습니다. 그래서 대처에서 멀찌감치 떨어진 이곳으로 짐을 큰맘 먹고 꾸려 나왔습니다.

지금 이 금강줄기 낚시터의 기온은 영상 31도입니다. 제 감각은 얼추 28년 만에 처음으로 더위다운 더위를 느끼고 있습니다. 천연의 더위입니다. 아스팔트나 콘크리트에 튕겨지거나 꺾여진 더위가 아니라 직사광선을 타고 곧바로 내리쬐는 더위입니다. 더위에는 풋풋한 흙냄새도 들어 있습니다. 위통 아래통 다 벗어젖힌 채 태양이 전하는 열과 빛의 기운을 한껏 받아들이고 있습니다. 얼굴과 머리에서 난 땀방울이 목과 등을 타고 자꾸 흘러내립니다.

돌아보건대, 아파트에서는 자동온도조절장치의 지시에 따라 사시사철 낮이든 밤이든 언제나 영상 20도였습니다. 회사 사무실의 온도도 늘 그쯤으로 맞추어져 있었습니다. 출퇴근길 택시와 버스도, 밤중 술집과 찻집도 늘 영상 20도 언저리였습니다. 몸의 온도 감각기관은 자동온도제어장치의 센서에 기능을 빼앗겨 할 일이 아무것도 없었습니다. 더위를 감지해 땀을 흘리게 한 적도, 추위를 감지해 소름을 돋게 한 적도 없었던 것 같습니다. 감각이 퇴화할 것만 같았습니다. 변온동물로 변하지 않을까, 기괴한 상상에 빠지기도 했습니다.

운 좋게도 지금 전신에 땀이 나고 있습니다. 감각이 살아 있다는 증거입니다. 내친 김에 올겨울에는 영하에서도 감각이 온전히 작동할지 점검해볼 작정입니다.

이곳의 일상을 통제하는 것은 바람결에 제멋대로 움직이다가, 가끔씩 붕어의 입맛 따라 허공으로 치솟곤 하는 찌 한 점입니다. 여든 살 어르신도, 마흔한 살 실직자도, 서른아홉 살 노총각도, 스무 살 재수생도 수면에 박힌 점 하나에 때를 맞추어 먹고 자고 씻고 즐거워하고 긴장하고 아쉬워합니다.

여기서는 붕어가 사람을 제어합니다. 붕어가 자동제어 기능을 하는 것은 아니지만, 낚시꾼들은 붕어가 입질을 하면 깨어 있다가 입질을 그치면 텐트 속으로 듭니다. 붕어의 생체리듬이 곧 나침반이요 시계입니다. 붕어가 찌를 올리든 말든 개의치 않는 이도 더러 있긴 있습니다. 그런 이는 붕어를 낚지 못해도 그냥 찌를 보는 것만으로 즐겁다고 합니다.

　이곳 낚시꾼들은 대개 붕어가 겨울잠에 들면 낚싯대를 걷어 대처로 나갔다가, 이듬해 봄에 붕어가 깨어나면 물가로 되돌아옵니다. 붕어가 겨울잠에 들든 말든 개의치 않고 한겨울에도 텐트생활을 하는 이가 더러 있습니다. 그런 이는 아마 한여름과 한겨울을 느끼는 감각이 여느 사람보다, 대처사람보다 더 진화해 있을 것 같습니다.

◉

　자동제어 타이머에 너무 오래 길들여지다 보면 마음이 답답하고 억눌리기 십상입니다. 대처생활이 그런 것 같습니다.

　얼마 전, 그러니까 2008년 5월, 국가연구기관에 소속된 한 과학자가 인터넷 포털 사이트에 공개적으로 양심고백을 한 사실이 언론에 널리 보도된 것으로 기억됩니다. 그는 당시 정부가 추진하던 '한반도 대운하' 건설계획에 관해 연구하고 있었는데, 마음의 억눌림을 견디다 못해 양심을 고백했습니다. 그는 운하 건설계획이 환경재앙을 부를 수 있고 거짓으로 추진되고 있다고 했습니다.

　그 고백에는 '(고백 때문에) 많은 불이익, 최악의 경우 실업자가 되겠지만, 국토의 대재앙을 막기 위해 용기를 내지 않을 수 없었다' '매일 상부로부터 운하사업 반대논리에 대한 정답을 내놓으라고 요구받지만 아무리 머리를 쥐어짜도 반대논리를 뒤집을 대안이 없다' '(반대논리를 뒤집을) 답변을 주지 못하니 능력이 부족하고 성의가 없다고 질책 당한다' '정부는 영혼 없는 과학자가 되라고 몰아친다' '잘못된 국가정책에 올바른 방향을 제시하는 게 (정부에 소속된) 전문가집단의 역할이다' '군사작전도 아닌 한반도 물길 잇기가 왜 특급비밀이어야 하나, 정정당당하다면 열린 마음으로 다양한 의견을 수렴해야 한다’ 등 여러 말이 들어 있었습니다.

그는 또 ‘이 글 때문에 불이익이 크겠지만 내 자식 보기에 부끄러운 아빠가 되지 않으려고 한 마디 했다’ ‘입시를 준비하고 있는 고3 딸과 고1 아들만 아빠를 믿어준다면 어떤 불이익도 감수할 각오가 되어 있다’ ‘(고백 내용을) 기회가 되면 촛불집회에 나가서 말 하겠다’ 고도 했습니다.

억눌림이 무척 컸나봅니다. 과학자로서의 양심과 상부로부터 내려오는 ‘부당’ 하고 마뜩찮은 지시 사이에서 심하게 번민했나봅니다. 억눌림을 떨쳐내어 세상과 시원하게 소통하고 싶었나봅니다. 그런 억눌림은 필시 그 과학자만이 안고 있는 문제는 아닐 것입니다. 대부분의 사람들은 어쩔 수 없이 그런 심적 갈등과 더불어 살아야 합니다. 그것은 자동제어 기능 때문입니다. 사람들이 소수의 상층부로부터 하달되는 지시에 요모조모 따질 것 없이 집단적으로 일사분란하게 움직여줄 때 자동제어장치는 순조롭게 작동합니다. 때에 따라서는 개인의 양심쯤이야 집단광기에 자동으로 쉽게 파묻히며, 사람들은 그런 일을 대수롭지 않게 여기곤 합니다.

대개 전문가들은 자신의 영역만 보면서 전체를 말하지 않으려는 습관이 있는 듯합니다. 하지만 양심고백을 한 그 과학자는 물을 다루는 전문가로서 전체를 보려고 애썼습니다. 운하가 물류나 경제적으로는 얼마나 도움이 될지 몰라도 환경과 생태계를 훼손한다는 것은 분명한 사실입니다. 사람들은 오래전부터 ‘자신이 맡은 영역에 충실할 때 그 집단과 사회는 발전한다’ 는 말을 자동제어장치에 의해 귀에 못이 박히도록 들어왔습니다. 그 말은 자신이 맡은 역할조차 제대로 해내지 못하는 사람을 나무랄 때는 유효합니다. 이를테면 쓸데 없이 남의 일에 끼어드는 사람을 향해 너나 잘해!, 하고 면박을 주듯이 말입니다. 하지만 전체까지 폭넓게 보려는 전문가들의 의지를 꺾으려할 때에도 그 말이 종종 이용되는 듯해 못내 씁쓸합니다. 전체까지 폭넓게 보려고 한 그 과학자의 양심고백이 효험을 본 것인지, 일단 운하 건설계획은 그 다음달인 2008년 6월 대통령의 결정으로 보류됐습니다.

언론 보도에 따르면, 그는 양심고백을 해놓고 낚시를 하러 물가로 갔습니다. 그는 취재에 응해주기를 바라는 한 기자에게 "지금 낚시를 가는 터라 자세한 인터뷰를 거절하겠다"고 했습니다. 물가의 들판생활은 자동제어장치에 억눌린 대처생활의 갈등을 푸는데 효험이 있습니다.

하늘은 인간이 아무리 미워도, 견딜 수 없을 만큼의 무더위나 맹추위는 내리지 않았습니다. 하늘은 가끔 홍수나 가뭄을 내려 생물을 죽게 하지만, 그렇다고 씨를 말리는 '멸종지화(滅種之禍)'를 내리지는 않았습니다. 대지도 가끔 흉년을 불러 굶주림의 벌을 주곤 하지만, 생명의 씨만큼은 마르지 않도록 얼마간의 곡식은 반드시 길러주었습니다. 그런 하늘과 대지를 미워해서일까요? 인간은 하늘과 대지를 위협하고 있습니다. 자족할 줄도 모릅니다. 고통을 참을 줄도 모릅니다. 더위와 추위와 홍수와 가뭄과 흉년을 육신과 영혼을 바쳐 견디려 하지 않고, 석유와 원자력과 강물 막기와 화학적 재결합과 유전자 조작을 동원해 너무 쉽게 넘어가려 합니다. 생명의 종을 멸해온 것은 하늘과 대지가 아니라 인간입니다.

사람들은 그동안 자연계를 너무 오랫동안 잊고 지냈습니다. 아니, 잊고 지낸 것이 아니라 오히려 너무 많이 알아내려고 했습니다. 그래서 그 세계의 산것들을 너무나 가혹하게 학대했습니다.

이곳 물가만 하더라도 겨우 아홉 달 사이에 변해도 너무 변했습니다. 물가

뒤편 야산은 지난해 가을에만 해도 온통 신갈나무 떡갈나무 상수리나무 같은 참나무로 우거져 있었는데, 지금은 부스럼딱지 앉은 머리통마냥 군데군데 벌건 속살을 드러내놓고 있습니다. 불도저가 굉음을 내며 쉴 새 없이 삽날을 휘두릅니다. 머잖아 횡한 민둥산으로 바뀔 듯합니다. 전원주택단지를 짓는답니다. 지난해 초가을에만 해도 뒷산에서 뻐꾸기 소리가 자주 들렸는데 올해는 뚝 그쳤습니다. 뒷산이 개발되는데 앞산이라고 그냥 내버려둘 리 없습니다. 올해 봄에 벌써 삼발이와 삼각 깃발을 든 측량 기사들이 앞산을 다녀갔습니다. 이곳 물가에 기대어 대대손손 있는 듯 없는 듯 조용히 살아온 마을이 하나 있습니다. 가구 수가 일년 사이에 열한 가구에서 일곱 가구로 줄었습니다. 남은 사람들도 곧 어디론가 떠날 것이라 합니다.

이곳 낚시꾼들도 내년쯤에는 텐트를 걷어야 할 것 같습니다. 머잖아 이곳에서도 더위와 추위를 온전히 느낄 수 없게 될 듯합니다. 그래서인지 모두들 답답하고 막막해 합니다. 지금 대처사람들은 이 여름을 어떻게 보내고 계시는지 궁금합니다.

2008년 7월 금강줄기 물가에서, 저자 올림